Hans-Christian Dany, geboren 1966 in Hamburg. Künstler, Autor, Kurator, Berater. Lebt in Hamburg.

Amphetamin ist als Pharmazeutikum die normalste Sache der Welt: Kinder und Soldaten bekommen Amphetaminpräparate legal zugeteilt, um zu leisten, was von ihnen erwartet wird. Als Chrystal Meth alias Pep, Yaba oder Speed hingegen wird es als »Killerdroge« für den jüngsten Anstieg an HIV-Infektionen verantwortlich gemacht. Das Buch stellt die schillernde Wirkung dieser Droge in ihrem Zwiespalt dar, indem es die Entwicklungsgeschichte des Amphetamin vom späten 19. Jahrhundert bis in die Gegenwart nacherzählt, von seiner extremen Leistungssteigerung bis zur schnellen Abhängigkeit und Zerstörung.
Durch die Ausleuchtung der gesellschaftlichen, kulturellen und wirtschaftlichen Zusammenhänge wird deutlich, warum das ehemalige Asthmamittel von der deutschen Wehrmacht als Stimulans für Soldaten genutzt werden konnte und nach Kriegsende als erstes Antidepressivum vermarktet wurde. Detailliert untersucht der Autor den Einfluss der Droge auf die Arbeiten von Künstlern wie Judy Garland, Philip K. Dick, Jean Paul Sartre, Andy Warhol, Elvis Presley oder Johnny Rotten.

Hans-Christian Dany

SPEED

Eine Gesellschaft auf Droge

Edition Nautilus

Edition Nautilus
Verlag Lutz Schulenburg
Alte Holstenstraße 22
D-21031 Hamburg
www.edition-nautilus.de

Umschlaggestaltung:
Maja Bechert, Hamburg
www.majabechert.de
Originalveröffentlichung
Erstausgabe Februar 2008
Druck und Bindung:
Fuldaer Verlagsanstalt
1. Auflage
ISBN 978-3-89401-569-5

Ihr Blick schwenkt von der Kante hinab in eine Winterlandschaft, die sich im Rund eines dunkel abgehängten Filmstudios ausbreitet. Was am Boden wie gefallene Flocken liegt, schimmert weiß und eben nicht weiß, weil es etwas anderes ist. Vorsichtig schüttet ihre Hand ein wenig von der kristallinen Substanz aus der schwarzen Kleinbildfilmdose. Was da liegt, zerdrückt sie mit einer flachgelegten Scheckkarte. Das Knacken gröberer Brocken weicht einem gleichmäßigen Schaben. Zwischen den Fingern kippt sie die Karte senkrecht, kehrt das Pulverisierte in eine schmale Bahn und streicht deren ausgefranste Seiten gerade. Jetzt putzt die Frau ihre Nase, betrachtet die Absonderungen, zerknüllt das Papiertaschentuch, wirft es weg, nimmt einen Schein aus dem Geldbeutel, rollt ihn bleistiftdick, führt das Röhrchen zum Nasenloch und beugt den Oberkörper nach vorn. Der papierene Rüssel setzt am Ende der Linie an und saugt die Straße mit einem Zug hinauf in die Schleimhäute. Als sei es nicht genug gewesen, befeuchtet sie ihren Zeigefinger mit der Zunge, tupft auf, was wie eine Staubspur liegen geblieben ist, und bewegt den Finger zur Nase: Es riecht nach Geranienblättern und einer kaputten Batterie. Sie leckt das bitter Schmeckende ab.

Eine Viertelstunde vergeht mit Zigaretten, als Muskeln beginnen, die Lunge zu weiten. Sie wird unruhig, atmet tief. Ein Gefühl der Enge stellt sich ein, der Wunsch, Platz zu schaffen. Sie greift nach Dingen, die auf dem Tisch stehen, und ordnet sie. Das geht schneller, als sie gedacht hätte. Sie setzt ihr Tun in der Küche fort, wechselt ins Bad, richtet die Betten, bis der Drang vor dem offenen Schlafzimmerschrank abrupt verschwindet.

Für das, was sie jetzt sieht, braucht sie ihre Augen nicht mehr. Entspannt wiegen sich ihre Gedanken. Ohne lange zu unterscheiden, durchdringt ihr Blick die Dinge. Ihre seifige Nase glaubt, das Gehirn zu riechen. Flüssigkeit sinkt durch das Dach des Oberkiefers und verbreitet im Gaumen den Geschmack frisch gewaschener Wäsche. Gedachte Worte fließen wie ein Gebirgsbach. Da keiner zuhört, nuschelt sie zu sich selbst.

Lässt die Wirkung nach, wiederholt sich alles: Sie baut wieder eine Straße und beugt sich über den Tisch. Mal fröstelt sie, und es fühlt sich an, als ob kühles Metall an einem empfindlichen Zahn entlangschrammt, Sekunden später massiert etwas Warmes die Nerven unter ihrer Haut. Von erhöhter Körpertemperatur nassgeschwitzt und durch ständige Toilettengänge entwässert, befeuchtet sie ihre staubigen Lippen mit einer Handfläche, die sich vom Schweiß klamm anfühlt. Dabei glänzen ihre Augen, während ihr Herz schlägt, als sei ihr ein zu schnell eingestellter Schrittmacher implantiert worden.

Vor dem Fenster geht zum dritten Mal die Sonne auf. An Schlaf in der Zwischenzeit kann sie sich nicht erinnern. Eine Stimme sagt, es sei jetzt an der Zeit für eine längere Wanderung. Sie nickt. Als ihr Körper beginnt, sich zu bewegen, wirkt die Haut wie in Benzin getränkt, ein Funken würde reichen, ihn in eine Stichflamme zu verwandeln.

Das Mittel zur Überwindung des vertrauten Verhaltens von Körper und Geist hat ein Chemiestudent schon 120 Jahre zuvor entdeckt. In brodelnden Glaskolben stellt der Rumäne Lazar Edeleanu in einem Experimentalseminar der Berliner Humboldt-Universität am 18. Januar 1887 eine bis dahin unbekannte organische Verbindung her. Für den angehenden Techniker ist es nur einer von vielen Versuchsaufbauten für seine Doktorarbeit *Über einige Derivate der Phenylmetacrylsäure und Phenylisobuttersäure*.

Der 25-Jährige ahnt nicht, was sich mit dem von ihm im Reagenzglas hergestellten 1-Phenylpropan-2-amin praktisch anstellen lassen wird. Er erkennt die Formel eines Kunststoffs, etwas damals noch weitgehend Unbekanntes. Aber er hat nicht die geringste Idee davon, dass er etwas entdeckt hat, das einmal den Namen »Speed« tragen wird – den Namen des Zustands, den die Menschen des kommenden Jahrhunderts für den erstrebenswertesten halten werden.

Statt einer neuen Vorstellung von Geschwindigkeit erkennt er ein chemisches Konstrukt mit der Masse von 135,21 g/mol, das in wässriger Lösung alkalisch reagiert und bei 203° Celsius siedet. Die formale Perspektive seiner Promotion bietet ihm gar nicht den Rahmen, sich mit der Wirkung des Stoffes auf das Nervensystem zu beschäftigen. Als alles danach aussieht, dass weder Substanz noch Formel über das Akademische hinaus einen Nutzen haben könnten, dokumentiert er die Experimente und legt sie im Archiv ab.

Jahrzehnte bevor Edeleanus Formel zu einer anwendbaren Technologie mit dem Namen Amphetamin wird, wird der Chemiker durch eine andere Entdeckung reich und berühmt. Er entwickelt mit dem Schwefeldioxid-Extraktionsprozess ein Raffinerieverfahren, das für die Erdölindustrie eine technische Revolution bedeutet. Diesmal ahnt er, dass er eine Goldader entdeckt hat, und gründet die Allgemeine Gesellschaft für Chemische Industrie, aus der später die Uhde Edeleanu hervorgeht. Edeleanu wird zu einem erfolgreichen Industriellen.

Erst ein halbes Jahrhundert später verwandelt sich Amphetamin in einen populären Gebrauchsgegenstand, der viele Namen trägt und in unterschiedlicher Form auftritt: als Pulver, Flüssigkeit oder Tablette. Aber nicht nur die Form, auch die Motive, den Kunststoff zu nutzen, sind vielfältig: Mal dient er zur Flucht aus der Wirklichkeit, mal hilft er, den Ansprüchen des Alltags gerecht zu werden.

Wie bei allen Drogen handelt es sich auch bei Amphetamin um eine chemische Verbindung, die nach ihrem Eintritt in den menschlichen Stoffwechsel auf das zentrale Nervensystem wirkt. Je nach Dosis und Darreichungsform löst der Fremdkörper dabei höchst unterschiedliche Reaktionen aus.

Die Vielfalt der Gebrauchswerte von Amphetamin hat aber nicht allein biochemische Ursachen, sondern wird stark durch die Umgebung bestimmt, in der Amphetamin zum Einsatz kommt. Diese gibt im hohen Maße vor, ob die Benutzer es als Medikament, Rauschmittel, Waffe oder Medium wahrnehmen.

Funktionaler Vorläufer

Der für Amphetamin zentrale Wirkungsaspekt, den Schlaf aufzuschieben, findet sich schon bei einer im Gebrauch verwandten, jedoch wesentlich milderen Droge, die lange vor Edeleanus Mischung in Europa populär wird. Angeregt durch seinen Freund Johann Wolfgang Goethe, gelingt es dem deutschen Künstler und Chemiker Friedlieb Ferdinand Runge 1819, den zentralen Wirkstoff der Kaffeebohne, das »Koffein«, zu isolieren. Die wissenschaftliche Leistung erregt Aufsehen, entwickelt sich Kaffee doch gerade zu einem erfolgreichen Anregungsmittel. Eine der Hauptursachen für das gesteigerte Interesse der Europäer an der in Äthiopien schon seit Jahrhunderten bekannten psychoaktiven Droge liegt im Wandel der Schlafgewohnheiten weiter Teile der arbeitenden Gesellschaft. Die Menschen schlafen anders, seit die Arbeitsbedingungen durch die erste industrielle Revolution radikal neu organisiert wurden. Endete die Nachtruhe bis dahin mit dem Aufgang der Sonne, und legte man sich nach ihrem Untergang wieder zu Bett, setzt sich nun die Annahme durch, die Umwälzung der Produktionsmittel erfordere vom vertrauten Rhythmus abweichende Wachzustände. Was der schlaftrunkene Körper an Widerstand gegen das fremdbestimmte Aufstehen leistet, soll das in kochendem Wasser verflüssigte Koffein auflösen.

Nicht nur als zielgerichteter Wirkstoff erfüllt der Kaffee seine Aufgabe, die braune Brühe erweist sich darüber hinaus bald als preisgünstiges Genussmittel, mit dem sich das Gefühl des kleinen Luxus zwischendurch vermitteln lässt. Beides zusammen macht den Kaffee zu einem der beliebtesten Mittel für die Fortsetzung der Arbeit. Der anhaltende Erfolg des Kaffees überrascht, da die Industrialisierung immer schneller arbeitende Werkzeuge hervorbringt, für die immer schneller arbeitende Menschen gebraucht werden, während Chemiker immer stärkere Antreiber für die Werktätigen entdecken.

Ein besonders wirksamer Beschleuniger des Menschen heißt »Kokain«, eine Substanz, die im letzten Drittel des 19. Jahrhunderts zur großen Drogenentdeckung während der zweiten industriellen Revolution wird. Kokain ähnelt dem später entdeckten Amphetamin in der Wirkung. Bei genauerer Betrachtung zeigen sich aber doch deutliche Unterschiede: Kokain wirkt schneller, aber kurzfristiger – Amphetamin bleibt dafür länger im Körper bioaktiv und greift nachhaltiger in das Nervensystem ein.

Im Gegensatz zum synthetischen Amphetamin, einer chemischen Verbindung, die bis heute nicht in der Natur nachgewiesen werden konnte, basiert das industriell verfeinerte Kokain auf einem nachwachsenden Rohstoff. Ein weiterer Unterschied der beiden Drogen liegt darin, dass Kokain uneinheitlich auf das Nervensystem wirkt. Neben der anregenden Funktion lähmt es die sensorischen Nerven der Körperperipherie, weshalb es in der Augenheilkunde zur örtlichen Betäubung genutzt wird. Amphetamin hingegen drängt nur ein allgemeines Gefühl von Schmerz im Bewusstsein zurück, während es beim Benutzer die Wahrnehmung der zur Verteidigung notwendigen Körperfunktionen stärkt.

Trotz deutlicher Unterschiede in der Wirkung dient auch Kokain zur Leistungssteigerung arbeitender wie kämpfender Körper, als Mittel zum Entzug von anderen Drogen oder als Schlüssel zu schnellen Hochgefühlen. Funktional kann es daher als Vorläufer von Amphetamin gelten.

Der wilde Mann und sein modernes Ich

Die von den Ureinwohnern als magisch verehrten Wirkungen der Blätter des Kokastrauchs kannten die Zauberärzte in den lateinamerikanischen Anbaugebieten schon seit Jahrhunderten. Forschungsreisende berichteten begeistert davon. Im 16. Jahrhundert wird die Pflanze erstmals nach Europa gebracht. Zu einer intensiveren Nutzung kommt es aber erst nach 1860, als Albert Niemann die Abtrennung der gezielt auf das zentrale Nervensystem wirkenden Alkaloide des Kokastrauchs gelingt. Von den Auswirkungen seiner Anstrengung, einer Übertragung des Wissens der lateinamerikanischen Ureinwohner in industrielle Strukturen, erfährt der 25-jährige Chemiker aus Göttingen nur noch wenig. Er stirbt im Jahr darauf an den Folgen einer Vergiftung, die er sich bei Experimenten mit Senfgas, einer späteren C-Waffe, zuzieht. Genutzt wird der veredelte Stoff aus den Kolonien in den Industrieländern bald für die in den Anbaugebieten schon lange bekannten Möglichkeiten. Nur die magischen wie rituellen Nutzungen bleiben ausgeklammert. Sie lassen sich nicht in die industrielle Wertschöpfung einbinden.

Auf die Möglichkeiten der Leistungssteigerung durch Kokain weist nachdrücklich Theodor Aschenbrand hin. Heimlich mischt der Militärarzt die Droge 1883 Soldaten der bayerischen Armee in ihre Wasserflaschen. Gespannt beobachtet er, wie selbst Schwerverwundete, nachdem sie einen kräftigen Schluck davon genommen haben, wieder aufstehen und weiterkämpfen.

Ein junger Wissenschaftler, der Aschenbrands Veröffentlichungen über die erstaunlichen Zombiekrieger liest, glaubt, darin eine Perspektive für seine eigene Karriere zu erkennen. Ihn quält seine unterbezahlte Arbeit als Assistenzarzt in einem Wiener Spital. Die wissenschaftliche Beschreibung einer zu diesem Zeitpunkt wenig bekannten Droge, hofft er, wäre eine Möglichkeit, seine akademische Laufbahn in Gang zu bringen. Kokain scheint ihm dafür vielversprechend, weil die Psychiatrie zu diesem Zeitpunkt zwar schon über eine Reihe von Mitteln verfügt, eine erregte Nerventätigkeit zu dämpfen, jedoch über kaum eines, die Reizleitungsorgane zu beleben. Er ordert eine kleine Portion bei dem führenden deutschen Kokainfabrikanten, der Firma Ernst Merck, und stürzt sich in die Arbeit. Für die Studie benötigt er nur wenige Wochen. Selbstversuche mit dem erfrischenden Pulver beschleunigen sein Schreibtempo.

Was Sigmund Freud als Abhandlung mit dem Titel *Über Cocain* aus der Feder fließt, fasziniert allein durch seine ungewöhnliche Form. Der zum Zeitpunkt der Niederschrift 28-Jährige findet in dem Text erstmals zu seinen literarischen Qualitäten und einer zentralen Geste seines Denkens, dem in der Wissenschaft unüblichen Einsatz der subjektiven Perspektive. Unter Einfluss von Kokain hält sich Freud für einen »wilden Mann«, wie er sich seiner Verlobten Martha Bernays in einem Brief ankündigt. Begeistert saugt er alle Texte zum Thema auf, an die er herankommen kann. Seine gehetzte Stimmung lässt ihm aber keine Zeit, das Vorgefundene lange zu prüfen. In seiner Eile verwechselt er Werbung mit Forschung und verwendet die *Detroit Therapeutic Gazette*, ein Anzeigenblatt des US-amerikanischen Kokainherstellers Parke, Davis & Company als Quelle. Lässt die wissenschaftliche Gründlichkeit der Arbeit auch zu wünschen übrig, gelingt Freud eine stilistische Glanzleistung, die das bisher über Kokain Bekannte zusammenträgt und aufwertet. Der Text empfiehlt Kokain als Medikament bei Hypochondrie, jenem komplizierten Bereich von eingebildeten Krankheiten, Teilnahmslosigkeit, Magenbeschwerden, körperlicher Auszehrung und Melancholie.

Als *Über Cocain* im Sommer 1884 im *Wiener Zentralblatt für gesamte Therapie* erscheint, stößt der vierzigseitige Artikel auf großes Interesse. Es melden sich aber auch skeptische Stimmen, wie die des Chemikers Erlenmeyer, der Freud vorwirft, mit Kokain, nach Alkohol und Morphium, »die dritte Geißel der Menschheit« zu verbreiten. Um das Gegenteil zu beweisen, überprüft Freud eine seiner zentralen Behauptungen, Kokain sei für den Entzug von Morphium geeignet, an einer Versuchsperson. Der Nachweis der These mit Hilfe seines abhängigen Freundes Ernst von Fleischl-Marxow verläuft zunächst erfolgreich. Nach einigen Wochen kommt es aber zu einem Rückfall. Fleischl-Marxow nimmt nun nicht nur die Ersatzdroge, sondern auch wieder Morphium. Im Jahr darauf stirbt er an dem die Organe überlastenden Mischkonsum. Freud trägt das tragisch gescheiterte Therapiekonzept den Spott ein, Erfinder des »Speedballs« zu sein – eines Cocktails aus einem Opiat und Kokain. Die Karriere von Kokain als Entzugsmittel findet kurz darauf ihr Ende. Amphetamin hält sich später wesentlich länger als Entzugshilfe von Morphium und Alkohol.

Trotz der Anfechtungen, die Freud in späteren Veröffentlichungen zu »Cocawirkung« oder »Cocainfurcht« fast unberücksichtigt lässt, entwickelt sich die Auseinandersetzung mit der Droge zu einem Meilenstein auf seinem Weg zum Ruhm und markiert seinen Wechsel von der Physiologie zur Psychologie. Dem Begründer der Psychoanalyse gefällt diese Einschätzung gar nicht, er bemüht sich, die Kokainepisode als Jugendsünde kleinzureden und entwickelt eine regelrechte Abneigung gegen das, was ihn einmal so bezaubert hat. Schuldgefühle am Tod des Freundes dürften ein Grund dafür sein. Vor allem ist der deutliche Einfluss, den die Kokainerfahrung auf Freuds *Traumdeutung* hat, nur schwer zu übersehen. Die chemische Wirkung passt aber nicht in das von Freud entworfene Theoriegebäude einer verdeckten Mechanik der menschlichen Psyche. Zwar formuliert Freud seine Verhaltenslehre mit Wortbildern aus der industriellen Revolution wie der direkt aus der Dampfmaschine abgeleiteten »Verdrängung«, außerhalb der sprachlichen Übertragung kommt die Wirklichkeit der Maschinen bei ihm aber nicht vor. Grund dafür dürfte die Vorstellung sein, dass die chemischen Körpertechnologien den psychoanalytischen Entwurf verunreinigt hätten. Um den sauberen Glanz seiner wissenschaftlichen Behauptung zu wahren, verdrängt der Baumeister des spätmodernen Subjektbegriffs die Rolle des Stoffs, der ihm das Unbewusste zu erschließen half.

Das Mittel, mit dem Freud eine Zeit lang seinen verdeckten Wünschen ans Licht geholfen hat, befindet sich mittlerweile in den USA auf dem Weg zur gesellschaftlichen Ächtung. Firmen wie Coca-Cola haben den Kokainanteil ihres Erfrischungsgetränks schon durch das erheblich mildere Koffein ersetzt.

70 Jahre später untersucht der Freud-Experte und Drogenforscher Jürgen vom Scheidt die Kokainepisode Freuds ausführlich. Nicht weiter vertieft wird dabei, dass Freuds Verständnis des Subjekts durch die Übernahme einer Verbesserungsmethode des soldatischen Körpers, jenes von Militärarzt Aschenbach empfohlene Aufstehpulver, angeregt wurde.

Goldene Acht der Verbesserung

Die Sehnsucht der Menschen, sich zu verbessern, liefert ein Motiv, das mit Amphetamin perfekt zusammenpasst. Tiefer durchatmen, gezielter denken, schöner geformt sein, schärfer schießen und schneller arbeiten – das sind Wünsche, die mit dem Stoff in Erfüllung gehen sollen. Der bizarre Drang, alles und jedes zu verbessern, bildete schon den Hintergrund, vor dem die Voraussetzungen für eine Entdeckung der Möglichkeiten von Amphetamin geschaffen werden.

Im Jahr 1908 kommt eine Reihe von Modernisierungsschüben in Gang, die den Boden für den zukünftigen Gebrauch von Amphetamin bestellen. Edeleanus schon 20 Jahre alte Formel liegt noch unerkannt im Archiv, als in Paris Paul Poiret die Damenmode mit einer ungewohnt schlanken, gerade geschnittenen Form auf den Kopf stellt. Was der Modeschöpfer zum Stil verdichtet, ersetzt die Wespentaille und damit die bisherige Betonung von Hüften und Po durch eine hochtaillierte, flachbrüstige Empirelinie. Mit dem neuen, praktischen Schnitt kommt es aus der Mode, korpulent zu sein. Moderne Frauen können und sollen nun ihren Körper zu einer dynamischen Form disziplinieren, um die von der Industrialisierung erzeugten Anforderungen physischer Selbstkontrolle nach außen zu repräsentieren.

Poirets Entwürfe verkörpern den industriellen Fortschritt und knüpfen zugleich an den Empirestil der Ära Napoleon Bonapartes an. Begleitete die gerade Linie 100 Jahre zuvor eine Phase der militärischen Mobilisierung, dringt der gefasste Körper nun offensiv ins Zivilleben ein. In den Zwanzigerjahren wird die Empirelinie durch die Einführung von Konfektionsgrößen und deren Massenfertigung für eine wachsende Zahl von Frauen tragbar. Ab den Dreißigerjahren hilft Amphetamin, der Pflichtfigur durch neurochemisch gezähmten Hunger nachzukommen.

Die Konzepte der Verbesserung des als unzureichend erkannten Menschen erfassen nicht nur den Körper, sondern zielen auch auf den Kopf. Zu einem Vorstoß in die bis dahin höchst geheimnisvollen Phänomene des Gehirnstoffwechsels kam es schon am Ende des gerade vergangenen Jahrhunderts, als dem japanisch-amerikanischen Chemiker Jokichi Takamine 1900 erstmals die Isolation des Botenstoffs Adrenalin gelingt. Künstlich nachbaubar wird damit ein »Stresshormon«, das vorwiegend im Nebennierenmark gebildet wird. Zwei Jahre später bringt der Drogenhersteller Parke, Davis & Company ein synthetisches Adrenalin auf den Markt, das aufgrund seiner Wirksamkeit bei Asthmaanfällen schnell erfolgreich wird.

»Hormon« leitet sich vom altgriechischen »horman« ab, das »in Bewegung setzen« oder »antreiben« bedeutet. Die modernen Pioniere der Gehirnstoffwechselforschung vermuten, solche körpereigenen Stoffe würden Reize im Nervensystem übertragen. Noch haben sie aber nur eine grobe Vorstellung der chemischen Vorgänge, die das Nervensystem steuern.

In London wird die Entdeckungsreise in die unsichtbaren Gefilde des Nervensystems 1908 fortgesetzt, als im Labor der Pharmafirma Burroughs, Wellcome & Co. ein gewisser Henry Hallett Dale die Arbeit aufnimmt. Nach dem Studium hatte der junge Physiologe allen auf ihn gesetzten Hoffnungen zum Trotz keine akademische Karriere eingeschlagen, sondern sich für die Industrie entschieden, wo er einen Arbeitsplatz bekommt, der es ihm erlaubt, sich auf die Untersuchung der Speichermechanismen von Gewebehormonen zu konzentrieren. Nach nur zwei Jahren Forschung veröffentlicht er gemeinsam mit seinem Mitarbeiter George Barger den bahnbrechenden Aufsatz *Chemical Structure and Sympathomimetic Action of Amines*.

Eine Beobachtung, auf die sich die Studie stützt, liegt in der chemischen Ähnlichkeit des von Edeleanu synthetisierten Amins mit dem Hormon Adrenalin. Für Barger und Dale bedeutet die Entdeckung der Analogie aber nur einen Zwischenschritt auf dem Weg zu ihrem Ziel, der Absonderung des Botenstoffs Acetylcholin, einer weiteren Substanz, die, so vermuten sie, wesentlich dazu beiträgt, die Nervenreize im Körper weiterzuleiten.

Der Beweis des zunächst nur angenommenen Steuerungsvorgangs durch die chemischen Boten gelingt erst Jahre später, nachdem der deutsche Forscher Otto Loewi experimentell die Impulsübertragung innerhalb des Nervensystems im Labor nachgestellt hat. Im Anschluss an Loewi kann Dale beweisen, dass chemische Mechanismen die Impulse im Nervensystem übertragen. Doch schon mit der Hypothese der chemischen Mechanismen erscheint die Vorstellung vom Gehirn als einem durch spezifische Stoffe gesteuerten System – und damit einer Haushaltung, die durch synthetische Drogen beeinflusst werden kann.

Das Tempo des geteilten Körpers

In Rom ruft 1908 eine von den Wundern des industriellen Fortschritts besessene Künstlergruppe die neue Moral-Religion der Geschwindigkeit aus. Berauscht von den Möglichkeiten der Technik drängt es die Futuristen, nicht nur deren Bediener zu sein, sondern mit dem Auto oder am liebsten gleich mit allen Maschinen zu verwachsen. Ihr größter Wunsch ist, sich selbst in »Menschmaschinen« zu verwandeln. Nichts trifft für die jungen Männer die Möglichkeiten ihrer Zeit so genau wie diese sprachliche Verschmelzung zu einem märchenhaften Halbwesen aus zwei Polen.

Rund um ihr in zahllosen Bildern ausgemaltes Verständnis eines Lebens als Bastard aus Mensch und Maschine fantasieren die Futuristen eine ästhetische Welt, in der die Mächtigeren diejenigen sind, die die Herrschaft über die Geschwindigkeit erlangen. Das Traumgespinst der künstlerischen Avantgarde findet seine Verwirklichung in einem totalitären Universalismus, als sich Benito Mussolini 13 Jahre später zum Herrscher Italiens aufschwingt und Wirklichkeit werden lässt, was die Futuristen gemalt und gedichtet haben: Selbst einen hochtourigen Sportwagen der Marke Alfa Romeo fahrend, versorgt der Diktator seine Untertanen mit langsameren Kleinwagen von Fiat.

Im Zeichen einer ähnlichen, aber noch tiefer in die Ordnung der Körper eingreifenden Idee von der Zukunft bringt die kleine Detroiter Ford Motor Company 1908 ein auf das Allernotwendigste reduziertes Automobil auf den Markt. Hat der Konstrukteur und Unternehmer Henry Ford den Prototyp in monatelanger Handarbeit allein in einem Schuppen zusammengeschraubt, stehen ihm bald Hunderte von Mitarbeitern in seiner Fabrik in Highland Park zur Seite, die das schwarze Modell T in Serie herstellen.

Fünf Jahre später senkt das Unternehmen noch einmal radikal die Herstellungskosten, als es die Montage der Einzelteile des Serienwagens am laufenden Band einführt. Den Unternehmer lassen die Vorstellung neuer Eliten und das Rauscherlebnis der Geschwindigkeit im fahrenden Auto kalt.

Seine Vision einer Verbesserung des Menschen durch Maschinen zielt in erster Linie auf die Beschleunigung und die Steigerung der Leistungsfähigkeit. Mit der erhöhten Herstellungsgeschwindigkeit des Fließbandes will er seine Vorstellung vom Auto für alle verwirklichen: »I will build a motorcar for the great multitude.«

Fords aus Metall geformter Traum eines serienproduzierten Wagens für die breite Masse wird zum Sinnbild einer ganzen Epoche. Die Maschine gibt den Arbeitern den Rhythmus ihrer mechanisch wiederholten Bewegungen vor. Jeder Fließbandarbeiter bekommt eine winzige Handlung in der Aufeinanderfolge der langgestreckten Menschmaschine zugewiesen, die er am laufenden Band bis in den Dämmerzustand der Trance wiederholt.

Die Methode der Arbeitsteilung hat sich der Sohn eines Bauern auf den Schlachthöfen in Chicago abgeguckt. Dort rollten an einem Seil tote Körper an den Schlachtern vorbei. Jeder Metzger hat einen bestimmten Handgriff zu tun. Einer nimmt die Eingeweide heraus, ein anderer schlägt die Beine ab. Die Demontage der Tiere überträgt Ford auf die Montage von Autos. Dass erst die Zusammensetzung von Autos am laufenden Band, bei dem es sich zuerst um ein Seil handelte, den Begriff »Fließbandproduktion« prägt, wird nur in der englischen Sprache verständlich. »Assembly line production« leitet sich technisch präzise von »assemble«, »zusammensetzen«, ab.

Assembly, das Verfahren des Zusammensetzens, stellt zunächst nichts Neues dar, sondern entwickelt die von Eli Whitney erfundene Methode der Schusswaffenherstellung aus Einzelteilen weiter. Fords Leistung liegt darin, die Montage der vorgefertigten Elemente in eine ununterbrochene Bewegung zu überführen. Die für die Beschleunigung der Herstellungskette entscheidende Teilung der Arbeit nimmt vom Menschen jeweils nur den benötigten Körperteil. Auf die Zahl genau kann Ford vorrechnen, wie das Ineinandergreifen der Faktoren Mensch und Maschine funktioniert und wie viele Körperteile die Apparatur für die einzelnen Schritte der Herstellung eines Autos benötigt. Erforderlich sind mehrere tausend verschiedene Arbeitsgänge. 949 davon lassen sich als Schwerarbeit bezeichnen, für die gesunde, kräftige Männer benötigt werden. 670 Arbeitsvorgänge können von Beinlosen, 2637 von Einbeinigen, zwei von Armlosen, 715 von Einarmigen, zehn von Blinden verrichtet werden.

In welchem Ausmaß hinter Fords Zahlenbild die Vorstellung vom Menschen als Teil eines Ornaments steht, zeigt sich in einer Verschwendung, die sich der sparsame Fabrikant zu seinem fünfzigsten Geburtstag gönnt. Mitten am Tag gibt er die Anweisung, alle Maschinen abzuschalten. 12.000 Männer verlassen ihre Arbeitsplätze und versammeln sich auf dem Hof zwischen den Fabrikhallen, um sich gemeinsam mit dem Geburtstagskind für ein Foto aufzustellen. Kein Sockel hebt Ford aus dem Aufmarsch von Arbeitern hervor, die sich auf dem Foto schnell in helle Punkte verwandeln. Sichtbar wird ein gleichförmiges Muster, in dem der Einzelne verschwindet. Die Unterbrechung der Arbeit für das Gruppenbild kostet Tausende Arbeitsstunden und lässt es zu einem der teuersten Fotos seiner Zeit werden.

Nach der Teilung der Arbeit durch ihre Zerlegung am laufenden Band beschleunigt Ford das Tempo der Herstellung zusätzlich durch das »forcing« – eine Vokabel aus dem Sport, die den ununterbrochenen Angriff bezeichnet. Immer wieder stellen rechnende Kontrolleure mit gezückten Stoppuhren jeden kleinen Handgriff des Arbeitsablaufes unter Beobachtung und prüfen, wo noch etwas »Speed« herauszukitzeln ist.

In der Summe sind die Verbesserungen beeindruckend: Vor den Augen der staunenden Welt verkürzt die Ford Motor Company die Zeit, die die Arbeiter täglich in der Fabrik verbringen müssen, von zehn auf acht Stunden und verdoppelt den Lohn eines Tages auf fünf Dollar. Die Arbeiter sollen den Serienwagen, dessen Preis auf 500 Dollar sinkt, nicht nur zusammenbauen, sondern am Ende des Bandes kaufen. So gelingt es Ford, den Wunsch der Maschinenbediener nach Teilhabe an den Erträgen der Industrialisierung zu lenken, indem er die bis dahin mit dem Allernotwendigsten überlebenden Arbeiter zu Kunden und Autobesitzern aufsteigen lässt.

Schlaflos über dem Dunkel

Durch seine höhere Geschwindigkeit verkürzt das Fließband die Dauer der Arbeit. Seine Bediener verfügen jetzt über mehr Freizeit. Das Wochenende wird erfunden. Eine Möglichkeit, die ungewohnte Freizeit zu füllen, liefert der Rausch. Sprachlich betrachtet, dringt der Rausch über den Gehörsinn in die Wahrnehmung ein. Die Windungen hinter dem Ohr wirken von seinem Krachen, Sausen und Schwirren erfüllter, wodurch der Lärm der eigenen Schritte in der Leere zumindest übertönt werden kann. Während der alte Rausch vor allem die Wahrnehmung von Geräuschen in Unschärfe versenkte, kommt mit Kokain nun ein neuer Rausch hinzu, der sich gerade daraus nährt, eine erfrischende Klarheit zu erzeugen, scharf zu überzeichnen, schmutzig Brummendes zur Seite zu fegen und jede Ermüdung, jedes ablenkende Rauschen herauszufiltern.

Ein Gedichte schreibender Arzt nimmt 1910 in einem Prosatext mit dem Titel *Unter der Großhirnrinde* melancholisch Abschied vom Schlaf und fühlt sich abgeführt in einen Zustand unbehauster, überheller Dauerwachheit: »Es ist schön zu denken, dass wir mal im Laube gewohnt und uns in Erdlöchern gewärmt haben. Und dass wir mal geschlafen haben, wo man gerade stand und müde war, vielleicht an einer Baumwurzel wie die Iltisse. Ich denke manchmal, es wird eine Zeit kommen, da schlafen die Menschen nicht mehr. Denn das ist doch das Letzte aus der anderen, der stummen getriebenen Welt: eine Negation des Intellekts, ein Überzug über die Großhirnrinde, ein Zurückgebrachtwerden an die niederen Zentren, an das Reflektorische, an alles das, was nicht zu Bewusstsein gesteigert werden kann. Alles andere haben wir ja schon verlassen. Dies Letzte wird auch verlassen werden.«

Mögen über dem von Gottfried Benn beschworenen Abschied vom Schlaf bedrohliche Wolken schweben – nichts wirkt aufregender als das, was kommt. Aufschieber des Schlafs, wie Kokain und das erst Jahre später verfügbare Amphetamin, sind auf dem Weg, das Hirn blank zu legen, um das Leben in einen rationalisierten Rausch zu überführen, hin zu unermüdlicher Aufmerksamkeit und strahlendem Licht.

Rausch und Verwaltung

Kurz vor dem Ausbruch des Ersten Weltkriegs 1914 spaziert ein junger Mann durch Paris. Ein Geschäft für Künstlerbedarf hat er bereits mehrmals aufgesucht. Jedes Mal hält er sich lange in den Verkaufsräumen auf und besieht dabei so viele unterschiedliche Waren, dass die Angestellten gar nicht mehr erraten können, was er eigentlich kaufen will. Sprechen sie ihn an, bekommen sie zu hören, er wisse sich schon selbst zu helfen.

Bei einem weiteren Besuch scheint er genau zu wissen, was er haben möchte. Er kauft dreimal die gleiche Druckgrafik. Die dekorativen Blätter zeigen in konventioneller Darstellung entlaubte Bäume an einem verschneiten Ufer. Vom Laden geht der Käufer zielstrebig zum Bahnhof. Dort steigt er in einen Zug und fährt in Richtung der Kleinstadt Rouen. In der vor dem Fenster vorbeiziehenden Landschaft beginnt sich das Licht des Tages schon zu verabschieden. Im Halbdunkel greift der Fahrende zum Pinsel, um zielsicher einen Eingriff auszuführen. Er färbt einen Lichtpunkt in der Grafik rot und einen anderen grün. Eine Farbwahl, die die Erkennungszeichen französischer Apotheken wiederholt.

Marcel Duchamp, wie der fahrende Künstler heißt, schafft durch den minimalen Eingriff in den gekauften Druck ein Schlüsselwerk der konzeptuellen Kunst. Er nennt es *Pharmacie*, worunter damals ein chemischer Gemischtwarenladen verstanden wird. In solchen Läden gibt es Sonderangebote, Ladenhüter, Geheimtipps und Tausende von Substanzen mit noch viel mehr Wirkungen.

Pharmacie wird zum Prototyp einer ganzen Serie von Objekten, den Readymades, bei denen Duchamp wenig tut und gleichzeitig viel geschehen lässt. Die »Fertiggestellten« formulieren, wie Dinge, Handlungen oder Wesen in einem zugewiesenen Sinnzusammenhang stehen und durch ihn ihre Bedeutung erlangen. Und dass sich diese Zuschreibung ändert, wenn das Ding in eine andere Umgebung verschoben wird.

Zeitgleich mit *Pharmacie* kommt es zur Kriminalisierung der außermedizinischen Verwendung von Drogen. Die gleiche Droge kann nun in der Apotheke oder der englischen »pharmacy« legal verwendet werden, ihr Genuss in einem Zusammenhang ohne ärztliche Aufsicht aber eine Straftat bedeuten. Der *Harrison Narcotic Tax Act* von 1914 formuliert nicht das erste moderne Drogengesetz, schon 1868 hat das britische Parlament mit dem *Pharmacy Act* ein Gesetz zur Kontrolle des Drogenverkaufs erlassen, um den Handel mit Opium einzudämmen. Erstmals benennt das US-amerikanische Gesetz aber die Zweckentfremdung von Drogen als »Missbrauch« und stellt sie unter Strafe. Damit wird juristisch die Unterscheidung zwischen dem zulässigen und unzulässigen Gebrauch einer Körpertechnologie eingeführt.

Wie vieles, das die Drogengeschichte weiterschreibt, ist das staatliche Regulativ die Folge eines Krieges. Nach dem Sieg über Spanien im Krieg um die Herrschaft in Kuba sind den USA auch die Philippinen zugefallen. Da der ostasiatische Inselstaat eine zentrale Rolle im Opiumhandel spielt, sehen sich die neuen Herrscher durch ihre Kriegsbeute unter dem Druck anderer Kolonialmächte, eine Strategie gegen den unkontrollierten Handel mit Drogen zu entwickeln. Aus der diplomatischen Zwangslage geben die USA den Anstoß zur ersten Opiumkonferenz und schaffen damit 1912 in Den Haag die Voraussetzungen für eine internationale Drogengesetzgebung, für die sie in ihrem Machtraum mit dem *Harrison Narcotic Tax Act* eine Grundlage formulieren. Dabei geht es darum, Drogen mit Steuern zu belegen und sie so an den kontrollierten Geldfluss anzuschließen. Der Handel mit Drogen, an dem der Kolonialherr und seine Gesundheitsindustrie nicht mitverdienen, soll durch Kriminalisierung ausgetrocknet werden.

US-amerikanische Finanzämter richten kurz darauf eigene Abteilungen ein, die sich auf die Eintreibung von Steuern aus Drogenverkäufen spezialisieren, woraus später das *Bureau of Narcotics* hervorgeht. Die Mittel zum Rausch werden eine Angelegenheit der Verwaltung, die so einen größeren Zugriff auf den Körper und auf die weit entfernte Landwirtschaft in den Kolonien bekommt.

Wer hat Angst vorm schwarzen Mann?

Ein weiteres Motiv des neuen Gesetzes lässt sich nur schwer übersehen. Zu plump personifizieren die Propagandisten des Gesetzes die drohende Gefahr im »negro cocainist«, einer Figur, die belegen soll, in jedem harmlos dreinschauenden »Onkel Tom« lauere ein gefährlicher Wilder, den die Droge entfessele und in einen gewalttätigen Verbrecher verwandele.

Hinter den sexuell aufgeladenen Darstellungen vom Drogen und Frauen fressenden schwarzen Mann verbirgt sich der Wille zu mehr Kontrolle in den Siedlungen der Afroamerikaner. Den dort Lebenden unterstellt die Obrigkeit, sie kämen mit der Freiheit, die die offizielle Abschaffung der Sklaverei ihnen bietet, selbst nach einem halben Jahrhundert noch nicht zurecht. Ins Spiel gebracht wird gleichzeitig die so nachhaltige wie haltlose These einer Wechselwirkung von Rausch und Verbrechen. Das griffige Begriffspaar bildet eine Blaupause für das, was 60 Jahre später »war on drugs« heißen wird.

Der *Harrison Narcotic Tax Act* führt zu einem Preisanstieg der betroffenen Stoffe. Kokain steigt auf zur Exklusivdroge. Wer über weniger Geld verfügt, muss sich nun an preisgünstigere Rauschmittel halten.

Selbst den treibenden Kräften hinter dem Gesetz dürfte nicht entgangen sein, dass es sich bei weltlichen, nicht in eine Religion eingebundenen Drogenverboten von Anfang an um eine provisorische Problemlösung von bedingter Wirksamkeit handelt. Der Wunsch nach Rausch lässt sich mit diesen Gesetzen nicht aus der Welt schaffen, wie bald das Scheitern der zwischen den Weltkriegen in den USA verordneten Alkoholprohibition belegt. Das staatliche Regulativ des Marktes führt zu einem Wachstum des Schattenhandels, der nun die außermedizinische Nachfrage bedient. Und beinah mit jeder weiteren Verschärfung von Gesetzen erlebt der Schwarzmarkt einen neuen Aufschwung.

Krieg auf Drogen

Im deutschen Kaiserreich zieht die Regierung aus der Vorstellung, Kokain raube die Angst vor Gewehrkugeln und produziere wilde Männer, andere Schlüsse. Statt Drogen zu bekämpfen, verwenden die anerkannten Experten für körperliche Disziplin die Droge, um die Kampfkraft ihrer Soldaten zu stärken. Das Experiment des Doktor Aschenbrandt macht jetzt Schule.

Ihrer chemischen Industrie verdanken die sich 1914 in einen Mobilisierungsrausch hineinsteigernden Deutschen die schmerzstillende Verbesserungsdroge Morphium. Kokain optimiert nun zusätzlich die Leistungsfähigkeit der menschlichen Einzelteile ihrer Kriegsmaschine. Besonders die Kampfflieger schätzen die erfrischenden Effekte. Hellwach und kühl bis in die Nervenspitzen, wollen sie nicht nur vernichten, sondern sich darüber auch wortgewandt mitteilen. Überdrehte Feldpostkarten erreichen die Daheimgebliebenen. In sprudelnden Berichten schildern die Männer ihren Müttern, Vätern und Frauen, wie das Herz höher schlägt, wenn der Gegner, dessen Gesicht sie gerade noch gesehen haben, in Flammen gehüllt abstürzt. Der Tod des anderen bildet den Gipfel der Rauscherfahrung als inneres Erlebnis, das sich nach außen wendet.

Im Zweiten Weltkrieg übernimmt Amphetamin die Aufgabe der militärischen Leistungssteigerung. Der mit Krieg und Rausch vertraute Schriftsteller Ernst Jünger schreibt über diesen Substanzwechsel in seinem Buch *Annäherungen*: »Auch Drogen folgen der Mode; sie bilden substantielle Entsprechungen zu geistigen Wendungen, die vielleicht nur kleine Marken in der Stilgeschichte hinterlassen und sich doch einzeichnen.«

Weniger schöngeistig betrachtet, liegt die Ursache für den Erfolg synthetischer Drogen beim Militär nicht in Stilfragen, sondern in einem Vergleich des Preis-Leistungs-Verhältnisses, den das kostengünstigere Amphetamin deutlich für sich entscheiden kann.

Der niedrigere Marktwert der jüngeren Verbesserungsdroge begründet sich zu einem Großteil in ihrer synthetischen Herstellbarkeit, während es sich bei dem teureren Kokain um das endliche Extrakt einer Pflanze handelt. Mit dem Anstieg der Bevölkerungszahl schrumpfen proportional die natürlichen Rohstoffe, während die steigende Nachfrage ihren Wert erhöht. Künstliche Stoffe werden hingegen durch die Beschleunigung der industriellen Fabrikation leichter verfügbar und damit billiger. Das Natürliche wird zu einem Statussymbol, sei es in Form von echtem Pelz oder rohstoffbasiertem Kokain, das sich die Besitzenden leisten können, um ihren Wohlstand nach außen vorzuführen. Bei alldem hat niemand Amphetamin als Ersatz für Kokain geplant, der Kunststoff entwickelt sich einfach aufgrund der Umstände zum preisgünstigen Konkurrenten.

Nachgeholtes Glück

Am Ende des Ersten Weltkrieges fällt die Auswertung der im Großeinsatz erprobten Technologien bei den Siegern positiv aus. Ingenieure, Generäle und Investoren sind begeistert von den Erfolgen der Flugzeuge, gepanzerten Autos, chemischen Waffen und Drogen. Der Nachschub an Letzteren ist trotz der Kapitulation nicht abgebrochen. Und wie schon bei Alkohol und Haschisch sind es Kriegsveteranen, die die Umnutzung der ausgemusterten Verbesserungsdrogen in die Zivilbevölkerung tragen. Vor allem Kokain zieht immer größere Kreise. Eine rasche Sättigung des Hungers nach dem jahrelang verpassten Glück scheint damit möglich. Drogen dienen nun nicht mehr nur zur Betäubung des Elends im Alltag, sondern immer öfter zur Verfeinerung der Lebensstile.

Deutschland, das Vaterland der industriell hergestellten Drogen, wird zum Zentrum der Kokain-Konjunktur. Hier gibt es den Stoff auf Rezept in der Apotheke. Die Hauptquelle des schwunghaften Schwarzmarktes sind die übrig gebliebenen Vorräte des Militärs. Um die Disziplin der die Depots bewachenden Soldaten ist es aufgrund der unklaren politischen Situation schlecht bestellt. Kiloweise verschwindet der Stoff. Gierige Nasen warten schon.

Ihren Höhepunkt erreicht die Kokainnachfrage während der Inflation 1922. Nach dem Verlust des Ersparten, mit Geld in der

Hand, das am nächsten Tag nichts mehr wert sein könnte, verengt sich die Aufmerksamkeit auf das Jetzt. Das gesteigerte Erlebnis der Gegenwart scheint das Letzte, in das die verunsicherten Menschen noch investieren wollen. Und nichts scheint den Wert der Gegenwart so sicher zu steigern wie Kokain.

Erotisch aufgeladene Körper bilden eine weitere Währung im Geflecht nervöser Interessen. Auf den Drähten der hochgespannten Erregung balanciert die Ausdruckstänzerin Anita Berber als ungekrönte Königin des Berliner Nachtlebens. Das von ihrem Mann Sebastian Droste geschriebene Programm *Tänze des Lasters, des Grauens und der Ekstase* lässt die Frau zum über der Stadt schwebenden Star werden, während der Wechselkurs der Reichsmark zum US-Dollar im Tageslicht von Milliarden auf Billionen fällt.

Ihre steile Karriere verdankt Berber weniger ihren Bemühungen um den modernen Tanz als ihrer schillernden Persönlichkeit und dem spektakulären Höhepunkt ihres Auftritts, der Nacktheit. Als öffentliche Erlebnissucherin verkörpert sie stellvertretend ein aus den Fugen geratenes Lebensgefühl, dessen Hingabe an den Rhythmus sich bis zur Besessenheit steigert. Zu einem ihrer bekanntesten Auftritte wird der 1921 von Fritz Lang gedrehte Film *Doktor Mabuse, der Spieler*. In dem Stummfilm tänzelt sie in einem Kabarett als Lockvogel des bösen Strippenziehers Mabuse auf den ausladend langen Nasen zweier riesiger Kopffüßler.

Wie die Moral von der Geschicht' folgt auf das Hoch der Fall. Der Zeitgeist übersieht sich an Berber, der Nackttanz kommt aus der Mode. Die Aufmerksamkeit verschiebt sich von ekstatischer Lebensgier zum Stil der »Neuen Sachlichkeit«. Zeitgleich steigt der Preis für Kokain zu hoch, als dass die Droge noch in Mode bleiben könnte. Die Ursache der Verteuerung ist simpel: Niemand hat die Notwendigkeit erkannt, einen strukturierten Import für den illegalen Markt aufzubauen, weil die Vorräte des Militärs unerschöpflich schienen. Als diese Quelle plötzlich versiegt, kommt es zu einem Engpass, in dessen Folge sich der Preis für Kokain vervielfacht.

Berber, die den Anschluss an den gefragten Stil der Gegenwart verpasst hat, greift zu immer drastischeren Mitteln, um noch Beachtung zu finden. Unangekündigt schiebt sie im Speisesaal des Hotels Adlon den Pelzmantel von den Schultern. Statt mit Applaus reagiert das unfreiwillige Publikum mit betretenem Schweigen auf ihre Nacktheit.

Da sie in Berlin niemand mehr will, geht sie auf eine Tournee durch den Nahen Osten. In Kairo, Bagdad und Beirut tritt sie in Nachtlokalen auf, deren Gäste sich nicht mehr für ihre Kunst interessieren, sondern allein dafür, dass sie sich auszieht. Hier kann sie nun auch nicht mehr, wie einst in Berlin, verständnislosen Gästen mit Champagnerflaschen auf den Kopf schlagen, wenn es ihr gerade passt, und sich so Respekt verschaffen. Sie schnupft jetzt nicht mehr Kokain, um sich mit aufgerissenen Augen in die Gegenwart zu stürzen, sondern nimmt betäubendes Morphium, um aus ihrer immer beklemmenderen Realität zu flüchten. In Damaskus bricht sie in einem Kabarett zusammen. Ein herbeigerufener Arzt diagnostiziert »galoppierende Schwindsucht«. Für die Rückkehr nach Berlin benötigt die Tuberkulosekranke vier Monate. Kurz nach ihrer Ankunft stirbt sie.

Anita Berbers Lebensgeschichte zeichnet ein Szenario, dessen Varianten ausschweifend drogennutzende Frauen bis heute immer wieder begegnen: Ihre Ekstase fasziniert, solange sie jung und schön sind. Langfristig gibt ihnen die Gesellschaft aber keinen Raum. Die Lebensform des Dauerrausches hat das ungeschriebene Regelwerk der Kultur für sie nicht vorgesehen. Frauen im Zustand höchster Erregung und gezielte Selbstzerstörung passen nicht ins Bild. Ihre ständig aufdrehenden und wieder in sich zusammenbrechenden Zustände, die dem ähneln, was Psychiater als Hysterie erklären, gehen ihrer Umgebung auf die Nerven, werden nicht selten als bedrohlich erlebt und immer weiter an den Rand verwiesen.

Auf dem Weg zu einer Krankheit

Anfang der Zwanzigerjahre, während Kokain in den großen Städten als der heiße Staub gefeiert wird, fristet Amphetamin immer noch ein Schattendasein als Formel ohne jeden Gebrauchswert, die nicht einmal einen richtigen Namen hat. Über einen Umweg wird dieser Zustand bald ein Ende finden. Zeitgleich mit Edeleanus Experimenten ist dem zwischen Japan und Deutschland pendelnden Chemiker Nagai Nagayoshi mit der Entdeckung des Ephedrins die chemische Abtrennung des zentralen Wirkstoffs der Pflanze Ma Huang gelungen, einem im Westen Ephedra genannten Meerträubel. Die Reaktion der Wissenschaft wie die der Industrie auf das Konzentrat der ältesten, in Asien schon seit 4000 Jahren zu medizinischen Zwecken verwendeten Anregungsdroge fällt zunächst verhalten aus. Erst im Jahr 1919 knüpft der japanische Chemiker Akira Ogata mit der Darstellung der chemischen Struktur von Ephedrin daran an, was die Synthese von Desoxynorephedrin zur Folge hat, einem Derivat, das später als Metamphetamin bekannt wird. Größeres Interesse an Ephedrin entsteht im Westen aber erst 1924, als Forscher eine positive Reaktion der Droge auf die Schleimhaut der Atemwege entdecken. Schwach dosiert, bewirkt Ephedrin eine Verengung der Blutgefäße und lockert die Bronchialmuskulatur. Aus dieser Beobachtung leiten die Forscher ein Potenzial zur Behandlung von Asthma ab. Die Pharmafirma Eli Lilly & Co. entwickelt nun ein Produkt auf der Basis des Wirkstoffs und bringt es 1929 in die Drugstores.

Kurze Zeit später ordnet ein Rohstoffengpass das Segment der Asthmamittel noch einmal neu. Als Alternative, deren natürlicher Ausgangsstoff nicht erst aus Asien importiert werden muss, kommt jetzt ein synthetisches Mittel ins Spiel. Die Vorlage dafür liefert ein Allergologe, der eine große Praxis in Los Angeles betreibt. George Pines weiß um das von Edeleanu synthetisierte Amin sowie um die Studien von Barger und Dale. Vor dem Hintergrund dieses Wissens schlägt er einem seiner Mitarbeiter vor, synthetische Amine als möglichen Ersatz für Ephedrin zu untersuchen. Der Biochemiker Gordon Alles beginnt, mit chemisch verwandten, gleichwohl stärker über das zentrale Nervensystem wirkenden Stoffen zu experimentieren und ein Salz daraus zu entwickeln. An sich selbst, in Tierversuchen und an Patienten von Pines stellt Alles eine körperlich anregende Wirkung bei gleichzeitiger Linderung der krampfartigen Asthmaanfälle fest. Damit hat Alles den ersten Gebrauchswert des in Berlin 40 Jahre zuvor synthetisierten Amins entdeckt.

Im nächsten Schritt vom Ding zur Ware bildet er aus den

Initialen der chemischen Bezeichnung der Verbindung im Englischen – Alpha Methyl PHenyl EThyl AMINe – 1927 ein Akronym und damit den zukünftigen Namen: Amphetamin, der aber erst sehr viel später gebräuchlich wird.

Gordon Alles patentiert seine Entdeckung und verschickt eine Reihe von Proben an mögliche Hersteller des Mittels sowie an die American Medical Association. Die angeschriebenen Pharmaproduzenten reagieren verhalten auf das Ersatzmittel. Bald scheint das Projekt von Pines und Alles wirtschaftlich gescheitert, obwohl die Vorteile bei der Behandlung von Asthma allein aus ökonomischer Sicht auf der Hand liegen: Unabhängigkeit von Rohstoffquellen heißt geringere Transportkosten, und Kunststoffe stellen das große Versprechen der Zukunft dar.

Das Desinteresse der angesprochenen Pharmafirmen erweist sich in einem Fall als vorgeblich: Ohne dass Alles darüber informiert worden wäre, stellen die Smith, Kline & French Laboratories (SKF) aus Philadelphia einen Wirkstoff unter dem Namen Benzedrine® her. Hinter dem Kunstwort, das auf die Ableitung des Wirkstoffs aus dem Benzolring anspielt, verbirgt sich der erste Auftritt von Amphetamin mit einem eingetragenen Warenzeichen.

Die Ähnlichkeit der Hauptkomponente von Benzedrine®, jener angeblich von einem SKF-Mitarbeiter entwickelten Verbindung, mit Alles' Amphetamin ist aber zu auffällig. Gordon Alles fühlt sich um sein geistiges Eigentum betrogen und wirft SKF Patentpiraterie vor. Angeblich um eine längere juristische Auseinandersetzung zu vermeiden, einigt sich die Firma mit Alles auf eine Beteiligung von fünf Prozent an den Gewinnen aus dem Produkt Benzedrine®.

Hat man den zentralen Wirkstoff auch abgekupfert, ist man bei SKF nicht vollkommen untätig geblieben: Als besonderes Extra zu dem Wirkstoff hat die Firma eine bis dahin unbekannte Darreichungsform, ein Einatmungsgerät in der Form eines zu groß geratenen Lippenstifts, erfunden. Als rezeptfreier Bronchodilatator gegen Asthma, Heuschnupfen und Erkältung kommt er 1932 auf den Markt.

Der Zeitpunkt scheint ungünstig für die Einführung eines neuen Produkts. In den USA steigt die Arbeitslosenzahl.

Viele Aktien bewertet der Markt noch schlechter als nach dem »Schwarzen Freitag« an der New Yorker Börse 1929. 20.000 Firmen gehen in diesem Jahr in den USA bankrott, 21.000 Menschen nehmen sich das Leben.

Mitten in der »Großen Depression« wird der kleine Stift aber blitzschnell ein Erfolg. Trotz allgemeinen Geldmangels steigt die Nachfrage rasant. Hervorragende Absatzzahlen hinterlassen den Eindruck, Asthma habe sich im Zentrum der amerikanischen Gesellschaft eingenistet. Mitten in der wirtschaftlichen Lähmung wird Benzedrine® ein Verkaufsschlager.

Nie zuvor ist es der Gesundheitsindustrie gelungen, eine Droge in so kurzer Zeit in solchen Mengen unter die Käufer zu bringen. Benzedrine® mausert sich zum Aspirin® gegen die grauen Wolken des Alltags und der Erschöpfung. Bald liegt der Stift überall griffbereit. Langzeitarbeiter halten sich mit dem Vorreiter der Lebensstil-Drogen auf Trab. Fluggesellschaften bieten ihn ihren Passagieren an, um Unannehmlichkeiten bei Start und Landung auszugleichen. Die Nutzungsmöglichkeiten scheinen unbegrenzt. Nach fünf Jahren kann der Hersteller auf der Packung mit zehn Millionen Käufern werben, »die sich nicht irren können«.

Vom Asthmamittel zum Mittel gegen alles

Der Erfolg von Amphetamin resultiert zu einem erheblichen Teil aus dem gestiegenen Druck, mit dem Pharmahersteller nun beginnen, ihre Waren auf dem Markt zu platzieren. Die durch die Möglichkeiten der industriellen Entwicklung jetzt massenhaft herstellbaren synthetischen Drogen müssen immer schneller und in immer größeren Stückzahlen unter die Käufer gebracht werden. In der Goldgräberstimmung rund um die chemischen Problemlösungen und Verbesserungen wird in einem bisher unbekannten Ausmaß Werbung eingesetzt. Gezielt werden zudem Forschungsprojekte finanziell unterstützt, die absatzfördernde Ergebnisse hervorbringen. Sind die Erkenntnisse der Wissenschaftler unvorteilhaft, wird deren Veröffentlichung nicht finanziert.

Besonders interessiert zeigt sich auch SKF an der Entdeckung unbekannter Anwendungsbereiche, mit denen sich neue Zielgruppen für ihr Produkt erschließen lassen. Zunächst preist die Firma Benzedrine® 1935 als pharmazeutisches Wundermittel gegen zwei rätselhafte Schlafkrankheiten. Bei der einen handelt es sich um die grassierende virale »Encephalitis lethargica«. Diese Schlafseuche trat während des Ersten Weltkrieges zunächst in Wien, bald in anderen europäischen Städten auf und breitete sich in kürzester Zeit weltweit aus. Ein Drittel der fünf Millionen Betroffenen starb im akuten Stadium, entweder in Zuständen tiefen Komas oder chronischer Schlaflosigkeit. Den Überlebenden der bis 1927 umgehenden Epidemie gelingt es nicht, ihre Lebensenergie wiederzuerlangen. Die Erkrankten kommen zwar nach einiger Zeit zu Bewusstsein, sitzen aber tagein, tagaus bewegungslos herum. Die Behandlung von Encephalitis lethargica mit Amphetamin fruchtet allerdings nur in Ausnahmefällen.

Zeitgleich erproben Psychopharmakologen das Mittel zur Behandlung von Narkolepsie, einer in ihrer Ursache bis heute ungeklärten Funktionsstörung des Schlafwachzentrums. Die hirnorganische Erkrankung mit den Symptomen geschwächte Aufmerksamkeit, Kopfschmerz, Schwindel und anfallartige Schlafattacken kann durch die Droge nur gelindert, jedoch nicht geheilt werden.

Im Jahr 1937 genehmigt die American Medical Association Benzedrine® als Tablette. Schnell findet auch die neue Darreichungsform vielfältige Anwendungsgebiete. Einer, der mit ihr in der Praxis experimentiert, heißt Charles Bradley. Der in Rhode Island tätige Nervenarzt erprobt die Tabletten schon wenige Monate später bei der Behandlung von Kindern, die an Nervosität und Konzentrationsmangel, verbunden mit Kopfschmerz, leiden. Seine Versuchskinder mit der Normabweichung, für die die Arztsprache der Zeit den Ausdruck »minimal brain dysfunction« kennt, reagieren positiv. Sie nennen die Tabletten »arithmetic pills«, weil sie das Gefühl haben, nach deren Einnahme Mathematikaufgaben leichter lösen zu können. Bradley findet für die konzentrationsfördernden Effekte zwar keine Erklärung, schließt aber auf eine paradoxe, weil beruhigende Wirkung der anregenden Droge auf die Kinder. Sein im *American Journal of Psychia-*

try des gleichen Jahres veröffentlichter Artikel *The Behavior of Children Receiving Benzedrine* wird zur wissenschaftlichen Grundlage für die Amphetaminbehandlung dessen, was heute als »Aufmerksamkeits-Defizit-Hyperaktivitäts-Störung« oder kurz ADHS bezeichnet wird. Woraus der Umkehreffekt einer Ruhigstellung der überaktiven Kinder durch das Aufputschmittel resultiert, bleibt weiterhin unklar.

In den späten Dreißigerjahren sind Kinder – heute die größte Benutzergruppe legal gehandelter Amphetamine – aber nur eine Randerscheinung für die Pharmaindustrie. Angetrieben wird die Nachfrage durch ständig neue Nutzungsvorschläge für die Droge in der Erwachsenenmedizin. Zeitweilig gibt es 39 offizielle Anwendungen: Epilepsie, Depression, Parkinsonsyndrom, Kodeinabhängigkeit, Schizophrenie, Alkoholismus, Migräne, Polio, Impotenz, Koliken, Nachtblindheit, Seekrankheit oder »Koffeinmanie«. Neurologen wiederum erproben Benzedrine®, um Psychiatriepatienten mit einem »Amphetaminschock« zu behandeln.

Das erste Kapitel der Erfolgsgeschichte von Benzedrine® kann letztlich auf eine einfache Formel gebracht werden: Je vielfältiger die Anwendungsmöglichkeiten, desto höher die Verkaufszahlen. Die Methode entwickelt sich zu einer Vertriebsstrategie, die noch Jahrzehnte später bei der Platzierung von Kassenschlagern wie Valium® oder Fluctin® zur Anwendung kommt.

Neben der Behandlung anerkannter Beeinträchtigungen des Wohlbefindens weitet sich die Erzeugung von Nachfrage auf bis dahin als unabwendbar hingenommene Zustände wie Erschöpfung, Übergewicht oder Traurigkeit aus. Mediziner beginnen, ausgehend von diesen Befindlichkeiten, neue Krankheitsbilder zu kreieren und in die öffentliche Wahrnehmung einzuführen.

Es überrascht nur bedingt, dass sich die Mehrheit der ins Spiel gebrachten Anwendungen schon nach wenigen Jahren als wirkungslos entpuppt. Mittlerweile wird Amphetamin nur noch bei Narkolepsie, die in Europa mit einer Häufigkeit von 1:1000 in der Bevölkerung auftritt, sowie bei ADHS verordnet. Hinzu kommt die Umnutzung von Amphetamin zu außermedizinischen Zwecken, die schon früh von den Verbrauchern entdeckt wird und auf die das *Journal of the American Medical Asso-*

ciation 1937 erstmals in einem Artikel Studenten an der University of Minnesota hinweist, die Amphetamin als Lernhilfe verwenden.

Licht der Zweckentfremdung

Durch den legalen Status scheint es für viele Verbraucher einfacher, Benzedrine® von seinem vorgesehenen Zweck zu entfremden, als Gesetze zu überschreiten und illegale Drogen zu benutzen. Die Zweckentfremdung der pharmazeutischen Technologie bewegt sich dabei in einem komplexen Gefüge: Wer die Bedienungsanleitung missachtet, übererfüllt seine Aufgabe als Verbraucher und wird selbst Teil der Produktion, indem er ungeplante Gebrauchswerte für die Ware herstellt. Die Zweckentfremdung befreit insofern von der fremdbestimmten Nutzungsvorgabe und der reduzierten Rolle des Konsumenten, darin liegt ihr widerständiges Potenzial. Auf der anderen Seite steigert die Zweckentfremdung durch die hinzuerfundenen Nutzungsmöglichkeiten die Absatzzahlen von Produkten und wird über die Jahre zu einer neuen Form des Verbrauchs.

Im Fall von Amphetamin geben sich die Umnutzenden schnell als interessante Kunden zu erkennen, weshalb die Hersteller der Droge es stillschweigend zur Kenntnis nehmen, dass bald unproportional mehr Einheiten von ihrem Produkt über die Ladentische gehen, als zur Behandlung der jeweiligen Krankheiten überhaupt erforderlich ist.

Benzedrine® bietet sich zur Zweckentfremdung an, da die verdeckten Möglichkeiten des Produkts, sei es zur Selbstdisziplinierung oder Ekstase, schnell erkennbar werden. Schon kleine Abweichungen von der Gebrauchsanweisung führen zu erstaunlichen Erlebnissen. Erklärt die dem Medikament beigefügte Bedienungsanleitung, der Benutzer solle einen Stift zum Inhalieren in zwei Tagen verbrauchen, vertauscht dieser einfach die beiden Zahlen, inhaliert zwei Stifte an einem Tag, und der Körper summt eine strahlende Melodie. Inhaliert der Benutzer einen dritten Stift, bringt ihn die Dosis zum Tanzen.

Eine andere Methode, die Reaktion von Benzedrine® zuzuspitzen, besteht darin, den Inhalierstift aufzubrechen, die mit dem Wirkstoff getränkte, streng nach Menthol riechende Watte zu entnehmen und als »B-bomb« in den Kaffee zu tunken. Wen die Bombe trifft, der arbeitet rund um die Uhr mit dem allerglücklichsten Ausdruck im Gesicht.

Aufgeklärter Ameisenhaufen

Ein großer Traum der Moderne handelt davon, die Rätsel der Welt bis in ihre letzten Winkel zu verstehen. Deshalb einigten sich die von ihrer Aufklärung besessenen Menschen unter anderem auch auf eine technische Deutung der Wirkung von Amphetamin: In Gang gesetzt werden soll die Erweiterung von Körper und Geist durch die Eingriffe künstlicher Agenten. Chemisch betrachtet, sind diese den körpereigenen Botenstoffen Noradrenalin und Adrenalin zum Verwechseln ähnlich. Fühlt sich ein Mensch bedroht, werden diese natürlichen Botenstoffe in Gang gesetzt und leiten die entsprechenden Benachrichtigungen weiter. Der künstlich hinzugefügte Doppelgänger des Botenstoffs Amphetamin dringt über den Stoffwechsel in die Sender solcher Botschaften, mischt sich dort unter die ihm ähnlichen Informationsträger. Durch den Eindringling kommt es zu einer Überfüllung der Senderzelle, wodurch Adrenalin ausgeschüttet wird, und der Botenstoff beginnt, seine Nachricht zu übertragen. Das Gesendete regt die zur Verteidigung notwendigen Instanzen im Körper an. Am Ende der Leitung beschleunigt sich der Herzschlag, der Blutdruck steigt, Verstand, Muskeln und Nerven werden in Alarmbereitschaft versetzt. Zusätzlich hebelt der künstliche Mobilmacher – wie seine biosynthetische Vorstufe Dopamin – die Bremsmechanismen des Noradrenalin-Transports aus. Dies geschieht durch Unterbrechung der Wiederaufnahme des Botenstoffs aus dem Übertragungsbereich in die Senderzelle. In Folge der ungebremsten Ausschüttung von Dopamin wird das Belohnungssystem aktiviert: Hirneigene Opiate strömen aus und befördern Zufriedenheit und Wohlbefinden.

Adrenalin und Noradrenalin wirken im sympathischen wie im zentralen Nervensystem. Das sympathische Nervensystem reguliert Wasserhaushalt, Kohlenhydratstoffwechsel, Körperwärme, Geschlechtstrieb und Wachstum. Es erstreckt sich vom Gehirn in die graue Substanz des Rückenmarks, weiter über die vor der Wirbelsäule befindlichen Nervenknoten bis zu den in Kopf, Hals, Brustkorb und der Bauchhöhle eingelagerten peripheren Nervenknoten, zu denen auch der Solarplexus zählt, an dem die Wirkung des Amphetamins besonders deutlich spürbar wird. Das Zentralnervensystem wiederum organisiert die Nervengeflechte, in denen die verschiedenen Informationen zentral zusammenlaufen und verarbeitet werden.

Die Hirnforschung hat in den vergangenen Jahrzehnten ein genaues Bild der Mechanik neuronaler Erregung entwickelt. Eine große Erkenntnislücke klafft aber weiterhin in der Frage, wie sich all die hundert Millionen Mikroübertragungen zu einer Nachricht verbinden. Die vagen Verständnismodelle der Nachrichtenverknüpfung im Gehirn, auf die sich die Neurobiologie derzeit geeinigt hat, könnten schon bald wieder durch andere Erklärungen abgelöst werden, da die jeweiligen Aufklärungen, wie schon ihre Vorläufer, durch die Kultur- und Technikbegriffe ihrer Zeit geprägt sind. Wieder und wieder erklärt die Wissenschaft das Gehirn über Konstruktionen, die sie aus den technischen Werkzeugen ableitet, mit denen der Mensch sein Leben auf der Welt organisiert.

Deshalb überrascht es auch nicht, dass sich die Beschreibungen des wimmelnden Ameisenhaufens aus Millionen Neuronen im menschlichen Kopf in den letzten Jahrzehnten Computer- und Netzwerkstrukturen angeglichen haben und als angemessene Darstellung gelten. Irgendwie in der Art der digitalen Welt soll es in unserem Kopf zugehen. Hinter der vereinfachenden Zwischenlösung versteckt sich, dass die Forschung, noch weit von der Enthüllung der neuronalen Dynamik entfernt, im Halbwissen stochert. Das Gros der als Problemlösungen herangezogenen Hilfssprachbilder für die Hirnarbeit wiederholt weiterhin auffällig den Versuch, Mensch und Maschine als zwangsläufiges Miteinander zu beschwören. Als angeblich durchsichtige Technologie ist der Mensch einfach besser verwertbar.

Eingabe, Resonanzkörper und Umgebung

Die konkreten, im Gegensatz zur neurochemischen Steuerung selbst beobachtbaren Auswirkungen von Amphetamin unterscheiden sich je nach körperlicher und psychischer Voraussetzung des Benutzers. Der Wirkstoff stößt auf natürliche Systeme, die chaotische Elemente enthalten – und je nachdem, wie diese spezifisch auf die künstlichen Eindringlinge reagieren, kann es zu unterschiedlichen Reaktionen kommen. Trotz der Bedeutung des jeweiligen Resonanzkörpers gibt es bestimmte Wirkungsaspekte, die wiederkehrend zu beobachten sind: Oft stellt sich ein ähnliches Verhaltensmuster wie bei der sogenannten »Kampf- oder Flucht-Reaktion« her. Der Körper wird in eine Art Notfallbetrieb versetzt und alle zum Kämpfen oder Flüchten notwendigen Funktionen werden aktiviert. Selbstvertrauen, Konzentration und Risikobereitschaft werden gestärkt, während Angst und Schmerz in den Hintergrund treten. Der Rhythmus der Atmung wird schneller. Muskeln spannen sich. Die Körpertemperatur erhöht sich.

Auf der Haut bildet sich Schweiß. Der Mund wird trocken, da die Droge erwärmend und entwässernd wirkt. Trotzdem verspürt der Benutzer oft keinen Durst, vergisst sowohl zu trinken, als auch, aufgrund einer Harnverhaltung, zu urinieren. Zur Selbstverteidigung unnötige Organe wie der Darm werden weniger durchblutet und entspannen sich, wodurch das Hungergefühl unterdrückt wird. Ein Effekt, der auch erklärt, weshalb Amphetamin und besonders Metamphetamin gern im Zusammenhang mit Sexualpraktiken wie Analverkehr oder »fistfucking«, dem Einführen der Faust in den After, benutzt werden.

Amphetamin-Benutzer glauben, mehr, oft erheblich mehr Alkohol zu vertragen, obwohl ihr Alkoholspiegel im Blut unbeeinflusst steigt. Es wird einfach ungebremst weiter getrunken. Zwar fühlt sich der Trinkende nicht nüchtern, aber die Wirkung des Alkohols erscheint ihm wie gefiltert. Selbst im betrunkenen Zustand fühlt sich der Berauschte noch seltsam klar, aufrecht und wach.

Auch ohne die Kombination mit Alkohol verengt sich der Fokus der Wahrnehmung und springt zwischen schlaglichtartigen Momentaufnahmen hin und her. Zu diesen Reaktionen kann es kommen, zwangsläufig ist das aber nicht. Das Selbsterlebnis der Benutzer steht im Verhältnis zu den Motiven, Amphetamin zu nehmen. So können sich ruhelose Menschen mit Hilfe der Droge oft besser konzentrieren, die Wirkung erlaubt es ihnen, ihre Energien, die sich sonst in ungerichteter Aktivität verlieren, gezielt zu bündeln. Antriebsschwache Personen nutzen die Droge hingegen als Mittel, den sie verlangsamenden Ballast hinter sich zu lassen. Wie Amphetamin wirkt, resultiert aber nicht nur aus Konstitution und Selbstsicht des Benutzers, sondern auch aus dem gesellschaftlichen Zusammenhang, in dem dieser sich bewegt.

Verdoppelung des Lebens

Der notorisch mit seinem Körper unzufriedene Mensch versucht fast immer, sich einer angenommenen Vorstellung von Normalität anzunähern. Die Optimierung beinhaltet die Auflösung des als unzulänglich erlebten Zustandes: Mangelhaft empfundene Teile werden entsorgt, der Rest baut sich zu einem anderen Selbst zusammen. Was vom alten Selbst bleibt, streunt als Überbleibsel des hässlichen, noch unverbesserten Entleins durch das Seelenleben der Verbesserten.

Frances Ethel Gumm beginnt ihre Karriere als Zweijährige im Theater ihrer Eltern in Grand Rapids, Minnesota. Dort tritt sie in den Zwanzigerjahren gemeinsam mit ihren beiden Schwestern als die Gumm Sisters auf. Frances wirkt dabei höchst niedlich und wird bald als Baby Gumm über die Grenzen der Stadt hinaus bekannt. Da sich mit einem Namen wie Gumm auf Dauer kein Blumentopf gewinnen lässt, tauft ein Produzent die Zwölfjährige in Garland um. Das tüchtige Mädchen gibt sich selbst den Vornamen Judy.

Vier Jahre danach wird Judy Garland noch einmal eine Andere: Metro-Goldwyn-Meyer wählt sie für die Hauptrolle in dem Filmmusical *Wizard of Oz* aus. Erst als die Dreharbeiten beginnen, bemerkt man, dass die pubertierende Darstellerin für den Charakter der kindlichen Dorothy körperlich zu alt besetzt worden ist. Jetzt fürchten die Produzenten, die immer weiblicher werdenden Formen des Mädchens könnten sich im Verlauf der Produktion unpassend abzeichnen. Grobe Auswüchse der voranschreitenden Pubertät können mit dem Kostüm reguliert werden, gegen den Rest verschreibt der Arzt des Filmstudios Benzedrine®. Unter Produktionsdruck verabreicht er die appetitzügelnden Tabletten in so großen Mengen, dass Judys Hunger und damit das Wachstum des Busens auf null reduziert werden können. Im chemisch gefassten Körper treten aber ungeplante Nebenwirkungen auf: Mit sperrangelweit aufgerissenen, strahlenden Augen singt Garland unter der magischen Hand das Lied *Over the Rainbow*.

Der Ohrwurm aus dem verzauberten Land hinter dem Regenbogen wird zu einer Pioniertat der durch Amphetamin verstärkten Popkultur. Ein Jahr vor dem Ausbruch des Zweiten Weltkrieges nimmt das flach gehaltene Mädchen so den ersten, durch das Medium einer synthetischen Droge gesungenen Superhit auf.

Medium ist hier nicht spirituell zu verstehen, sondern in der vom Medientheoretiker Marshall McLuhan formulierten Bedeutung: als technisches Verfahren, das Maßstab, Tempo und Schema der menschlichen Wahrnehmung verändert. Verschoben wird durch das ergänzende Produktionsmittel die Empfindung des Selbst. Die Droge formt die Benutzerin zur Vermittlerin und liefert ihr gleichzeitig ein Gefühl größerer Verfügungsgewalt über die eigenen Möglichkeiten. Eine gesteigerte Wahrnehmung wird in Anschlag gebracht, um sich der eigenen Anwesenheit zu versichern und deren Dimensionen zu verändern. Der so hergestellte Ohrwurm *Over the Rainbow* wird Garlands wichtigster Schritt auf dem Weg zum Ruhm.

Mit den Dreharbeiten zu *Wizard of Oz* endet auch die vom Arzt verschriebene Magersucht. Garland darf von nun an die körperlichen Merkmale einer erwachsenen Frau tragen. Mit ihnen muss sie am laufenden Band andere Leute darstellen. In der isolierten Atmosphäre des Bauens, Ausleuchtens, Probens und Drehens weiterer Filme wird ihre Leistung mit Amphetamin auf dem Niveau höchster Verfügbarkeit gehalten. »Wenn wir an einer Produktion arbeiteten, ließ man uns Tag und Nacht ohne

Pause schuften. Man gab uns Aufputschtabletten, damit wir uns, obwohl wir völlig ausgelaugt waren, noch länger auf den Beinen halten konnten. Dann brachte man uns in die Krankenstation auf dem Studiogelände. Nach vier Stunden wurden wir wieder geweckt und man gab uns erneut die Aufputschpillen, damit wir weitere zweiundsiebzig Stunden ohne Unterbrechung vor der Kamera stehen konnten. Die meiste Zeit erlebten wir unsere Umgebung wie in Trance«, diktiert Garland später einem ihrer Biografen.

Während der Arbeit vergeht die Zeit wie im Flug. Nach einigen Monaten kann sie sich nicht mehr vorstellen, amphetaminfrei zu leisten, was die Produktion von ihr erwartet. Ohne die Droge wirkt ein Tag wie abgeschlossen, unter ihrem Einfluss öffnen sich lichtdurchflutete Zimmer, sie braucht nur einzutreten. Die pharmazeutische Lebensführung funktioniert, bis eines Tages die am Set wartenden Regisseure durchdrehen, während Garland in ihrer Villa ein Brahms-Konzert auf den Plattenspieler legt, den Anfang romantisch findet und dann vergisst, der Musik weiter zuzuhören. Als sie Stunden später aus ihrer Bewusstlosigkeit erwacht und die Musik längst verklungen ist, ärgert sie sich. Am Set warten die anderen immer noch.

Stellen ihre Arbeitgeber sie nach solchen Tagen zur Rede, hüllt sie sich in Schweigen. Wortlos abgewandt, starrt sie zuerst überzeugend attraktive Dinge an. Ab einem bestimmten Punkt heften sich ihre Augen mit der Kraft von Saugnäpfen an die nackte Wand und verharren dort. Wer sie in solchen Momenten sieht, glaubt, sie hätte in den ruhevoll lächelnden Mustern der Tapete etwas noch nie Gesehenes entdeckt. Mag ihr allein das wiederkehrende Starren den Ruf der Haltlosigkeit einbringen, verkörpert sie auf der Leinwand und im Leben die Ängste der Frau von nebenan. In jedem Moment erwartet sie den Blick der anderen und will es jedem, der kommt, recht machen. Wird ihr der Anspruch, der Welt rund um die Uhr verfügbar zu sein, zu viel, verliert sie alle Kraft und fällt in sich zusammen. Nachdem sie eine Weile dagelegen hat, müht sie sich wieder in die Senkrechte und benimmt sich – wie man sagt – professionell.

Die andauernden Versuche, das Leben in die Hand zu nehmen, verlaufen sich nach ein paar Monaten wieder zu öffentlichen Dramen, bei denen ein wachsendes Publikum zusehen darf. Garlands in immer kürzeren Abständen auftretende Unpässlichkeiten werden den Filmfabriken, die gerade selbst in die Krise treiben, zu teuer, weshalb ihre Auftraggeber sie in den preisgünstigen und zeitgemäßen Rahmen einer Fernsehshow versetzen.

Da Garland immer mehr der Heldin eines tragischen Romans gleicht, überrascht es nicht, als Jacqueline Susann die Diva als Vorlage für eine der Hauptfiguren in ihrer Darstellung des drogenbeschleunigten Verfalls von Hollywood heranzieht. Die Schriftstellerin entwirft Nelly O'Hara, eine der Heldinnen von *Valley of the Dolls*, nach dem, was von Judy Garland mittlerweile bekannt ist. O'Hara steigt wie Garland mit Appetitzüglern ein, um ihre Figur den Erwartungen anzupassen. Die Disziplinierung des Körpers führt bald zu einer Entdeckungsfahrt in künstliche Paradiese, wo kleine grüne, gelbe und rote »Püppchen« das Regime übernehmen. Die pillenförmigen Kommandantinnen lassen sich wie russische Holzpuppen in der Mitte auseinanderschrauben. Im Inneren findet sich aber statt einer kleineren Puppe eine Vielzahl winziger Kügelchen. Die Hülle soll das Schlucken erleichtern und Verwechslungen vorbeugen, weshalb die Püppchen in den Farben einer Ampel gekennzeichnet sind. Die grünen, mit Amphetamin gefüllten Püppchen lassen den Hunger vergessen und weisen an, ohne Nahrungsaufnahme durchzustarten. Die gelben, das »Klapsmühlenfutter« Nembutal®, verrücken in ein Drehmoment des inneren Friedens, in dem sich die Zeit verlangsamt und die Benutzerinnen eingelullt werden. Werden die roten Seconal®-Kapseln geschluckt, fahren ihre Verbraucherinnen in einen körperlosen Raum des Bewusstseinsverlusts. Irgendwann helfen aber selbst die chemischen Ausschalter des Bewusstseins, die aussehen wie Feuerlöscher in einer Mikrowelt, nicht mehr. Zu hartnäckig blockiert die Wirkung der Amphetamine die Eingänge ins Labyrinth der Ruhe.

Die von Susann ausgemalten Lebensgeschichten der von Tabletten gesteuerten Frauen vor den Kameras verkaufen sich rasend gut und entwickeln sich mit mehr als 28 Millionen Exemplaren nicht nur zu einem unvorstellbaren Erfolg, sondern zur meistgelesenen Drogengeschichte nach der Erzählung von Evas Versuchung durch den Apfel der Erkenntnis. Führte die verbotene Nutzung der bewusstseinserweiternden Substanz in der Bibel zu einer Schuld, die selbst durch den Ausschluss aus dem Paradies, ein solides Familienleben und weitere wohlanständige Anstrengungen nicht getilgt werden kann, liefern Drogen in der aufgeklärten Welt nun immer öfter den Schlüssel zum Paradies der Arbeit.

Auf der Leinwand bekommen die Kinobesucher Garland mittlerweile nur noch selten zu sehen. Ständiger Widerstand gegen die nüchterne Weltsicht hat ihr Gesicht gezeichnet, weshalb die meisten Filmproduzenten kaum noch Interesse an ihr haben. Als sie es selbst schon gar nicht mehr erwartet, flattert aber doch wieder ein Angebot ins Haus. Twentieth Century Fox bietet Judy Garland 1967 eine Nebenrolle in Mark Robesons Verfilmung von *Valley of the Dolls* an.

Nach dem Erfolg des Buches kann Garland sich ausmalen, welche Abgründe auf sie warten. Da sie das Honorar dringend braucht, unterschreibt sie den Vertrag, ohne lange zu zögern. Was spricht auch dagegen, an ihrer eigenen Demontage mitzuwirken? Hollywood hat ihren Körper belagert, besetzt und verwüstet – was kann ihr noch passieren?

Sie verzichtet auf die Anstrengung, ihren Text zu lesen. Wieso soll sie auch? Was kann darin schon stehen, außer Sätzen, die sie schon kennt und die sich noch einmal wiederholen? An Drehtagen erscheint sie spät oder gar nicht am Set. Lieber schweift sie ziellos auf dem Gelände der Filmfabrik umher, als handele es sich um eine besonders abwechslungsreiche Umgebung. Kulissen wehen im Wind. Sie hebt ein matschiges Blatt vom Boden. An einen Baum gelehnt, aus dessen Astlöchern erstaunliche Laute dringen, denkt sie darüber nach, ein Glas Milch zu holen. Während sie den Vorsatz bedenkt, zieht sich die Zeit zusammen und im nächsten Moment ist es Mittag. Während die anderen essen, um wieder zur Arbeit zu gehen, grübelt sie darüber nach, was für eine erbärmliche Empfindung der Hunger doch ist. Ihr Kopf verfängt sich in aufregenderen Dingen, die sich in ihren Kopf ringeln. Nein, nichts, rein gar nichts spricht dafür, zu essen oder wieder zur Arbeit zu gehen. Also bleibt sie bei dem, was wild in ihrem Kopf wächst.

Auf Arbeitsanweisungen aus der Welt, auf die sich die anderen geeinigt haben, reagiert sie nur noch mit dem Blick einer genervten Elfjährigen. Werden die Aufforderungen zu unverschämt, verliert sie jede Bereitschaft, die großzügige Maske der Gleichgültigkeit aufrechtzuerhalten. Bleibt die andere Seite hartnäckig, greift sie mit ihren prächtig lackierten Fingernägeln jäh nach oben, rupft ein Haar vom Kopf und zerreißt es mit einem gefährlichen Ruck. Ihre Lippen schmollen, darüber blitzen Augen, als seien es Spiegelscherben im Sonnenlicht.

Die Filmproduktion engagiert eine Krankenschwester für Garland. Selbst unter Aufsicht kann sie aber nicht mehr dazu bewegt werden, sich in gewünschter Form zu engagieren, sondern lässt sich von immer weiter abweichenden Überlegungen und schlichter Arbeitsverweigerung treiben, bis man sie vor die Tür setzt. Ihren Vorschuss hat sie schon durchgebracht, für alles andere hat sie gerade keine Zeit.

Eine Faust für den eigenen Körper

Zwei Jahre nach ihrem gewagten Auftritt am Set von *Valley of the Dolls* fühlt Judy Garland sich an einem Abend im Juni 1969 zu nervös für die Menge an Schlaftabletten, mit denen sie sonst die bedrohlichen Gedankenschlaufen in ihrem Bett überspringt. Sie nimmt lieber mehr und rauscht wieder in den Tunnel geradeaus, bis es steil bergab geht. Irgendwo auf der vertrauten Strecke herrscht plötzlich totale Stille.

Judy Garlands gebrochener Glanz, ihr kompliziertes Verhältnis zu Drogen und Alkohol, eine Reihe zerbrochener Ehen, eine verzweifelte Suche nach Liebe und Selbstbestimmung, all das hat die Traumbesetzung der Opferrolle schon in den Sechzigerjahren zu einer Ikone der Homosexuellen gemacht. In der Woche nach ihrem Tod organisieren ihre Anhänger eine Trauerfeier in der größten New Yorker Männertanzbar, dem Stonewall Inn in Greenwich Village.

Als die Polizei um 1 Uhr 20 das Lokal stürmt, spielt der Musikautomat gerade die Amphetaminhymne *Over the Rainbow*. Ein metallblonder Transvestit verweigert sich, als ein Polizist ihn anweist, sich mit gespreizten Armen und Beinen an die Wand zu stellen. Im nächsten Moment trifft die Faust des Transvestiten den Zudringlichen im Gesicht. Sekunden später sind zwei Dutzend Gäste und Polizisten wild ineinander verkeilt. Was als Massenschlägerei in dem Tanzlokal beginnt, weitet sich innerhalb von Stunden zum Stonewall Riot aus. Die nächtliche Straßenschlacht wird zum Fanal für eine weltweite Revolte der Homosexuellen gegen ihre Unterdrückung.

Die schon lange über den Regenbogen in das schwule Nachtleben gewanderten Amphetamine verkörpern nun nicht mehr nur eine drogengefütterte Vergnügungslust in den Clubs, ihre Zweckentfremdung formuliert auch eine Geste des Widerstandes. Sie richtet sich gegen das von der gesellschaftlichen Norm Behauptete und fordert das Recht auf Selbstbestimmung über den eigenen Körper.

Fahrzeuge zur Sonne

Einige Monate nach dem Ende des Ersten Weltkrieges liest er einen Artikel über Henry Fords seriell hergestelltes Auto. Er entdeckt ihn in einer Zeitung, die auf der Straße liegt. Weil er nicht glauben will, was da steht, bohren sich seine Augen noch einmal in jedes Wort, während seine Zigarette vor lauter Aufregung zwischen den Mundwinkeln hin- und herwandert.

Das Bild aus Stahl und mechanisch schwitzenden Männern verfolgt ihn über Monate, Jahre. Als Revolutionär, der nicht nur einer von Vielen sein will, malt er an seinem eigenen Bild vom Aufstand. Die Auszeit eines Gefängnisaufenthalts nutzt er, seinen mehrere hundert Seiten umfassenden Plan und seine Weltsicht zu Papier zu bringen. In die schnell verfasste Collage baut er die Idee einer durch das Fließband mobilisierten Masse ein.

Jahre später werden sich Verehrer und Vorbild über den Serienwagen hinaus als Kameraden im Geist erkennen. Neben der Vorstellung von Macht durch Massenproduktion teilen die beiden die Ideen des Antisemitismus. Henry Ford erpresst sogar Händler jüdischen Glaubens, ein von ihm herausgegebenes, antijüdisches Magazin in ihren Geschäften auszulegen, wenn sie Autos seiner Marke verkaufen wollen. Und er hat selbstverständlich kein Problem damit, im »Dritten Reich« bis in den Krieg hinein Autos fabrizieren zu lassen. Sein Verehrer, Adolf

Hitler, will aber von Anfang an nicht nur den importierten Serienwagen, sondern das deutsche Auto für alle. Sein Wunsch braucht einen Techniker.

Ferdinand Porsche, ein deutscher Staringenieur und späterer Obersturmbannführer, arbeitet schon an so einer Maschine. Gemeinsam mit der Firma Zündapp hat er erste Prototypen entwickelt. Im frisch ermächtigten Führer erkennt er den geeigneten Geldgeber für die Verwirklichung seiner Vision und schickt ihm den Entwurf. Als Hitler seinen Traum vom Fahrzeug für die Volksmotorisierung auf dem Papier wiedererkennt, erteilt er Porsche postwendend den Auftrag, ein Auto für das deutsche Volk zu entwickeln.

In seinem Willen zur Herrschaft über die Straße ordnet der Führer im nächsten Schritt den Neubau einer ganzen Stadt an. Sie soll »Stadt des Kraft-durch-Freude-Wagens« heißen und sich ausschließlich der Fertigung des Volksautos widmen. Mitten in Deutschland, auf dem flachen Land, stechen Arbeiter die Spaten in den Boden. Nördlich des Mittellandkanals soll in Zukunft gearbeitet und nach Feierabend am anderen Ufer geschlafen werden. Die Bauarbeiter der aus dem Boden gestampften Stadt reichen sich noch Steine und rühren den Kalk, als der Volkswagen 1938 erstmals zwischen den Rohbauten in Serie vom Band läuft.

Da Autos ohne Straßen nicht weit kommen, wird auf Hochtouren an der großen Autobahn gearbeitet. Es soll das größte deutsche Bauwerk aller Zeiten werden, ein ausgewalztes Stück Architektur ohne Zierrat und Ornament. Am Horizont werden hunderttausend deutsche Familien sichtbar, die strahlend in die Sommerfrische fahren.

Über Nacht kommt aber alles anders: Einem Maschinenbauer fällt auf, wie gut die Afrikakorps mit dem robusten Fahrzeug in der Wüste kämpfen könnten. Innerhalb kürzester Zeit gestalten Ingenieure das Freizeitfahrzeug zu einem jeepähnlichen Kübelwagen um, der als Militärfahrzeug erneut in Serie geht. Statt ans Meer fahren die Männer bald ohne Frau und Kind in die weite Welt hinaus.

Die militärische Zweckentfremdung des Freizeitautos zur Waffe tut der Weltkarriere des Fahrzeugs mit dem zackigen Logo und leuchtenden Kulleraugen keinen Abbruch. Zwei

Jahre nach Kriegsende wird das seltsam halburbane Gebilde, das bis dahin »Stadt des Kraft-durch-Freude-Wagens« hieß, in »Wolfsburg« umbenannt und der ins Zivilleben zurückgeholte Volkswagen läuft wieder vom Band. Seine optimistische Halbkugelgestalt wird zum Dauerbrenner. Bereits 1955 kann die Fertigung des millionsten Volkswagens gefeiert werden. Das Auto der nationalsozialistischen Mobilmachung entwickelt sich nicht nur zu einem der erfolgreichsten Serienwagen aller Zeiten, sondern bekommt die Aura des besonders menschlichen und sozialdemokratischen Kraftwagens. Mit ihm können sogar im Umgang mit Technik nur bedingt begabte Bewohner der »Dritten Welt« massenhaft auf vier Räder gesetzt werden.

Den Erfolg verdankt der Käfer in erster Linie seinem Motor, der bei jedem Wind und Wetter anspringt. »Er läuft und läuft und läuft«, heißt deshalb die berühmte, vom Werbekünstler Charles Wilp nach dem Krieg entwickelte Volkswagen-Kampagne. Die Vorstellung vom ununterbrochenen Weiter bekommt einen beredten Beiklang angesichts einer zeitgleich zum Kraft-durch-Freude-Auto entwickelten Tablette.

Völkische Entgiftung

Die ungefähre Vorstellung dürfte zunächst gewesen sein, ein Mittel gegen Asthma oder melancholische Verstimmungen zu entwickeln. Dass daraus einmal ein biochemischer Motor werden sollte, der die deutschen Sturmtruppen ungebremst laufen ließ, war nicht geplant. Bei den 1934 in zivilen Zusammenhängen aufgenommenen Forschungsarbeiten an einem neuen Arzneimittel handelt es sich um eine Fortsetzung der erstmals in Japan 1919 synthetisierten Urformel von Metamphetamin. Ziel der Deutschen ist die Entwicklung eines preisgünstigen Alternativprodukts zum in den USA erfolgreichen Benzedrine®.

Einem Team von Chemikern gelingt die Entwicklung eines Verfahrens, mit dem Abfälle der Großchemie zu Metamphetamin recycelt werden können. Die Recyclingmethode, die 1937 als Patent Nr. 767.186 mit dem Titel *Verfahren zur Herstellung von Aminen* angemeldet wird, funktioniert effizienter und preisgünstiger als die aus Japan bekannte Methode zur Herstellung des Stoffes, die noch den natürlichen Rohstoff Ephedrin als Ausgangsmaterial nutzt.

Zeitgleich mit dem pharmazeutischen Projekt bereitet das »Tausendjährige Reich« seinen großen Feldzug vor, was zur Folge hat, dass nahezu alle zivilen Forschungsvorhaben auf ihre militärische Verwertbarkeit hin untersucht werden. Der für die Kriegsmaschine interessante Aspekt der neuen Droge besteht zuerst darin, die Versorgung des rohstoffarmen deutschen Hinterlandes im Falle einer militärischen Isolation durch künstlichen Ersatz zu gewährleisten. Kunststoffe wie synthetisches Öl, Polyamid 6, die Grundlage von Perlon, oder eben Metamphetamin werden vor diesem Bedarf zu Symbolen der Blut-und-Boden-Politik stilisiert.

Die Innovation Metamphetamin entpuppt sich tatsächlich als ausgesprochen langlebig. Nach dem Krieg wird die »Nazi method« weltweit übernommen und dient bis heute in illegalen Labors, sei es im ehemaligen Ostblock, bei einigen international aktiven Hell's Angels oder bei den Guerilleros der United Wa State Army am goldenen Dreieck in Südostasien, als Methode zur Herstellung der Droge. Das immer weiter verfeinerte Produkt heißt mittlerweile in seinen lokalen Varianten in Südostasien »Yaba«, in Ostdeutschland »Pep«, in anderen ehemaligen Ostblockländern »Piko«, in Südafrika »Tik« und in den USA »Speed«, »Meth«, »Crystal«, »Tina« oder »Crank«.

Das in der Frühphase der heute viel gelobten deutschen Kreislaufwirtschaft aus Abfall hergestellte Metamphetamin wird 1938 unter dem Namen Pervitin® auf dem deutschen Markt zugelassen. Der deutsche Hersteller, die Berliner Firma Temmler, empfiehlt das Mittel gegen leichte Depressionen oder zur Aufmunterung von Krebspatienten vor Operationen.

Angestoßen durch massive Werbung, entwickelt sich Pervitin® zu einem großen Erfolg auf dem deutschen Pharmamarkt. Neben geschicktem Marketing begründet sich die große Nachfrage darin, dass Pervitin® in eine politisch bedingte Marktlücke stößt. Dazu ist es gekommen, da die Nationalsozialisten nach der Machtübernahme ihren »Kampf gegen Rauschgift« eröffnet haben, in dessen Verlauf selbst die Werbung für die Lieblingsdroge der Deutschen, das Bier, verboten wird und zahllose Alkoholiker zwangssterilisiert werden. Der nationalsozialistische Krieg gegen Drogen verläuft sich aber schnell in Widersprüchen: Bier wie Schnaps bleiben als Rauschmittel verfügbar, und im Zuge des wirtschaftlichen Aufschwungs trinken die Deutschen auch ohne Werbung mehr als zuvor. Zu Kokain oder Morphium hat der Normalbürger hingegen kaum noch Zugang. Selbst Geld und entsprechende Kontakte können nur noch gelegentlich helfen. Erst das Gegenrauschgift Pervitin® entspannt die Situation. Der zugelassene Ersatz aus der Apotheke findet reißenden Absatz. Auf dem Beipackzettel steht, Pervitin® gleiche Entzugserscheinungen von Alkohol, Kokain und sogar Opiaten aus. Das Mittel, das Ärzte zur Abstinenz von anderen Drogen empfehlen, bietet aber mehr als einen therapeutischen Ersatz: Entsprechend dosiert, kann das Antirauschgift auch als Rauschmittel verwendet werden.

Blitzkarriere bei der Wehrmacht

Der Wirkstoff von Pervitin®, Metamphetamin, wird wegen seiner überwältigenden Wirkung oft »das böse Speed« genannt. Physiologisch betrachtet, löst sich Metamphetamin aufgrund seines Methylanteils leichter als gewöhnliches Amphetamin in Fett, dadurch überwindet es die das Gehirn vor Vergiftungen schützende Bluthirnschranke schneller und wirkt direkter auf das zentrale Nervensystem. Die Effekte der Droge gehen mit einer geringeren Blutdrucksteigerung einher, wodurch Metamphetamin anfänglich verträglicher scheint. Pervitin®-Benutzer, die sich zunächst einfach gut fühlen, beobachten an sich aber plötzlich innere Unruhe, peinigendes Getriebensein, Realitätsverlust oder geistige Verwirrung, die bis zu paranoiden Schüben reichen kann. Psychiater stellen zudem fest: Metamphetamin verstärkt bei einigen depressiven Verstimmungen die Symptome.

Trotz der zu diesem Zeitpunkt bekannten Unsicherheitsfaktoren entsteht der Plan, »Arbeitsunwillige«, deren Zahl in den späten Dreißigerjahren rapide steigt, mit der Droge zur Arbeit zu bewegen. Leistung bildet einen Kernwahn der nationalsozialistischen Ideologie.

Zu den zentralen Pflichten des Bürgers im NS-Staat, dem möglichen »Übermenschen«, gehört es, Außergewöhnliches zu leisten. Da die Deutschen ihre größten Taten an der zukünftigen Front planen, interessiert sich bald die Wehrmacht für Pervitin®. Kurz nachdem das Produkt in den Handel gekommen ist, beginnen die ersten Experimente an Studenten der Militärärztlichen Akademie in Berlin. Wissenschaftler stellen bei der Beobachtung studentischer Versuchskräfte fest: Die abendliche Einnahme von neun bis zwölf Milligramm Pervitin® beseitigt das Schlafbedürfnis für die Nacht und den kommenden Tag. Das ist genug Zeit für einen Angriff, in dem, wie der Philosoph Martin Heidegger erklärt, »alle Größe liegt«.

Kritische Stimmen wenden dagegen ein, Pervitin® könne Müdigkeit und Erschöpfung nur unterdrücken, bestenfalls aufschieben, der Körper fordere nach einer zeitlich begrenzten Phase der Beschleunigung längere Erholungsphasen ein. Nicht wenige Militärs glauben, der Einsatz des Wachhaltemittels würde letztlich zu einer Schwächung der Truppen führen. Gegen solche Vorbehalte setzt sich jedoch die Pro-Pervitin®-Fraktion mit ihrer Vorstellung einer chemischen Verbesserung des soldatischen Körpers durch.

Ein günstiges Klima dafür verbreitet das gerade in die Buchläden ausgelieferte Werk *Der totale Krieg* von General Ludendorff. Durch den Ersten Weltkrieg geschult, schreibt der altersweise Stratege darin: »Technische Hilfsmittel können im Kriege, in ihrem Massenverbrauch, viel besser erprobt werden als je eine Friedensprüfung dies möglich macht.«

Als deutsche Soldaten nach dem Einsatzbefehl »Fall Weiß« am 1. September 1939 im Morgengrauen Polen überfallen, marschieren viele von ihnen unter Einfluss von Pervitin®. In der gesamten frühen Phase des Zweiten Weltkrieges, den »Blitzkriegen« gegen Polen, Frankreich und Dänemark, wird Metamphetamin von der Wehrmacht massenhaft an der Wirklichkeit erprobt.

Nie zuvor hat technologisch ermöglichte Beschleunigung eine so kriegsentscheidende Funktion eingenommen. Tempo soll es den Deutschen erlauben, ihre zahlenmäßige Unterlegenheit auszugleichen und jeden Widerstand zu brechen. Die ungebremste Ausschöpfung und Übersteuerung der soldatischen Kraftreserven eskaliert in einer ungeheuren Explosion der Geschwindigkeit und Gewalt. Die chemisch verstärkten Übermenschen der deutschen Angriffsmaschine überrollen Europa.

Begeistert melden Frontkommandeure faszinierende Effekte. Pervitin® verlängert die Dauer der Aufmerksamkeit und steigert die Reaktionsgeschwindigkeit. Schnell gehört die Droge bei der Wehrmacht zur Standardausrüstung. Allein in der Zeit von April bis Juni 1940 verteilt der Heeressanitätspark 29 Millionen Tabletten an die Truppe.

Ein Jahr nach Kriegsausbruch erscheinen in medizinischen Fachzeitschriften aber die ersten Studien über das Abhängigkeitspotenzial von Metamphetamin. »Sucht«, wie es die Nationalsozialisten nennen, ist im »Dritten Reich« extrem negativ besetzt, gilt als Charakterzug von »Untermenschen«. Ende der Dreißigerjahre kommt es dann immer öfter zu Einlieferungen psychisch verwirrter Pervitin®-Benutzer in Psychiatrien. Führende NS-Ärzte erkennen eine regelrechte »Pervitingefahr«. Die erst seit zwei Jahren auf dem Markt befindliche Droge wird dem Reichsopiumgesetz unterstellt und unterliegt nun einer strengen Rezeptpflicht.

Die Maßnahme steht in einem größeren Zusammenhang: Angesichts der verschärften Kriegssituation verordnen die Nationalsozialisten 1941 eine Gesundheitswelle an der Heimatfront. Der Anbau von Tabak wird eingeschränkt, die Zigarettenindustrie zur Umstellung auf andere Produkte aufgefordert und alle Deutschen dazu motiviert, mehr Schwarzbrot zu essen. Bei der Wehrmacht reduziert das Oberkommando die Nutzung von Pervitin®. Bis Kriegsende geben Sanitäter auf Befehl der Truppenkommandeure aber weiterhin die roten Dragees aus. Wie bei Morphium müssen die diensthabenden Sanitätsoffiziere den Einsatz von Metamphetamin nun schriftlich begleiten. In einem der Berichte notiert der Schiffsarzt eines schweren Kreuzers: »Die Suchtgefahr, über die in der Literatur jetzt häufiger berichtet wird, besteht bei der genauen militärärztlichen Kontrollmöglichkeit nicht.« Trotz dieser Gewissheit müssen die uniformierten Beobachter feststellen, dass die schlaflosen Soldaten zu halluzinieren beginnen. Ein Matrose glaubt, eine Krähe wolle ihm von hinten in den Hals hacken: »Ich riss den Kopf herum und sah die grinsenden Motoren einer auf uns zustoßenden Lightning. Im gleichen Augenblick lösten sich zwei schwarze Punkte vom Flugzeugrumpf.«

Nicht nur an der Front, auch in der Rüstungsproduktion und anderen kriegswichtigen Industrien setzen die Deutschen Metamphetamin zur Steigerung der Leistungskraft ein, erhalten Arbeiter und Arbeiterinnen im Rhythmus der Stechuhr Tabletten, um die hoch gesteckten Ziele zu erfüllen. Das Interesse an Metamphetamin geht über das Praktische hinaus: Synthetische Drogen passen in das nationalsozialistische Konzept einer engen Verbindung von reaktionärer Politik mit moderner Technologie, einer Paarung, die zu den Lebenssymbolen der deutschen Nation erhoben wird. Die Wirkung der Droge wird zu einer völkischen Projektionsfläche für die Vorstellung einer übernatürlich geschaffenen Natur.

Wie beim Auto vom laufenden Band handelt es sich aber auch bei Metamphetamin um eine verfeinerte Übernahme aus dem Ausland und keine Eigenleistung der deutschen Nation. Die wissenschaftlichen Wurzeln des Pharmakons liegen in Japan und in der Erforschung synthetischer Ersatzstoffe, die weit in die Zeit vor dem »Dritten Reich« und über die Grenzen Deutschlands hinausreicht.

Fall eines Fliegers

Ein Käfer kriecht über die flache Ebene. Heftig schwenkt er seine Flügel, als wollte er abheben, doch sie taugen nicht mehr dazu. Weit geöffnete Augen eines auf dem Stuhl hinter dem Tisch sitzenden Mannes kleben an dem kleinen Wesen. Er glaubt, sich in dem Tier wiederzuerkennen. Der da ein Bild von sich sucht, ist Deutschlands erfolgreichster Jagdflieger des Ersten Weltkrieges, zumindest von denen, die überlebten. Nach der Kapitulation hat es ihn 1918 auf den Boden der Tatsachen geworfen. Dort sieht es traurig aus: Die Siegermächte haben ein Luftfahrtverbot verhängt und alle Fluggerätschaften in Deutschland beschlagnahmt.

Es ist aber nur eine Frage der Zeit, bis die Aufnahmen zu Filmen, wie *Die weiße Hölle von Piz Palü*, ihm Gelegenheiten bieten, Frauen fliegend aus dem Eis zu retten, oder er in dem

Expeditionsfilm *Fremde Vögel über Afrika* exotische Tierwelten aus der Vogelperspektive katalogisieren kann. Und die Kinobesucher lieben ihn, wenn er mit den Flügeln wackelt, unter Brücken hindurchgleitet oder mit den Tragflächen ein Taschentuch vom Boden aufhebt.

Anfang der Dreißigerjahre reißt der trinkfreudige Flieger Ernst Udet am Tresen noch Witze über die kleinkarierten Nazis, was ihn aber nicht davon abhält, einige Wochen nach der Machtergreifung in die Partei einzutreten. Jetzt dauert es nicht mehr lange, bis der frisch ins Amt gehobene Reichsmarschall Hermann Göring den beliebten Piloten fragt, ob er nicht ganz oben bei der Luftwaffe mit dabei sein wolle. Ernst Udet antwortet prompt: »Gern, gern, kommt bloß drauf an, was Sie bezahlen.«

Nach kurzer Verhandlung einigen sich die beiden Männer auf zwei Curtiss Hawk, das zu dieser Zeit weltbeste sturzflugtaugliche Flugzeug. Udet liebt den Sturz aus der Höhe und hat kein Problem damit, seine Dienstbarkeit für den richtigen Preis zu verkaufen: »Man muss um der Fliegerei willen auch mal mit dem Teufel paktieren … man darf sich nur nicht von ihm fressen lassen.«

Er bekommt den Titel »Generalluftzeugmeister« und sitzt in der Chefetage. Was er an Verwaltungsarbeit im Reichsluftfahrtministerium, einem Bürokratenschloss mit 3000 Zimmern, zu tun bekommt, überfordert ihn, der nie gelernt hat, sich längere Zeit auf etwas zu konzentrieren. In seinem Büro entsteht schnell ein Chaos aus unbearbeiteten Akten.

Daran gewöhnt, aus jeder Situation als strahlender Held hervorzugehen, gleicht der 40-Jährige sein Versagen als Bürokrat des Flugwesens aus, indem er in einem fort Möglichkeiten fliegender Wunderwaffen entwirft. Besessen füllt er Seite um Seite seines Skizzenbuchs mit ungeahnten Vorstellungen der Zerstörung. Vieles von dem, was Udets aufgedrehter Fantasie entspringt, formen Waffenbauer innerhalb kürzester Zeit zu realen Prototypen.

Seine bekannteste Erfindung wird der »Stuka«, ein Sturzkampfbomber, der sich mit dem ohrenbetäubenden Geheul einer am Flugzeug angebrachten Motorsirene, der »Jericho-Trompete«, in die Tiefe stürzen kann. Im senkrechten Flug nach unten erreicht der Bomberpilot die direkteste Perspektive auf das zu erobernde Gelände, um den Tod punktgenau ins Ziel zu tragen. Hat er abgedrückt, dreht er sich im letzten Moment wieder zurück in den Himmel.

Mit Hilfe des Flugzeugkonstrukteurs Ernst Heinkel verwirklicht Udet seine Vorstellungen. Zuerst heißt dies, Bomber zu bauen, die sich schnell genug bewegen, um die zugespitzten Angriffsmanöver auszuführen. Die technische Herausforderung versetzt die beiden Männer in einen Rausch der Geschwindigkeit. Eigenhändig bricht der Generalluftzeugmeister den Rekord über hundert Kilometer. Als Nächstes soll die beste Kurzstreckenleistung am Himmel überholt werden. Auf dem Testgelände startet eine He 100 mit einem Motor von Daimler-Benz, den die Ingenieure auf 1800 Pferdestärken frisiert haben, womit er ein Drittel über der normalen Höchstleistung des Motors liegt. Die Maschine schießt mit einem Tempo von 746 km/h über das Versuchsfeld und übertrifft damit den bisherigen Weltrekord.

Bei all dem hat sich Udet schon lange an ein halbes Dutzend Pervitin® vor dem Frühstück gewöhnt. Den bitteren Geschmack der Tabletten spült er mit Cognac runter. Der Ehrgeizige will noch schneller werden, und der Überforderte pusht sich nach vorn. In einen inneren Kampf aus Besessenheit und Verzweiflung verstrickt, rüstet Udet jetzt selbst schwere Langstreckenbomber zu Stukas um.

Die mit Pervitin® aufgepeitschten Bomberpiloten in den Stukas können anfänglich noch Erfolge wie die Zerstörung Warschaus vermelden. Nach der bitteren Luftschlacht um England zeichnen sich die Schwächen aber immer deutlicher ab. Selbst noch mehr Pervitin®, verwischt vom Alkohol, kann Udets angstbeschleunigten Blick nicht darüber hinwegtäuschen: Die Verlustziffern steigen. Als sei die Situation nicht schon kompliziert genug, kommt es wegen mangelnder Organisation zu Nachschubproblemen an Material für die Kriegsmaschine.

Immer lauter brabbeln Stimmen in seinem Kopf, die ihm für alles die Verantwortung geben. Auch die Leute außerhalb seines Kopfes scheinen froh, dass sich ein Schuldiger für das Unglück gefunden hat. Um sich den Vorwürfen zu entziehen, hält er sich mit noch mehr Pervitin® am Laufen. Es verwandelt ihn über die Monate in ein verhuschtes Gespenst in Uniform. Die Möglichkeit, eine Illusion zu leben, fällt als Selbstlüge in sich zusammen. Blau angelaufen, mit Blutstürzen und irren Augen bringt ihn eine Ambulanz ins Spital. Einige Tage später überweisen ihn die Ärzte in ein Sanatorium im Schwarzwald.

Als Udet nach der mehrwöchigen Kur in die Reichshauptstadt zurückkehrt, wollen ihn nur noch wenige kennen. Völlig überdreht, redet er wild auf die verbliebenen Freunde ein und tanzt bald, stramm wie eine Haubitze, mit steilen Fuchtelbewegungen. Inge Bleyle, Udets Geliebte, fürchtet den Fall nach dem Hoch, sie kennt das, und weigert sich, die Nacht gemeinsam mit ihm zu verbringen. Beide gehen getrennt nach Hause.

Am Morgen weckt sie um acht das Telefon. Sie nimmt den Hörer ab. Aus der Muschel hämmert eine gnadenlose Anklage, die gar nicht aufhören will, bis ein Schuss am anderen Ende der Leitung zu hören ist, noch ein unklares Geräusch und dann Stille.

Am Vormittag meldet das Deutsche Nachrichten Büro: »Der Generalluftzeugmeister, Generaloberst Ernst Udet, erlitt am 17. November 1941 bei der Erprobung einer neuen Waffe einen so schweren Unglücksfall, dass er auf dem Transport an den Verletzungen verschied.« Am Nachmittag ordnet Hitler ein Staatsbegräbnis an. Plötzlich haben alle in Udet wieder einen guten Kameraden gehabt.

Als sei der Legendenbildung noch nicht genug gedient, nimmt der emigrierte Schriftsteller Carl Zuckmayer seinen alten Münchner Tresenfreund als Vorlage für den Flieger Harras, die Hauptfigur in *Des Teufels General*. Das erfolgreiche Theaterstück verfilmt der Regisseur Helmut Käutner 1954 mit Curd Jürgens in der Hauptrolle. Harras alias Udet wird darin zum gutgläubigen, gelegentlich eine Pille mit Sekt herunterspülenden Opfer einer Verschwörung der SS.

Mit der rührend ausgemalten Lebenslüge des deutschen Vorzeigedrogenkonsumenten – der im Grunde seines Herzens gar nicht als richtiger Nazi fühlt, sondern nur fliegen will – findet sich ein augenwischender Mythos für alle, die im »Dritten

Reich« doch nur tun wollten, was sie immer getan hatten, und sich plötzlich als Gefangene in den Händen böser Mächte oder Substanzen glaubten.

Zerebraloszillationen und Pillenpatrouille

Fünf Monate vor Udets Freitod hat die Wehrmacht entlang einer 3000 Kilometer langen Front die Sowjetunion angegriffen. Innerhalb weniger Wochen töten die deutschen Landser eine Million Feinde, um »Lebensraum« im Osten zu schaffen. Als Schneeflocken in zauberhaft schönen Bögen langsam vom Himmel fallen, gerät der Angriff ins Stocken. Im Hinterland drehen die Dirigenten des Angriffs im Führerhauptquartier den Ton des Volksempfängers leiser, wenn die eigene Propaganda »Rauschgift« als Teil einer »jüdischen Weltverschwörung« anprangert. Warum sollen ihnen die modernen Apparate mit ihren entsetzlichen Strahlen beim Drogenschlucken ein schlechtes Gewissen einflüstern?

An einem anderen Ort in Deutschland sitzt ein kahlköpfiger Mann an einem Schreibtisch und nennt das einen »isolierten Posten«. Von ihm aus beleuchtet der Stabsarzt der Heeressanitätsinspektion 1942 in einem Essay, dem er den Titel *Provoziertes Leben* gibt, zahlreiche Drogen und kommt dabei zu überraschenden Einsichten. Gottfried Benn, der schon das Verschwinden des Schlafes geahnt hat, stellt sich jetzt pädagogisch wertvolle Experimente mit Metamphetamin vor: »Pervitin könnte, statt es Bomberpiloten und Bunkerpionieren einzupumpen, zielbewusst für Zerebraloszillationen in höheren Schulen angesetzt werden. Das klingt wahrscheinlich manchem abwegig, ist aber nur die natürliche Fortführung einer Menschheitsidee. Ob Rhythmus, ob Droge, ob das moderne autogene Training – es ist das uralte Menschheitsverlangen nach Überwindung unerträglich gewordener Spannungen, solcher zwischen Außen und Innen, zwischen Gott und Nicht-Gott, zwischen Ich und Wirklichkeit – und die alte und neue Menschheitserfahrung, über diese Überwindung zu verfügen.« Benns Vorstellung der »Zerebraloszillationen« bedeutet übersetzt ungefähr Schaukeln des Kleinhirns, worunter man sich eine Art neurochemischer Synapsenmassage vorzustellen hat.

Die Fantasie des Lyrikers von einem Gehirntraining mit Drogen wird erst nach Kriegsende veröffentlicht. Die chemische Verbesserung des jugendlichen Lernvermögens durch Drogen findet zwar eine informelle Praxis, wird in Hinblick auf ihre Anwendung aber erst sehr viel später offen diskutiert. Erst Anfang des 21. Jahrhunderts erfährt das drogengestützte Lernen durch den Aufschwung der Hirnforschung einen Boom. Benn wird jetzt als poetischer Avantgardist der wissenschaftlichen Einsicht in die Synapsen gehandelt, während Optimierungswilde wie der Hirntheoretiker Wolf Singer die Möglichkeiten beschwören, mithilfe pharmakologischer Maßnahmen die Lernfähigkeit zu verbessern. Die milde Vorstellung vom Schaukeln des Kleinhirns mausert sich mit dem Ehrgeiz der deutschen Hirnforscher zu einer genauen Vorstellung der optimierten Organisation des Denkens: »Man kennt die biochemischen Kaskaden recht gut, die beim Lernen zur Veränderung der synaptischen Übertragung führen. Durch Steigerung der Effizienz dieser Mechanismen erhofft man sich eine Verbesserung der Lernfähigkeit.«

Das Tagesgeschäft des »Dritten Reiches« hat bei der Verbesserung des Menschen durch Drogen noch ganz andere Motive. So beobachtet der im Konzentrationslager Sachsenhausen in Oranienburg inhaftierte norwegische Architekt Odd Nansen, ein Sohn des Polarforschers Fridtjof Nansen, seltsame Manöver, über die er 1944 in sein Tagebuch schreibt: »Eine merkwürdige Patrouille marschiert zur Zeit ständig um den Appellplatz herum, ähnlich wie der ›Schuhtrupp‹. Sie tragen alle Gepäck und singen und pfeifen, während sie gehen. Das ist die ›Pillenpatrouille‹. Sie sind Versuchskaninchen für eine neuerfundene Energiepille. Es wird an ihnen ausprobiert, wie lange sie sich nach dem Genuss dieser Pillen halten können. Nach den ersten vierundzwanzig Stunden hatten die meisten es aufgegeben und waren zusammengebrochen, obwohl es heißt, dass man mit diesen Pillen Unglaubliches leisten könne, ohne die übliche Reaktion. Ja, die Deutschen werden solche Pillen nötig haben.« Als Nansen seine Beobachtungen macht, arbeitet die Wehrmacht gerade an einer Energietablette mit dem Projektnamen »D-IX«, einer Mischung aus Kokain, dem Schmerzmittel Eukadol® und Pervitin®.

Wir können keine Drogen mehr helfen

Bis heute erzählen sich Speed-Freaks wilde Geschichten über Adolf Hitlers Hang zu Metamphetamin. Fraglos schätzte der Führer der Deutschen die Droge. Anfänglich hielt er sie wohl, wie es allgemein in der von ihm erfundenen Wirklichkeit behauptet wurde, für ein Mittel, um die eigene Leistung zu erhöhen. Wie im Vorübergehen genoss er dabei ein seltsames Gehirngeräusch als erfreulichen Nebeneffekt.

Die Aufzeichnungen seines Leibarztes Theo Morell lesen sich so, als habe Hitler nach Niederlage der 6. Armee im Kessel von Stalingrad 1943 einen Dauerrausch angetreten. Damit der nicht unterbrochen wird, versorgt Morell den Führer laufend mit Strychnin, Glucosetabletten und Pervitin®.

Den schillernden Doktor kennen die Leser der Berliner Klatschspalten als Prominentenarzt für Haut- und Geschlechtskrankheiten, in dessen Praxis am Kurfürstendamm sich Stars und Sternchen einfinden. Neider lästern über den Kollegen, er sei ein Quacksalber. Nicht wenige höhnen über die mangelnde Hygiene in seiner Praxis. »Patient A«, wie Hitler in Morells Datei heißt, scheint sich an dem Dreck nicht zu stören, er lässt sich vom Mann seines Vertrauens oft gleich mehrere Spritzen mit Sulfonamiden, Drüsenstoffen, Traubenzucker und Hormonen auf einmal verabreichen. Pervitin® verwendet Morell in dem exklusiv für Hitler hergestellten Wundermittel »Vitamultin«, einer eigenwilligen Zusammenpressung recht unterschiedlicher Wirkstoffe zu Oblaten, die der Großmannssucht des Führers täglich neues Leben einhauchen sollen.

Nach der verlorenen Schlacht um Stalingrad wird der Wille zur Macht schleichend schwächer, Hitlers Innenbilder von der Weltherrschaft verdunkeln sich. Nach außen wird ein linksseitiges Zittern des Oberkörpers sichtbar, und seine Handschrift immer unkontrollierter. Den chemiegesteuerten Körper des Führers durchzucken Tics, als sei er ein Autist. Ein ausgreifender Gedächtnisschwund führt zu Wiederholungen gerade erst ausgesprochener Befehle.

Joachim C. Fest schildert in seiner Hitler-Biografie, wie Morell in kürzer werdenden Abständen zu stärkeren Dosierungen greift. Hitlers Nerven beginnen von den vielen Aufputschmitteln zu flattern. Um sie zu beruhigen, verordnet Morell wiederum beruhigende Drogen. Durch die bis zum Äußersten ausgereizte Wechselwirkung wird Hitler empfindlich gegen Licht. Schon natürliche Tagesbeleuchtung quält seine empfindlichen Augen. Wie so viele chronische Amphetaminnutzer lernt er die Dunkelheit lieben. Ins Freie geht er nur noch selten. Für die wenigen Ausgänge lässt er sich eine Mütze mit übergroßem Schirm anfertigen. Durch den Rückzug ins Halbdunkel des Bunkers entfallen die Massenansprachen. Fest mutmaßt, Hitler habe das verlorene Hochgefühl des Machterlebnisses beim Reden vor Publikum durch chemische Rauschzustände aufgefangen.

Im Herbst 1944 kauert Hitler nur noch matt auf seinem Sofa und glotzt magnetisiert in Richtungen, wo nichts zu erkennen ist. Was seine Untergebenen als zupackendes Temperament kannten, springt nur noch bei Heißhunger auf Schokolade oder in Wutausbrüchen an. Die Lippen zucken. Hinter jedem der von ihnen ausgespuckten Halbsätze tippt er mit der abgekauten Nagelkuppe seines rechten Zeigefingers einen Punkt, während die linke Hand hektisch nach wechselnden Körperpartien greift, als wolle sie gequälte Nerven beruhigen. Wenn die Anwandlung von Kraft nachlässt, steht hinter ihm immer noch das Sofa. Er zieht sich wieder zurück und bleibt mit sich allein auf den Kissen, wie ein Bote, der für seine Nachricht keinen Empfänger gefunden hat.

Als sich gegen Kriegsende die feindlichen Truppen Berlin nähern, kommt es zu einem letzten Wachwechsel. Selbst Doktor Morell muss jetzt den Führerbunker verlassen. Hitler verabschiedet den Arzt mit den Worten: »Mir können keine Drogen mehr helfen.« Was den Patienten aber nicht davon abhält, sich noch eine Weile an den zurückgelassenen Pillen und Ampullen gütlich zu tun.

Am 30. April 1945 erprobt Hitler eine ihm bisher unvertraute Droge an seinem Schäferhund Blondi. Nach gewünschtem Ausgang des Versuchs nimmt er gemeinsam mit seiner Frau Eva Braun selbst den Stoff mit dem schwachen Geruch von bitteren Mandeln.

Auf Speed vom Krieg in den Frieden

Nicht nur die deutsche Wehrmacht hat im Zweiten Weltkrieg Metamphetamin in großen Mengen eingesetzt, auch die britischen Truppen schluckten 72 Millionen Tabletten. Noch mehr von der Droge verbrauchten die in England stationierten US-Soldaten. Diese wurden von den Briten mitversorgt, da die Regierung der Vereinigten Staaten noch nicht geklärt hatte, ob sie das Mittel für militärisch sinnvoll hielt oder nicht. Mit solchen Fragen verschwendete die japanische Regierung erst gar nicht ihre Zeit. Ohne zu zögern, mobilisierte das Ursprungsland von Metamphetamin seine Streitkräfte mit der Droge.

Mochte Hitler, frei nach Heraklit, den Krieg zum Vater allen Fortschritts verklärt haben, trug der militärische Massenverbrauch nur wenig zur technischen Weiterentwicklung von Drogen bei. Unterm Strich handelte es sich um ein einseitiges Tauschverhältnis: Im Zuge der militärischen Vernutzung aller Erneuerungsprozesse wurden Amphetamin und Metamphetamin zwar aufgegriffen und genutzt, genau betrachtet wird ihnen jedoch gerade mal ein neuer Gebrauchswert zugesprochen: die Stärkung und Formung des soldatischen Körpers.

Durch die militärische Nutzung ist die Droge aber noch populärer geworden. Am Ende des Krieges bringen Soldaten ihr chemisches Hilfsmittel von der Front mit nach Hause. Dort, wo die Vernichtung überwältigende Schäden hinterlassen hat, lindert das vielseitige Mittel Angstzustände, Niedergeschlagenheit, Hunger und Entkräftung oder bedient Gewöhnungssymptome.

In Japan verkaufen Militärs in den Wirren der Kapitulation gleich die gesamten Metamphetaminvorräte an die Zivilbevölkerung. Massenweise stürzen sich die Menschen in dem von den Abwürfen der Atombomben zerstörten und traumatisierten Land in künstliche Hochgefühle. Der Ausverkauf der Vorräte bildet die Ausgangslage, auf der Metamphetamin, das in Japan »Shabu« genannt wird, zum führenden Rauschmittel wird. Schon 1954 geht die Gesellschaft japanischer Pharmazeuten von 150.000 Abhängigen im Land aus – eine Zahl, die manche als Erklärung für das »japanische Wunder«, den Aufstieg der asiatischen Industriemacht, heranziehen. Heute hält Shabu auf dem illegalen Drogenmarkt einen Anteil von über 80% und gehört zu den zentralen Geschäftszweigen der Yakuza, der japanischen Variante organisierter Kriminalität.

In der anderen großen Verlierernation, Deutschland, nutzen Frauen und Männer Reste von aus dem Krieg übrig gebliebenem Pervitin® beim Wiederaufbau des Landes aus den Trümmern. Die Sturmabteilung unter den aufweckenden Aminen heißt bald im alles verniedlichenden Neudeutsch der Umerzogenen »Weckamin«.

Auch in den Ländern der Siegermächte gibt es Tausende Heimkehrer, die ihr Vorkriegsleben nicht weiterführen wollen oder können. Getrieben von der Angst, die nach einem Krieg zurückbleibt, irren sie durch die Städte und über Land. Amphetamin bietet eine Methode, die Traumatisierungen des Krieges zu ertragen und Albträume aufzuschieben. Bei all diesen Nutzungen stellt sich die Frage, ob Schwerter zu Flugscharen geschmiedet werden oder die Weiternutzung von Technologien des Krieges diesen in den Frieden verlängert? War es eine Militarisierung des Lebens oder führen die Umstände eine für den Krieg zweckentfremdete Technologie wieder ihrem ursprünglich zivilen Gebrauch zu?

Tod eines Spielers

Tod durch Drogen bedeutet für Leistungssportler kein namenloses Schicksal auf einer Bahnhofstoilette, sondern oft den Höhepunkt einer Karriere. Mögen die abgetretenen Dopingsünder auch als tragisch gescheiterte Betrüger gelten, werden sie im selben Moment zu Helden der Anstrengung, einer Maximierung der menschlichen Möglichkeiten und der Befreiung aus den Fesseln des Natürlichen.

Doping, die Erhöhung der Leistungskraft des Körpers durch Drogen, gilt bis heute seltsamerweise als unappetitliche, moralisch verwerfliche Angelegenheit. Man versteht nur schwer, warum eine Kultur, die an so vieles gewöhnt ist, sich bis heute nicht an diese Form der Verbesserung gewöhnen konnte. Warum sollen, wenn ein immer weiter verfeinertes Spektrum des Alltagsdopings zum Standard gehört, ausgerechnet Athleten nicht die volle Verfügungsgewalt über ihr Kapital, den eigenen Körper, haben?

Die Biotechnologien des Doping hatten nicht immer einen so zwiespältigen Ruf. Zur Steigerung physischer Möglichkeiten wurden technische Verfahren zur Optimierung eines naturbedingten Systems schon seit der griechischen Antike und anderen alten Kulturen eingesetzt. Damals glaubten Trainer und Athleten unter anderem, der Verzehr von Stierhoden verwandle in überstarke Wesen.

Die Vielzahl der über die Jahrhunderte entstehenden Verfahren findet lange keinen übergreifenden Namen, die Techniken werden selbstverständlich genutzt. »Doping« – vom englischen »to dope«, »dotieren«, »entsprechend bezahlen« – findet erst gegen Ende des 19. Jahrhunderts Eingang in ein britisches Lexikon. Die Verbesserung von Lebewesen durch Körpertechnologien wird vor dem Hintergrund der zweiten industriellen Revolution noch nicht als Betrug gedeutet. Mitten im Siegeszug technologisch realisierter Beschleunigung scheint es selbstverständlich, die Wettkämpfer nicht von diesen Möglichkeiten auszuschließen.

Noch sechs Minuten im Lankendorff-Stadion. Der Regen prasselt unaufhörlich. Zigtausend völlig durchnässte Zuschauer harren aus. Wann haben Menschen schon die Gelegenheit, ein solches Endspiel wie hier in Bern zu sehen? Der Rechtsaußen der Ungarn ist am Ball. Er verliert ihn an Schäfer. Schäfer flankt nach innen. Kopfball – abgewehrt. Aus dem Hintergrund müsste Rahn schießen – Rahn schießt – Tor! Es steht 3:2 für Deutschland, fünf Minuten vor Spielende. Fünf Minuten später ist Deutschland Weltmeister.

Bis heute ist ungeklärt, welche Rolle Amphetamin oder Metamphetamin beim »Wunder von Bern« spielten. Geraunt wurde schon lange. Aber erst 2004, genau 50 Jahre nach dem zur Legende gewordenen Spiel, werden sie durch eine Fernsehreportage zu einem Thema in Deutschland.

Sepp Herberger – Ex-Reichstrainer, Ex-NSDAP-Mitglied

und nach der Kapitulation des »Dritten Reiches« Trainer der ersten bundesdeutschen Weltmeister – versteht Fußball als Krieg im Frieden. Durch seine engen Kontakte zur Luftwaffe ist ihm eine mit Drogen gestählte Truppe vertraut. Warum soll der ehrgeizige Asket, der im knöchellangen Ledermantel wie ein flügellahmer Bussard aussah, nicht auf die naheliegende Idee gekommen sein, ein biomilitärisches Verfahren auf Fußball zu übertragen? Eine Möglichkeit, die juristisch zu diesem Zeitpunkt noch kein Problem darstellte.

Im Ausland bestehen von Anfang an Zweifel, wie es zu dem Sieg der Deutschen gegen die hoch favorisierten Ungarn hat kommen können. Viele sind der festen Überzeugung, die Deutschen seien dafür mit Speed gefixt worden.

Was als Verdacht in der Luft liegt, erhärtet sich, als geheimnisvolle Vorgänge in den Umkleidekabinen auffliegen. Ein wenig von dem, was dort geschehen ist, kommt ans Licht, weil sich die deutschen Helden eine einzige Nadel teilen mussten. Dadurch infizierte sich die gesamte Mannschaft mit Hepatitis, was den Tod eines Spielers zur Folge hatte. Durch die nicht zu verheimlichende Erkrankung des Teams wird nun bekannt, dass vor dem Spiel etwas injiziert wurde. Hartnäckig bleibt die offizielle deutsche Darstellung des Wunders bei der Version: Beim Inhalt der gespritzten Ampullen habe es sich um Traubenzucker oder wahlweise ein Vitamin-C-Präparat gehandelt.

Zum Zeitpunkt des Wunders ist Metamphetamin in Deutschland schon wieder legal verfügbar.

Nach dem Krieg ist es zuerst die Firma Ernst Merck, welche das Mittel gegen Heuschnupfen erprobt. Die Ergebnisse können aber nicht überzeugen. Kurz darauf nehmen die Temmler-Werke die Produktion unter dem im »Dritten Reich« gut eingeführten Markennamen in der Bundesrepublik wieder auf. Der Anbieter empfiehlt Pervitin® jetzt gegen milde Depression und niedrigen Blutdruck, die Fortsetzung der Vergangenheit mit leicht verschobenen Vorzeichen, ganz im Sinne der heute in Marburg an der Lahn ansässigen Temmler Pharma GmbH & Co. – ein Unternehmen, das in seiner Selbstdarstellung »großen Wert auf Innovation und Service im neurologisch-psychiatrischen Bereich« legt.

Pervitin® bleibt in der Bundesrepublik bis 1988 verkehrsfähig, ist auf Rezept in der Apotheke erhältlich. Seitdem unterliegt es dem Betäubungsmittelgesetz, wird aber weiterhin in der Medizin verwendet. Bis zum Mauerfall findet es sich auch im *Lehrbuch für den Apothekenfacharbeiter in der DDR* in der Kategorie Stimulanzien. Temmler Pharma hat gute Kontakte in den Osten und liefert dorthin ebenfalls das populäre Beruhigungsmittel Faustan®.

Als Dopingmittel kommt Amphetamin in den Fünfzigerjahren immer öfter zum Einsatz. Seine Königsdisziplin wird der Radsport. Da das Anregungsmittel in der Wechselwirkung mit extremer körperlicher Anstrengung nur schwer zu dosieren ist, kommt es jedoch zu Pannen, von denen besonders die Todesfälle der Radrennfahrer Kurt Jensen und Tony Simpson für Aufsehen sorgen.

Die Karriere der Droge im Leistungssport kommt aber nicht wegen ihrer Opfer ins Stocken, sondern da die Rückstände leicht im Blut nachweisbar sind. Denn während der Fortschrittsgedanke der industriellen Moderne ganz langsam seine Schattenseiten offenbart, beginnt die chemische Leistungssteigerung des Menschen in Verruf zu geraten. Schon in den Sechzigerjahren beginnen Sportverbände, Doping scharf zu verurteilen. Eine Liste der Wirkstoffe, die einen Regelverstoß bedeuten, stellt das Internationale Olympische Komitee aber erst 1972 auf. Amphetamin und Metamphetamin finden sich auf dieser Liste.

Jetzt wenden sich die Sportmediziner dem zuvor in der Tiermast eingesetzten Geschlechtshormon Testosteron zu – sowie den synthetisch davon abgeleiteten Anabolika. Weitere Verbote führen zur Erfindung immer neuer Mittel. Hießen die Verstärker im letzten Sommer noch Somatropin, IGF-1, HGH, Synacthen, Perftofran und THG, tragen sie im nächsten Frühling schon wieder neue Namen.

Die Debatte um Doping könnte sich aber schon bald erledigen, da bei vielen Sportarten – sei es Kurzstreckenlauf oder Gewichtheben – die »natürlichen« physiologischen Höchstleistungen ausgereizt sind. Steigerungen, und damit die Erhaltung des Unterhaltungswertes, sind nur noch mit pharmakologischen Verstärkern vorstellbar.

Noch scheint der Doping-Eklat aber werbetechnisch interessant. Wirtschaftlich von Bedeutung ist für die Doping-Industrie nicht der kleine Markt des Spitzensports, sondern die Kundschaft aus dem Breitensport. Den Herstellern der Kraftstoffe geht es um die Millionen, die sich in Sportstudios aufpumpen, nicht selten, um sich am nächsten Morgen bei der Arbeit schneller und stärker zu fühlen. Sie sollen sich mit Drogen den Illusionen der Gewinnerwelt hingeben. Die Leistungsfähigkeit des Einzelnen steht in der Aufmerksamkeitsökonomie ganz oben. Ihr Schatten ist die Angst, an den Rand der Gesellschaft gerückt zu werden oder aus ihr herauszufallen.

Wiederholungslust

Der Vater betrachtet seinen Sohn. Was er sieht, beunruhigt ihn. Leere Augen mit dunklen Ringen sehen von der anderen Seite des Frühstückstisches durch ihn hindurch. Seit einer Woche wirkt der Junge nur noch abwesend, völlig erschöpft und so, als lebe er in einer anderen Welt. Aber immer noch bleiben neun Tage bis zur entscheidenden Prüfung für den Schulabschluss.

Als die beiden ihre Cornflakes aufgelöffelt haben, nimmt der Vater den Sohn mit in den Hobbykeller. Er wühlt eine Weile in seinem Schrank, bis er zwischen seinen Angelhaken ein Metallröhrchen findet. Er schraubt es auf und schüttelt ein halbes Dutzend Tabletten in den Handteller seines Sohnes. Dabei sagt er mit seiner Stimme für besondere Anlässe, die habe er von seiner Stationierung in Europa aufbewahrt, wo man sie ihm gegeben habe, um gegen die Deutschen zu kämpfen. Richtig dosiert könnten sie jetzt auch helfen, durch die Prüfung zu kommen.

In den USA entdecken nach dem Zweiten Weltkrieg immer mehr Menschen die Möglichkeit des Amphetamins als Vitamin fürs Gehirn. Im akademischen Milieu nimmt man es, Eltern geben es ihren Kindern als Hausaufgabendroge. Dabei kommt es aber regelmäßig zu Enttäuschungen: Unter Drogeneinfluss angeeignetes Wissen kann in Prüfungssituationen oft nur dann abgerufen werden, wenn das gleiche Präparat eingenommen wird. Immer wieder ist auch zu beobachten, dass ein zur Beruhigung geschluckter Tranquilizer mit Amphetamin aufgesogenes Wissen versenkt.

Neben der Stärkung intellektueller Leistungsfähigkeit kann

Amphetamin eine Faszination für monoton wiederholte Tätigkeiten auslösen und selbst stumpfe Routinearbeiten in prickelndes Vergnügen verwandeln – ein Phänomen, für das der Psychiater Rylander den Begriff »punding« geprägt hat. Der sprachliche Ursprung liegt in dem schwedischen Wort *punhuvud*, das Personen bezeichnet, die ein Brett vor dem Kopf haben oder einfach Trottel sind. Zu den Anzeichen des Phänomens zählt, neben dem ständig wiederholten Ausführen sinnfreier Handlungen, die Lust an der ziellosen Untersuchung technischer Geräte, dem Auseinanderbauen von Uhren oder Radios und dem überordentlichen Aneinanderreihen von Gegenständen. Der unter Amphetamineinfluss Stehende ist sich dabei, nach Rylander, seiner oft bis ins Groteske verzerrten Psychomotorik bei der jeweiligen Tätigkeit bewusst, kann aber keinen Einfluss darauf nehmen.

Das Wissen um die chemische Entfremdung, die Menschen bevorzugt in vor Glück strahlende Putzteufel verwandelt, zieht als Klatsch schnell größere Kreise. Es ist nur eine Frage der Zeit, bis die Methode zu den Geheimrezepten der Haushaltsführung gehört. Die Reaktion der Pharmafirmen lässt nicht lange auf sich warten, sie beginnen, die neu ausgemachte Zielgruppe in ihrer Werbung direkt anzusprechen und die Frischmacher als Mutters kleine Helfer zu bewerben. Amphetamin und bald auch das Beruhigungsmittel Valium®, das die Rolling Stones später in einem Lied als *Mother's Little Helper* besingen, sollen helfen, die Aufgaben zu bewältigen und rund um die Uhr eine liebreizende Hausfrau zu sein – so heißt es ohne Umschweife in ganzseitigen Anzeigen.

Geburt der Depression

In der direkten Nachbarschaft der Selbstdisziplinierung wohnt die Angst. Manchmal wünscht sich die Frau zu sterben. Sie sagt den Wunsch leise zu sich selbst. Er geht ihr ganz beiläufig über die Lippen. Fast will sie glauben, eine andere Stimme spräche durch sie hindurch, während sie ihren eigenen Worten zuhört. Die Wirkung von Amphetamin nimmt die Angst und bietet kleine Fluchten aus dem Kreis, in dem sie sich gefangen glaubt.

Mit der chemisch unterdrückten Empfindsamkeit vergisst sie die Leere ihres In-der-Welt-Seins und die Frage, ob das Leben, das sie führt, schon alles gewesen sein soll.

Was man bis dahin als Melancholie bezeichnete, wird mit der Einführung von Arzneimitteln, die eine steuernde Wirkung auf die psychischen Abläufe haben, nun immer öfter beobachtet. Die chronisch niedergedrückte Stimmung gilt jetzt nicht mehr als Ausnahmezustand, sondern als Befindlichkeit, die jeden ereilen kann. Durch die industriell hergestellten Gegenmittel wird die Depression zu einem Massenphänomen, das bald als »Volkskrankheit« gilt und die Ärzte zweieinhalbmal so oft bei Frauen wie bei Männern diagnostizieren.

Zunächst gibt es einige Steuerungspillen gegen Depression, deren Zahl aber schnell steigt. Heute sind Drogen gegen die gedrückte Angst das am höchsten verfeinerte Angebot neurochemischer Anwendungen, und der Aufschwung des Marktes hält an. Laut einer Studie des Börseninformationsdienstes Reuters wurden 2003 jährlich mehr als 13 Milliarden US-Dollar mit Antidepressiva umgesetzt; bis zum Jahr 2010 wird sogar von einer Verdopplung dieses Umsatzes ausgegangen. Der Pionier dieses Marktes ist in den Fünfzigerjahren mit 15 Jahren Vorsprung Benzedrine®, laut Pharmahistoriker Nicolas Rasmussen das erste synthetische Antidepressivum. Deutlich zeichnet sich in der Entdeckung dieses Gebrauchswertes von Amphetamin die Verflechtung von Wissenschaft und Vermarktung ab: Zuerst weist der umtriebige Neurologe, Psychiater und Autor einer Reihe populärwissenschaftlicher Bücher Abraham Myerson 1936 darauf hin, Benzedrine® verfüge über eine lindernde, wenn auch nicht heilende Wirkung bei bestimmten milden depressiven Neurosen. Der Hersteller Smith, Kline & French beginnt daraufhin, den Forscher, der sich mit seinen schon in den Zwanzigerjahren erschienenen Büchern *The Nervous Housewife* und *When Life Looses Its Zest* den Ruf als Experte auf dem Gebiet erworben hatte, finanziell zu unterstützen. In seinen Büchern hat Myerson den Begriff der »Anhedonie« erdacht, eine chronische Freudlosigkeit, die sich in Symptomen wie Desinteresse an Schlaf, Essen, Sex und allgemeiner Antriebsschwäche zeigt. Das Symptom der radikalen Verneinung, für welche die Negation *An* vor dem altgriechischen Wort für Lust, *hedone,* steht, macht er dabei als Folge einer Enttäuschung hoch gesteckter Erwartungen, der Überflutung durch künstliche Reize und der andauernden Selbstdisziplin in der Industriegesellschaft aus. In Benzedrine® erkennt Myerson ein wunderbares Mittel, das verloren gegangene Gefühl von Energie künstlich wieder zu erwecken.

Ein Jahr danach, 1937, verschickt Myersons Mäzen Smith, Kline & French 90.000 Mitteilungen an Ärzte und Psychiater, in denen die Firma mitteilt: Hauptanwendungsgebiet von Benzedrine®-Sulfat, also Amphetamin in Tablettenform, werde Stimmungsaufhellung sein. Die Entdeckung der antidepressiven Anwendung wird als »Meilenstein in der Medizingeschichte« gefeiert.

Mag Myerson lange vergessen sein, sein Konzept der »Anhedonie« beschreibt, nach verschiedenen Umwegen, heute wieder einige der Grundannahmen der Erforschung der Depression. Und auch die Pharmaindustrie knüpft mit einer neuen Generation von Antidepressiva wie dem selektiven Noradrenalin-Wiederaufnahmehemmer Solvex® an Myersons Hypothesen an. Das Produkt auf Grundlage des Wirkstoffs Reboxetin setzt beim Benutzer das von Myerson so oft beschworene »energy-feeling« frei und soll durch diese synthetisch stimulierte Erfahrung den zusammengebrochenen Kräftehaushalt wieder aufbauen. Über die antidepressiven Effekte hinaus trägt die appetithemmende Wirkung dazu bei, dass sich Amphetamin zur ersten Droge entwickelt, die im gleichen Ausmaß von Frauen genutzt wird wie von Männern.

Die steigende Amphetamin-Nachfrage führte schon in den Fünfzigerjahren zu immer weiteren Verfeinerungen der ursprünglichen Formel. Konkurrenten aus der Pharmaindustrie drängen mit leicht veränderten Nachbauten, die den Gebrauchsmusterschutz des Originals umschiffen, auf den Markt. Unter dem Sammelbegriff »Amphetamine« wird bald nicht mehr nur Alpha-Methyl-Phenyl-Ethyl-Amin verstanden, sondern eine sich vom chemischen Purismus entfernende Amphetaminfamilie, zu der auch das Methylphenidat Ritalin®, die Amphetaminile AN 1® und Aponeuron®, das Pemolin Tradon®, das Phenmetrazin Preludin® oder das bei Jugendlichen in den Siebzigerjahren als »Capies« beliebte Fenetyllin Captagon® gerechnet werden.

Des Weiteren erhält der aufstrebende Psychopharmakamarkt 1952 durch eine Großinnovation, die wiederum von der Firma SKF patentierte Darreichungsform Spansule®, ein Verfahren, das die Welt psychiatrisch betreuter Menschen nachhaltig verändern wird. Das Ziel von Spansule® ist, ein aus der Balance geratenes Leben wieder gleichförmig zu erleben.

Schon seit den Vierzigerjahren hat man bei SKF nach einer Möglichkeit gesucht, den therapeutischen Effekt eines Wirkstoffs über den Zeitraum eines ganzen Tages und der sich anschließenden Nacht in berechenbarer Form auszudehnen. Das Ergebnis sind längliche Kapseln, gefüllt mit vielen Kügelchen, die mit einem Wirkstoff überzogen sind, den der Körper in Etappen in den Stoffwechsel aufnimmt. Nachdem sich bei ersten Versuchen mit Amphetamin positive Ergebnisse gezeigt haben, wird die Darreichungsform auf zahllose andere Wirkstoffe ausgeweitet.

Königin der Bewegung

Joan Vollmer ist gerade 20, als ein Unbekannter sie mit geschlossenen Augen an der New Yorker Lower East Side fotografiert. Abgesehen von dem Foto in ihrem Ausweis, soll es sich um die einzige erhaltene Aufnahme von ihr handeln. Mag Vollmer auch kein Buch verfasst haben – es ist nur eine Handvoll Briefe von ihr überliefert –, gilt sie doch als weibliche Zentralgestalt der Beatgeneration, der einflussreichsten Literaturbewegung der US-amerikanischen Nachkriegsliteratur.

Die ersten Soldaten kehren gerade aus Europa zurück, als Vollmer 1945 den jungen Schriftsteller Jack Kerouac kennenlernt, der sie wiederum seinem Freund Bill vorstellt. Der zehn Jahre ältere Studienabbrecher hält sich mit einer in monatlichen Raten ausgezahlten Erbschaft über Wasser und versucht, seinem Leben mit wechselnden Gelegenheitsarbeiten einen äußeren Rahmen zu geben. Manchmal spricht er davon, er wolle schreiben, ansonsten experimentiert er mit Drogen. Gerade fasziniert ihn Benzedrine®. Begeistert weiht er die anderen in seine Entdeckung ein. Joan mag den Duft aus der Tube auf Anhieb. Jack wirbelt es auf einen Berg, wo er über Nacht vier

Romane entwirft, von denen er aber keinen einzigen schreibt.

Benzedrine® dient für die drei nicht als Mittel, den Anforderungen des Alltags zu genügen, sondern sich aus dessen genormter Langeweile herauszukatapultieren und dem großen Schlaf der Nachkriegszeit zu entfliehen.

Bill und Jack schleppen einige Tage später noch Allen Ginsberg an, den sie als ihren Agenten ausgeben. Damit wohnen nun die Vorreiter der Beatgeneration in Joans kleinem Apartment. Als ihr Ehemann aus dem Krieg zurückkehrt und sieht, was sich in ihrer Wohnung abspielt, reicht er umgehend die Scheidung ein.

Kaum ist die Trennung amtlich, heiratet Vollmer ihren Mitbewohner Bill, der mit vollem Namen William Seward Burroughs heißt. Zu den Höhepunkten ihres ersten Ehejahres gehört ein Anruf der Polizei, in dem ihr mitgeteilt wird, ihr Mann sei verhaftet worden, da er Rezepte für Drogen gefälscht habe. Da ihre Nerven vom vielen »Peppen« sowieso schon blank liegen, fällt ihr der Hörer aus der Hand und knallt gegen den Holztisch aus Mahagoni. Ein paar schwarze Plastikteile splittern ab. Die Bruchstücke auf dem hellgrauen Teppich sehen aus wie der Umriss von Texas. Sie nimmt das als Zeichen.

Als Bill wieder freikommt, zieht das junge Paar einen Strich unter den aufreibenden New Yorker Alltag und übersiedelt in den südlichen Flächenstaat. In der ländlichen Umgebung konzentrieren sie sich bald ausschließlich auf die Normalisierung des psychischen Ausnahmezustandes.

Der während dieses Langzeitversuchs gezeugte und ausgetragene Sohn Billy schreibt als 19-Jähriger: »Meine Mutter muss eine ungewöhnliche Frau gewesen sein. Während meiner gesamten embryonalen Entwicklung hat sie täglich genug Benzedrine® konsumiert, um einen hart arbeitenden Farmer ohne Weiteres umzulegen, während mein Vater dreimal täglich Heroin schoss, um auf seine vornehme und nachdenkliche Art mitzuhalten.« Trotzdem blieb Billy von Fehlbildungen wie Lippenspalte, Herz-, Wirbelsäulen- oder Rückenmarksmissbildung, den typischen Folgen der Amphetamin-Einnahme während der Schwangerschaft, verschont.

Amerikanischer Traum aus der Tube

Allein in New York, beginnt Jack Kerouac 1947 *On the Road* zu schreiben. Ein Roman, den zuerst mehr als ein Dutzend Verlage ablehnen, bevor sich die Karussellfahrt über nordamerikanische Landstraßen zum literarischen Klassiker der Zweckentfremdung von Amphetamin entwickelt. In *On the Road* wandelt sich der Zauber der Beschleunigung in ein überdrehtes Selbstgespräch über die freie Fahrt für freie Bürger. Der Amerikanische Traum von einem grenzenlosen Weiter wirkt wie in einem tiefen Kratzer in der Platte hängen geblieben. Dean Moriarty und Sal Paradise, die Helden des Romans, rasen amphetamingetrieben hinter Vorstellungen her, von denen sie nur ahnen, was sie sein könnten, und bleiben immer an derselben Stelle hängen: weiterfahren. Jenseits der motorisierten Wanderlust ereignet sich in dem Roman wenig, da die Akteure von ihrer eigenen Aufregung oberhalb der Richtgeschwindigkeit aufgesaugt werden.

Den »heiligen Blödian« Dean Moriarty hat Kerouac seinem Freund Neal Cassady nachempfunden. Cassady ist schon im Auto zur Welt gekommen – geboren, um sich zu bewegen. Der »Selbstfahrwagen« bleibt der Ort, an dem er sich als Herr über das Durcheinander seines Lebens fühlt. Das Heraustreten in eine Ekstase der Geschwindigkeit erlaubt dem Mann mit Batterien, die sich nie zu entladen scheinen, an alles und nichts zu denken. Für die riesige Aufmerksamkeit bei kürzester Konzentrationsspanne, die nicht in der Lage ist, einen Gedankengang zu beenden, liefert die Windschutzscheibe das ideale Format.

In gefährlich schwankenden Stimmungen glubschen Moriartys Augen in alle Richtungen, während der Mund mit extremen Überhöhungen um sich wirft. Rasend schnell zischt der Zappelphilipp durch die Räume. »Alles schien er gleichzeitig zu tun. Eine Bewegung des Kopfes, rauf, runter, nach links, nach rechts. Zuckende energische Hände, rasche Schritte, Hinsetzen, Beine übereinanderschlagen, Aufstehen, Hände reiben, sich vorn zwischen den Beinen kratzen, Hose heraufziehen, aufsehen und ›hm‹; und während der ganzen Zeit stieß er mir in die Rippen und redete, redete, redete.«

Im tiefen Glauben an sich selbst, den besten Fahrer der Welt, drückt er aufs Gaspedal, um das Ende des messbaren Bereichs zu überschreiten. Rund um die Uhr mit der eigenen Bewegung beschäftigt, hat er zu viel vor, als dass er den mit Benzedrine®-Stiften übersäten Boden seines Autos aufräumen könnte. Auf den Vorschlag, eine Pause einzulegen, brüllt er, begleitet von der Körpersprache eines zitternden Aals: »Du kannst die Maschine nicht anhalten.«

Moriartys Raserei liest sich wie die psychiatrische Beschreibung der Manie, einer Normabweichung, die, in der Regel zweipolig, als manisch-depressive Erkrankung auftritt. Symptome der Manie sind starke Erregung, innere Getriebenheit bei gehoben heiterer Gereiztheit. Rastlose Aktivität, Unruhe, Verlust von Hemmungen. Starker Rededrang wandert weitschweifig und ideenflüchtig vom Hundertsten ins Tausendste. Realität zerrinnt, Größenwahn lauert an jeder Ecke. Schlaf wird als Zeitverschwendung erlebt. Offen bleibt, ob der ölverschmierte Held mit glühender Kippe seine manischen Episoden mit Benzedrine® in die Länge zieht, oder ob die Droge überhaupt erst das Gefühl der Besessenheit erzeugt. Das Buch erhebt die manieähnliche Befindlichkeit zu einem Ideal der Selbstverwirklichung des spätmodernen Menschen und Künstlers.

Während einer ihrer Zickzackfahrten durch die USA besuchen Moriarty und der Ich-Erzähler Sal Paradise in Texas einen gewissen »Old Bull«. Die Literarisierung von William S. Burroughs rechnet ihnen mit entnervtem Ausdruck vor, was seine Frau »Jane Lee« alias Joan Vollmer in der Woche an Benzedrine® verbraucht und dass er dafür ein Fünftel seiner Rente ausgeben muss. Oben drauf rechnet er, was er selbst für das teurere Morphium benötigt, eine der wenigen Stellen in dem Buch, an der das Verhältnis von Drogen und Geld eine Rolle spielt. Ansonsten liegt der Stoff einfach auf der Straße.

Der Wirkung der Droge verdankt Kerouac den überaktiven, in sich selbst vernarrten Hauptdarsteller und seine eigene Befindlichkeit des verzückten Beobachters, der sich an dem Objekt seiner Begierde nicht sattsehen kann. Das erregte Wechselspiel zwischen Akteur und Beobachter spiegelt sich in einer zugleich fahrigen und vorwärts preschenden Sprache. Sätze knicken überraschend ab, lösen sich in Stakkato auf, um nach dem Punkt wieder durchzustarten. In der Verlangsamung droht die Leere, Stillstand riecht nach Tod.

Liberalisierung für verbesserte Kontrolle

Als Kerouac das Buch fertig geschrieben hat, zerstreitet er sich mit seinem Freund Cassady. Als lebendes Vorbild hat der seine Schuldigkeit getan und wird nicht mehr gebraucht. Die Wege der beiden Männer trennen sich.

Jack Kerouac formalisiert die Schreiberfahrung von *On the Road* in der Technik des »Speed-writing«, dem Transkribieren eines unter Amphetamineinfluss ausgelösten und auf Tonband aufgenommenen Wortschwalls ohne nachträgliche Änderung. Mithilfe solcher Entleerungen schreibt er Buch um Buch. Er ruiniert sich mit dem Alkohol, der ihn beruhigen soll.

Neal Cassady, die Brücke der Beatliteratur zum echten Leben, beginnt nach einer kurzen Phase, in der Allen Ginsberg seine ständigen Ansprachen stenografiert, selbst zu schreiben. Während sich die weißen Blätter unter seiner Hand füllen, entdeckt Cassady, dass Fahren und Schreiben dicht beieinander liegen. Das Auto fährt selbst. Der Autor schreibt selbst. Beides tut sich besser auf Amphetamin. Der »Fahrtenschreiber« erfindet sein Alter ego aus Maschine und Mensch, den Rennfahrer Joe Hanns. Ein Bastard, der zu gierig ist, um aufrecht zu sitzen. Weit nach vorn gebeugt, rast der Besessene einer Wirklichkeit hinterher, die ihm längst entglitten ist. Dass Hanns die Realität aus den Augen verliert, ist erstaunlich, da er über eine fantastische Wahrnehmung verfügt: ein Sehvermögen mit der Fähigkeit, schon während des Denkens zu handeln, einer Reaktionsgeschwindigkeit, die sich als doppelt so schnell wie die aller anderen erweist. Ermöglicht wird sein Tempo durch eine implantierte Sehhilfe, die fünfzig Bilder zu einem einzigen zusammensetzen kann. Die wundersame Prothese, gepaart mit der ihm eigenen Manie, kürt ihn zu seinem eigenen Weltmeister.

Weniger technisch beschreibt Neal Cassady das Werkzeug Amphetamin in einem Brief als Mittel zur Selbstbeobachtung, das es ihm erlaubt, sich bis in das Innerste seiner Augäpfel zu vertiefen.

20 Jahre nach seinem Auftritt in *On the Road* heuert Cassady unter dem Spitznamen »Speed-Limit« bei dem schreibenden Wunderkind Ken Kesey als Busfahrer an. Der Autor des Verkaufsschlagers *Einer flog übers Kuckucksnest* will mit der Tour eines ausgedienten Schulbusses, den seine Mitarbeiter zu einem kunterbunten Popmobil aufgemotzt haben, Werbung für sein zweites Buch machen. Der spektakuläre Clou der über Land ziehenden Kampagne ist eine mit LSD-25 versetzte Flasche Orangensaft im Kühlschrank des Wohnmobils. Bei öffentlichen »acid tests« verteilen Kesey und seine Mitarbeiter den bewusstseinserweiternden Saft als Versprechen gesteigerter Modernität.

Kesey ist erstmals als studentische Versuchsperson bei einem CIA-Experiment mit Hochbegabten in Kontakt mit LSD-25 gekommen. Will er jetzt die Drogenversuche an die Öffentlichkeit tragen? Oder setzt er einfach nur auf Bambule?

Einige behaupten: Kesey und der Psychologielehrer und LSD-Missionar Timothy Leary seien als Sympathieträger der Gegenkultur vom amerikanischen Geheimdienst in Langley dazu auserwählt worden, die Droge von ihren militärischen Vorzeichen zu befreien und als modernes Versprechen in den zivilen Alltag einzuführen. Die Beeinflussung der Bürger mit LSD-25 sollte dann die Grundlage für eine staatliche Bewusstseinsprogrammierung bilden.

Ob nun im Auftrag des Geheimdienstes oder im Zuge eines unklar gesteuerten Zeitgeistwechsels, in jedem Fall entsteht ein öffentlicheres Gespräch über die Umnutzung von Drogen zu rausch- und bewusstseinserweiternden Zwecken. Ein interessierter Dritter an dieser Entwicklung lässt sich leicht ausmachen: Unterdrückung von Rauschmitteln führt zwangsläufig zu unzugänglicheren Unterwelten, weshalb eine liberale Drogenpolitik im polizeilichen Interesse der auf Kontrolle ausgelegten Gesellschaften liegt.

Jede Menge kalt

Schon 1952 kühlt sich die junge Ehe von William Burroughs und Joan Vollmer ab. Der bisexuelle Burroughs hat sich in einen jüngeren Mann verliebt, mit dem er oft für Wochen aus dem Familienleben verschwindet. Vollmer, die allein mit den Kindern Billy und Julie zu Hause hockt, geht es schlecht. Ständiges Benzedrine®, inzwischen kombiniert mit Alkohol, treibt sie noch tiefer in ihre einsame Selbstzerstörung. Schon vor dem Frühstück am Rande des Nervenzusammenbruchs, beginnen der 27-Jährigen die Haare auszufallen.

Es dauert nicht lange, bis die Situation eskaliert. Am 5. September desselben Jahres trifft sich das Ehepaar mit zwei Bekannten, von denen die beiden ein Gewehr kaufen wollen. Um das Geschäft in Gang zu bringen, wird getrunken. Nach dem dritten Glas behauptet der angeheiterte Burroughs, seine Frau und er würden planen, nach Südamerika auszuwandern. Dort wolle er seine Familie als Jäger ernähren. Das würde wohl bedeuten, sie müssten verhungern, grantelt Vollmer. Wütend erwidert Burroughs, er könne beweisen, wie gut er schießen kann. Er fordert seine Frau auf, sich ein Glas auf den Kopf zu stellen. Die tut, wie ihr geheißen, schließt die Augen und wispert, sie könne kein Blut sehen. Im nächsten Moment fällt der Schuss. Das Glas liegt unversehrt am Boden.

Joan Vollmer stirbt in der nahe gelegenen Rotkreuz-Station mit einer Schusswunde in der Stirn. Laut einer Meldung der Presseagentur AP gesteht Burroughs der Polizei zunächst die Wilhelm-Tell-Geschichte. Nach einem Gespräch mit seinem Anwalt widerruft er aber das Geständnis und beharrt nun darauf, es sei ein Unfall gewesen: Der Schuss habe sich aus Versehen gelöst. Letztlich kommt er mit dreißig Tagen Gefängnis und einer Geldstrafe davon.

Burroughs, der bei Bedarf ein schielendes Kaninchen aus dem Hut ziehen kann, verwandelt die Tötung seiner Frau über die Jahre zu einer immer weiter verfeinerten Anekdote in seiner schillernden Aura als Gentlemanjunkie. Sein selbstbezogener Nachruf bleibt nicht allein, bald spukt das dem Beweis der

Zielsicherheit ihres Mannes gefallene Damenopfer als Gespenst durch die Werke zahlreicher Männer, fast so, als hätten die sich gemeinsam dafür entschieden, der Muse ein Nachleben im Text zu schenken.

Jack Kerouac literarisiert die Amphetaminkönigin gleich in mehreren Romanen – als Mary Dennison in *Town and the City* und als June in *Vanity of Dulov*. Allen Ginsberg begegnet dem Geist von Vollmer vier Jahre nach ihrem Tod im Traum und schreibt danach *Howl*, ein Geheul über die »besten Köpfe meiner Generation / vom Wahn zerstört«. Es wird das populärste Gedicht der US-amerikanischen Nachkriegsliteratur und der meistverkaufte Gedichtband des 20. Jahrhunderts. Acht Jahre nach dem Tod seiner Frau veröffentlicht Burroughs mit *Naked Lunch* die Innenansichten seines Lebens als Junkie im Gewand eines Groschenromans. Von nun an wird der schreibende Witwer nicht müde zu betonen, ohne den Tod seiner Frau hätte er das große Stück Literatur nie schreiben können.

Wie es sich für ein Beat-Kind gehört, dessen Pflicht es ist, gelebtes Leben in Text zu verwandeln, verfasst der Sohn Billy mit 19 Jahren, während des Aufenthalts in einer Entzugsklinik, mit dem Kurzroman *Speed* seinen Beitrag zur Familienchronik. In dem autobiografischen Roman haut Billy aus dem Haus der Großeltern Burroughs in Palm Beach ab, bei denen er seine Kindheit verbracht hat, und geht nach New York. Dort entscheidet er sich für ein neues Leben im Zeichen der Familie. Mithilfe von Methedrine® – einem injizierbaren Metamphetamin der namensverwandten Firma Burroughs Wellcome – versetzt er sich in den Zustand eines andauernden »spacing«. Sein Verstand wird abgeschaltet, während die Sinne auf Empfang bleiben. Wieder und wieder dehnt er die Wahrnehmungsblase mit noch mehr Methedrine®.

In diesem Raum-Zeit-Kaugummi begegnet Billy dem Deutschen Hans. Der marschiert mit einem Selbstbild als zu spät geborener Obersturmbannführer im Stechschritt durch seine Wohnung und erklärt Billy ausufernd, wie er den Drogenhandel durch straffere Organisation optimieren wolle. Seinem Zuhörer ist das egal. Entscheidend ist: Hans' Methedrine® füllt Billys Tage, aus denen sonst die Leere gähnt. Jetzt sieht er überall Gesichter: »Wohin ich auch blickte, war irgendwer da. Winzige

Menschen schliefen in einem Aschenbecher, und ein Riese lehnte sich verdrießlich gegen das Chrysler Building. Die Bäume des Washington Square waren mit Gesichtern aus der Vergangenheit gefüllt, die im Winde wehten, obwohl ich noch sehr jung bin.« Das Bedrohliche erscheint immer noch besser als die Leere.

40 Jahre nach Joan Vollmers Tod produziert der Regisseur David Cronenberg eine Verfilmung von Burroughs' Legende. In *Naked Lunch* hat sich der Schriftsteller endgültig in eine Sagengestalt verwandelt, die berichtet, insektenäugige Bewohner einer gewissen Zone hätten dem Kosmonauten des Inneren Raumes befohlen, seine Frau zu töten, damit sie fortan durch die Texte geistern kann.

Rückblickend kann man sich nur schwer des Eindrucks erwehren, der Beatgeneration sei es mehr um die schnellstmögliche Erfüllung ihrer persönlichen Wünsche gegangen als um politischen Widerstand gegen die Verhältnisse, in denen sie leben mussten. In vorauseilendem Gehorsam feierten die Beats in ihrer Besessenheit vom Aufreißen und Reinbeißen genau jene Bedingungen, aus denen sie vorgaben auszubrechen. In ihrer Besessenheit vom Auto machten sie das größte Freiheitssymbol des Amerikanischen Traums für den Kalten Krieg mobil, indem sie dem Individualverkehr, Fords Konzept sozialer Kontrolle, ein Flair von Wildem Westen einhauchten und schneller fuhren, als die Polizei erlaubte, wobei sie ihre Geschwindigkeit damit verwechselten, sich der sozialen Dressur zu entziehen. So dienten die Beats als Vorbilder für eine neue Form der Mobilisierung immer größerer Teile der Bevölkerung. Die größere Verfügbarkeit der Technologie spiegelte sich in der Gestaltung der Autos: Linien begannen zu fließen, und Heckflossen winkten. Geschwindigkeit formte sich in weniger aggressiven Zeichen aus. Was bisher schnöder Transport von A nach B war, wurde zur Fahrlust für alle demokratisiert.

Kombiniert mit Amphetamin, gaben jetzt immer mehr Menschen Gas und fuhren ab in die endlose Weite des amerikanischen Raumes. Der chemische Schnellmacher verkörperte nun nicht mehr nur eine Methode, mit dem Tempo der industriellen Modernisierung und ihren steigenden Selbstkontrollanforderungen mitzuhalten, sondern bildete die passgenaue Ergänzung zur Idee des individuellen Glücks im Serienwagen. Die Verbindung aus Auto und Amphetamin zu Speed schaltete die ansonsten bescheiden gehaltenen Erlebniswelten einen Gang höher und verlieh dem Alltag für Stunden Flügel.

Blitz mit Honig

Durch den Mund als Tablette, Pulver oder Flüssigkeit eingenommenes Amphetamin muss erst von in der Leber gebildeten Enzymen umgewandelt werden. Der Transformationsprozess führt zu einer Verzögerung des Wirkungseintritts von 20 bis 30 Minuten. Einen ähnlich langen Reaktionszeitraum benötigt man bei der Einnahme durch den After, dem »keistering« oder »booty bumping«, einer Art Einlauf, bei dem durch eine nadellose Spritze in Wasser gelöstes Metamphetamin anal eingeführt wird. Auch beim Inhalierstift gibt es eine lange Verzögerung zwischen Einnahme und Reaktion. Wer injiziert, braucht nicht mehr zu warten. Wie ein Blitz schießt die Wirkung in das Nervensystem. Ohne Zeitverschiebung folgt der Donner als orgiastische Welle.

Mit dem Abwurf der Atombomben auf Hiroshima und Nagasaki haben die Vereinigten Staaten den Zweiten Weltkrieg beendet. Als Reaktion darauf beginnt die Sowjetunion nun den Aufbau eines Nuklearprogramms, das Wettrüsten hat begonnen. In jedem kleinen Buschkrieg, in den sich eine der beiden Großmächte einmischt, lauert jetzt das Risiko eines vernichtenden Atomschlags.

Die Landung einer internationalen Eingreiftruppe in Korea bildet 1950 die erste große Kulisse eines solchen Szenarios. Für die USA stellt sich diese Intervention schnell erfolgreich dar. Nach einigen siegreichen Schlachten marschieren die US-Truppen nach Norden, ohne auf großen Widerstand zu stoßen. Bald lassen viele Soldaten ihre Helme, Handgranaten und andere Ausrüstungsgegenstände einfach am Wegesrand liegen. Zu Weihnachten kommt die Nachricht, die Kämpfe seien beendet. Man posiert für Erinnerungsfotos.

Wenige Wochen später werden die Eingreiftruppen von der kommunistischen Guerilla Nordkoreas überrollt. Der gewonnen geglaubte Krieg verkehrt sich durch den Überraschungsangriff in eine der schwersten Niederlagen der USA. Als zusätzliche Demütigung müssen die Soldaten ein 18 Monate dauerndes Rückzugsgefecht durchstehen. Zwar fliegen die US-Streitkräfte weiterhin Luftangriffe, aber selbst Napalm-Bomben scheitern an der geschickten Bunkerbautechnik des einheimischen Gegners. Damit sie den vollkommen sinnlosen Verschleiß des langen Rückzugs durchhalten, versorgt die Armee sie mit noch mehr Amphetamin, als sie schon beim Angriff bekommen haben.

Einigen Soldaten reicht die Wirkung der Pillen, die sie von den Sanitätern bekommen, nicht. Auf der Suche nach Stärkerem erfinden sie in ihrer gespenstischen Atmosphäre eine neue Methode zur Herstellung von »Speedballs«, einem Drogencocktail, der in seiner ursprünglichen Mischung die aufputschende Energie von Kokain mit der ozeanischen Weltvergessenheit von Heroin verbindet.

Die widersprüchlichen physiologischen Wirkungen – Beschleunigung und Vollbremsung – prallen im Organismus frontal aufeinander. Nach der Karambolage kommt es zu einem Rückstoß in den Kreislauf. Der Körper glaubt unter dem Lärm des Knalls zusammenzubrechen, das Herz rast. Jeden Quadratzentimeter Haut piesacken Millionen Stecknadeln, bis die Wirkung kippt, der Körper erlebt sich plötzlich schwerelos, als würde er fließen. Alles wird unendlich langsam.

Heroin kann in Korea problemlos auf der Straße gekauft werden, Kokain gehört aber nicht zum örtlichen Angebot. Stattdessen verwenden die GIs »Splash«, wie sie Amphetamin nennen, kochen es mit Heroin auf und spritzen es. Aus dem Koreakrieg in die Heimat zurückkehrende Soldaten tragen den halbsynthetischen »Speedball« in die Zivilbevölkerung.

Schlüssel zur Worthirnschranke

Sprechen entsteht aus der Steuerung eines komplexen Muskelapparates. Im Schnitt formt der Mensch 14 Laute pro Sekunde. Dabei koordiniert er rund 14.000 Ereignisse allein im Ablauf zwischen Nerven und Sprechmuskeleinheit. Amphetamin kann diese Steuerungsvorgänge in vielfältiger Form beeinflussen.

Als Werkzeug, Menschen zum Reden zu bringen, erproben Spionageabwehrspezialisten die Droge in einem Konflikt, der sich hinter dem Koreakrieg aufgetan hat.

Der »Kalte Krieg« ist ein geduldiger Krieg, der immer tiefer in das Bewusstsein der Zivilbevölkerung eindringt. Er lehrt nicht nur, die Bombe zu lieben und die Freiheit des eigenen Autos zu überschätzen, sondern erfordert auch von den kriegführenden Staaten veränderte Strategien. Die US-Regierung, an vorderster Front ihr Sicherheitsbeauftragter »Big Joe« McCarthy, streut wilde Gerüchte von sowjetischen Spionen, die sich im Osten auf einen langen Marsch begeben hätten, um die »beste aller Welten« zu unterwandern. Kommunisten hätten Methoden der Gehirnwäsche und unheimliche Drogen entwickelt, die es ermöglichen, selbst den besten Amerikaner von nebenan in einen Feind umzudrehen. Gegen solche Schrecken drillt die Propagandamaschine die Zivilbevölkerung zur Mobilmachung nach innen: Trau keinem, jeder könnte ein Feind sein.

Vertraute Formen des Verhörs scheinen für diese Situation nicht mehr auszureichen, weshalb der Einsatz von Wahrheitsdrogen erwogen wird. Die Vorstellung, Menschen mit Drogen in einen Sprechrausch zu versetzen, um ihnen ihre verborgenen Geheimnisse zu entlocken, hat schon in den Zwanzigerjahren eine Phase großer Aufmerksamkeit durchlebt. 1919 ist deutschen Chemikern der synthetische Nachbau des Wirkstoffs aus dem »Seidengespinst« genannten Kaktus Peyote gelungen. Das Ergebnis, künstliches Meskalin, ist ein psychoaktiver Stoff, der Amphetamin chemisch ähnelt, sich in der Gesamtwirkung aber deutlich unterscheidet. Meskalin wird in den folgenden Jahren zu einem der am intensivsten untersuchten bewusstseinserweiternden Pharmaka. Intellektuelle wie der Philosoph Walter Benjamin erleben mit seiner Hilfe »profane Erleuchtungen«. Psychiater nutzen es zur Erzeugung von Modellpsychosen, experimentell ausgelösten psychoseähnlichen Erfahrungen durch Drogen, die zur »Charakterenthüllung« beitragen sollen.

Aufbauend auf diesen Untersuchungen, aber mit veränderten Zielen, bemühen sich deutsche Ärzte im Konzentrationslager Dachau während des Zweiten Weltkrieges im Rahmen der Experimente zur sogenannten »Luftfahrtmedizin« darum, mit Hilfe von Meskalin Gefangenen in Verhörsituationen geheimgehaltene Wahrheiten zu entlocken. Um die Vielfalt der möglichen Dosierungen auszureizen, nehmen die Forscher den Tod der Testpersonen, meist Sinti und Roma, in Kauf. Nach der Niederlage der Deutschen und der Befreiung der Gefangenen aus dem Konzentrationslager dokumentiert die US Naval Technical Mission in ihrem Report Nr. 331-N45 detailliert die Dachauer Experimente. Kurz nach Kriegsende knüpft das amerikanische Militär auf Grundlage des Berichts und ohne große Berührungsängste an das Forschungsprojekt der Nazis an.

Angeregt worden ist der Einsatz von Wahrheitsdrogen schon 1942 vom damaligen Leiter des Office of Strategic Service (OSS), dem General William Donovan, den man wegen seiner ungewöhnlichen Ideen auch »Wild Bill« nannte. Es blieb aber bei strategischen Gedankenspielen, bis 1947 die Nachfolgeorganisation des OSS, die Central Intelligence Agency (CIA), auf Grundlage der Kriegsbeute begann, chemische Methoden zur Außerkraftsetzung des Willens in die Wirklichkeit umzusetzen.

Bei den Bemühungen, sich die Strategien der psychologischen Kriegsführung der Nazis anzueignen, versucht die CIA auch, ehemalige Mitarbeiter der Dachauer Experimente für das Projekt anzuwerben. Die angesprochenen NS-Wissenschaftler interessieren sich im Gefolge des Vorzeigeüberläufers Wernher von Braun aber stärker für die Erschließung neuer Lebensräume im Weltall und ziehen es meist vor, Arbeitsverträge bei der NASA zu unterschreiben, um an Raumfahrtprogrammen mitzuarbeiten.

Letztlich ohne die Hilfe der drogenerfahrenen Deutschen starten die forschenden Agenten ihr Projekt unter dem Codenamen »td« für »truth drug«. Um die Geheimhaltung zu wahren, taufen sie es bald in »Bluebird«, anschließend in »Artichoke« und später in »MKUltra« um. Das Kürzel für »Mind Kontrol« versteht sich dabei als ganzheitlicher Angriff auf das feindliche Subjekt, das in eine neurochemische Marionette verwandelt werden soll.

Zunächst wird hochpotentes Cannabis als Stoff zur gezielten Entsteuerung des Menschen untersucht. Das pflanzliche Mittel ruft aber keine Sprechsituationen hervor, in denen sich Münder wie gewünscht öffnen. Die Versuchspersonen reden zwar, oft sogar sehr viel, ihr Sprechen bleibt aber verhörtechnisch unbrauchbar, weshalb die Techniker im nächsten Schritt zu Amphetamin wechseln.

Deutsche Psychiater haben schon in den Vierzigerjahren darauf hingewiesen, Amphetamin enthemme die Sprachzentren und verringere die visuelle Vorstellungskraft – das Hirn, zumindest dessen oberste Schichten, werde auf der Zunge getragen und die Möglichkeit, sich Lügen auszumalen, sinke durch die Beeinträchtigung der Vorstellungskraft.

Die CIA geht nun einen Schritt weiter und erprobt Mischungen aus Amphetamin und Beruhigungsmitteln, ihre Wechselwirkung soll die Testpersonen in einen mondsüchtigen Zustand zwischen bewusster und unbewusster Wahrnehmung verrücken, den die Beobachter der feindlichen Innenwelten in ihren Forschungstagebüchern als »twilight zone« beschreiben.

Vorlage dieses Ansatzes sind mit starken Beruhigungsmitteln erzeugte Narkosen, die dazu dienen, die Patienten in Psychiatrien vor Elektroschockbehandlungen zu entspannen, um Verletzungen durch nervöse Bewegungen zu verhindern. Zu dieser Methode haben sich zuerst französische Psychiater auf den Pariser Schlachthöfen anregen lassen, wo die Schlachter versuchten, so den schlechten Geschmack, den die Angst steuernden Hormone dem Fleisch auf dem Weg zur Tötung zufügen, zu verhindern.

Die Drogencocktails mischen die Agenten aus Markenmedikamenten wie Dexedrine® und Seconal®. Versuchspersonen sucht man sich bei denen, die unter Feindverdacht stehen, Kriegsgefangene aus Korea und aufgegriffene Flüchtlinge. Der Wunsch, die Worthirnschranke mit der Wechselwirkung des selbsterdachten Wahrheitsserums in einem psychedelischen Zwielicht aufzuheben und die Versuchspersonen in den gewünschten Sprechrausch zu versetzen, scheint sich zu erfüllen. Die Verhörten beginnen, sich gegenüber den Fragestellern zu öffnen und reden bald in einem fort. Was sie sagen, erweist sich nach genauerer Untersuchung aber meist als selbstbezügliches Wortknäuel. Militärisch relevante Erkenntnisse sind daraus nicht zu gewinnen.

Dutzende Aktenordner pedantisch mitgeschriebener Deliriumsmonologe entmutigen die Psychotechniker aber nicht, sie experimentieren weiter mit anderen Drogen. Haften bleibt ihre Suche an dem aus der Schweiz importierten Delysid® (LSD-25).

Schon 1953 hat die CIA bei dem das Patent haltenden Schweizer Hersteller Sandoz eine größere Menge des vielversprechenden Mittels zur Erzeugung von Modellpsychosen geordert. Da die CIA nicht auf Dauer von einem ausländischen Hersteller abhängig sein will, gibt sie bei Eli Lilly & Co. die Analyse der chemischen Formel von LSD-25 und ihren Nachbau in Auftrag.

Das ehrgeizige Traditionsunternehmen zeigt sich von seiner besten Seite. Schon nach wenigen Monaten kann die Firma ihrem Auftraggeber mitteilen, man habe die Formel von Delysid® (LSD-25) geknackt, der Nachbau könne bald geliefert werden. Kurze Zeit später produziert Eli Lilly eine Raubkopie der psychedelischen Droge in Mengen, die ausreichen würden, eine mittelgroße Stadt auf eine Reise in den Wahnsinn zu schicken.

Während die Geschäfte zwischen CIA und Eli Lilly Verschlusssache bleiben, sorgt eine Testperson für unnötiges Aufsehen. Der Biowissenschaftler Frank Olson, dessen Name sich auf den Gehaltslisten des Geheimdienstes findet, nimmt an einem LSD-Experiment teil. Als die Beobachter ihren Probanden aus der Versuchsanordnung entlassen, verschlägt es ihn auf eine Odyssee, über deren genauen Verlauf nur spekuliert werden kann. Sicher ist, sie endet im zehnten Stock des Hotel Statler in New York. Durch ein geschlossenes Fenster fällt oder springt Olson in die Tiefe, schlägt 50 Meter tiefer auf den Gehsteig und ist sofort tot. Der unkontrollierbare Drang, nach unten hinabzustürzen, wird zu einer populären Angstvorstellung von der Wirkung von LSD.

Die Hintergrundgeschichte zu Olsons Tod gelangt erst nach einem Vierteljahrhundert aus dem militärischen Diskretionsbereich: In Folge der »Watergate-Affäre« kommt es zu umfangreichen Untersuchungen der CIA-Aktivitäten. Bei diesen fliegt, neben vielem anderen, auch die Suche nach Wahrheitsdrogen auf. Dem damaligen CIA-Chef Richard Helms gelingt es zwar noch im letzten Moment, den größten Teil der Akten zu vernichten. Was dem Reißwolf entgeht, reicht aber aus, um eine Vorstellung vom Geschehenen zusammenzusetzen, die sich bizarr genug ausnimmt, um den US-Präsidenten Gerald Ford zu einer öffentlichen Entschuldigung bei den Opfern der Drogenexperimente zu zwingen.

Eli Lilly & Co. fügt die Enthüllung der Patentpiraterie im Dienst psychomilitärischer Experimente keinen nachhaltigen Schaden zu. Zwar wird die Vermarktung des bereits ausgereiften Präparates Prozac® mit der Begründung aufgeschoben, der Markt sei noch nicht reif für ein so modernes Mittel, die Glückspille wird aber 15 Jahre später einer der größten Triumphe des Unternehmens.

LSD tut nicht weh

Auf die Formel von LSD-25 stößt 1938 erstmals der Chemiker Albert Hoffmann bei der Suche nach einem blutungsstillenden Mittel. Die Zahl 25 resultiert aus der Reihe von Abtrennungen, die Hoffmann aus dem alkaloidreichen Pilz Ergotin in einem Baseler Labor herstellt. Nachdem sich in Tierversuchen keine besondere Reaktion auf LSD-25 zeigt, verliert sein Arbeitgeber, die Firma Sandoz, das Interesse an der Substanz. Ihren Angestellten verfolgt aber weiterhin das Gefühl, LSD-25 verdiene eine genauere Untersuchung. Jahrelang ergibt sich keine Gelegenheit, der Ahnung nachzugehen.

Fünf Jahre verstreichen, bis ihn ein Zufall auf die Spur der erstaunlichen Möglichkeiten der Substanz führt. Nach Experimenten, bei denen Hoffmanns Haut mit LSD-25 in Berührung kommt, radelt er wie jeden Tag mit seiner Assistentin nach Hause. Als sie einen Berg hinunterrollen, schwankt plötzlich alles in seinem Gesichtsfeld. Die sichtbare Welt verzerrt sich wie in einem gekrümmten Spiegel. Hoffmann glaubt, mit dem Fahrrad nicht vom Fleck zu kommen, obwohl er aus Sicht seiner Assistentin in hohem Tempo fährt. Ausgehend von der vielversprechenden Erfahrung ihres Mitarbeiters bei dem unfreiwilligen Selbstversuch, entwickelt die Firma eine Droge zur Erzeugung von Modellpsychosen, mit der zuerst in der Psychiatrie und im Alkoholentzug experimentiert wird.

Im Verlauf der Sechzigerjahre tritt die wundersame Wirkung von LSD-25 dann ins Scheinwerferlicht der massenmedialen

Aufmerksamkeit. In einer Schwemme von Artikeln und Reportagen muss man den Eindruck gewinnen, die Droge verführe in erster Linie bunt gekleidete Wesen dazu, von hohen Türmen zu springen, weil sie glauben, sie könnten fliegen. Bald rechnet eine alarmierte Öffentlichkeit jeden Tag damit, böse Mächte könnten das Trinkwasser vergiften und nicht nur die bunten Leute, sondern alle anderen würden närrische Dinge treiben.

Hoffmann, der die Entwicklung des von ihm entdeckten »Psychovitamins« aus dem beschaulichen Basel verfolgt, befremdet das massenhafte Interesse. Für den Gebrauch über das Therapeutische hinaus kann sich der bürgerlich-konservative Hoffmann nur eine handverlesene Elite vorstellen, die ihm reif scheint für die Wirkung der Droge.

Im Unterschied zu Amphetamin hat Sandoz sein Produkt Delysid® (LSD-25) nie für den Massenmarkt vorgesehen. In den Experimenten der US Army, dem Interesse der Psychotherapie sowie dem Aufschwung der unkontrollierten Zweckentfremdung in den Sechzigerjahren zeigen die Entwicklungsgeschichten der beiden Drogen deutliche Überschneidungen. Hinter Delysid® (LSD-25) steht allerdings nur eine Firma, und der Markt besitzt, verglichen mit Amphetamin, kein wirtschaftliches Volumen. Für Sandoz bedeutet es deshalb keinen großen Einschnitt, als 1966 in einer Pressemitteilung erklärt wird: »Dank sehr strenger selbst auferlegter Vorsichtsmaßnahmen war es möglich, einen Missbrauch dieser Substanzen durch nicht kompetente Leute zu vermeiden. Leider hat sich jedoch in jüngster Zeit, namentlich unter Jugendlichen im Ausland, ein zunehmender Missbrauch halluzinogener Drogen bemerkbar gemacht. Die Zuspitzung dieser Situation ist nicht zuletzt darauf zurückzuführen, dass eine unkontrollierbare Flut von Artikeln in der Sensationspresse durch verzerrte Darstellungen beim Laienpublikum ein ungesundes Interesse für LSD-25 und andere halluzinogene Stoffe erweckt hat. Entscheidend jedoch ist die Tatsache, dass in letzter Zeit gewisse Ausgangsmaterialien für die Herstellung von LSD-25 im Chemikalienhandel allgemein zugänglich wurden, so dass die Produktion auch unverantwortlichen und vornehmlich am Schmuggel und Schwarzhandel solcher Stoffe interessierten Kreisen möglich wurde.«

Tatsächlich befinden sich zu diesem Zeitpunkt schon zahlreiche Imitate von Delysid® (LSD-25) im Umlauf. Die tschechische Pharmafirma Spofa stellt ein ähnliches Produkt her, die italienische Mafia versucht sich in den USA mit Kopien, die so schlecht sind, dass man trotz hervorragender Vertriebsstrukturen am Markt scheitert. Als besonders hochwertig gilt hingegen ein Nachbauverfahren, das als »Owsley Tabs« auf dem Schwarzmarkt gehandelt wird. Der Name leitet sich von seinem Erfinder, dem Underground-Chemiker Augustus Owsley Stanley III, ab, dem auch die ersten illegalen Metamphetamin-Kopien nachgesagt werden. Owsleys uneingetragenes Markenzeichen entwickelt sich zu einem Kassenschlager.

Im »Summer of Love« 1967, dem drogengesättigten Höhepunkt und Absturz der Hippiebewegung, kriminalisiert zuerst der US-Staat Kalifornien LSD. Zeitgleich beginnt die psychedelische Erfahrung der Droge massiv die Popmusik zu beeinflussen. Der britische Musikproduzent Simon Napier-Bell geht später so weit, in der gedehnten Zeitwahrnehmung unter Einfluss von LSD die Ursache für eine Abwendung vom kurzen Format der Single hin zur Langspielplatte zu erkennen. Mag der Einfluss von »Acid«, wie LSD oft genannt wird, auf die Popmusik und andere kulturelle Felder, vor allem das Design, auch prägend sein, eine kontinuierliche Wirkung wie Amphetamin entwickelt es nicht, da LSD-25 nur bedingt als Arbeitsdroge eingesetzt werden kann und die Konzentrationsfähigkeit auf Dauer zu stark angreift.

Therapie für alle

Neben Beatliteraten und Geheimagenten sind Psychotherapeuten seit den frühen Fünfzigerjahren an Drogen interessiert. Ihre Neugier richtet sich neben Delysid® (LSD-25) auf einen weiteren Wirkstoff, das ebenfalls vom Militär erprobte Methylendioxyamphetamin, das kurz »MDA« oder heiter »the Mellow Drug of America« genannt wird.

Da die Drogenexperimente des Geheimdienstes Verschlusssache geblieben sind, muss zunächst ein unbescholtener Dritter das auf die Psyche wirkende Vermögen von MDA für den zivilen Gebrauch entdecken. Diese Rolle besetzt Gordon Alles. Der Taufpate und Gebrauchserfinder von Amphetamin öffnet 1963 bei einem Selbstversuch die psychoaktive Tür, als er 1,5 Milligramm MDA zu sich nimmt, um die Wirkung des Materials auf den menschlichen Kreislauf zu untersuchen. Überrascht glaubt er, Rauchringe um sich herum zu erkennen, deren Ursprung er nicht ausmachen kann. Wieder nüchtern, folgert der Wissenschaftler, es handle sich bei MDA um ein Halluzinogen in der Art von LSD-25 oder Meskalin.

Alles' Vermutung widerspricht der chilenische Psychologe Claudio Naranjo: Von acht Personen, mit denen er eine MDA-Studie durchführt, erlebt keine Sinnestäuschungen oder Wahrnehmungsverzerrungen. Hingegen beobachtet er an seinen Patienten verstärkte Empfindungs- sowie Kommunikationsfähigkeit und schlussfolgert, bei mit MDA stimulierten Patienten könne er als Therapeut einfacher an den Kern psychischer Probleme vordringen.

Drogen bieten für Naranjo dabei aber nur ein ergänzendes Mittel, da sich »die Reise durch die auf chemischem Wege eröffneten Höllen« letztlich wenig vom uralten Weg der Selbsterkenntnis unterscheidet. Als besonderen Mehrwert der MDA-Therapie erkennt Naranjo das hohe Tempo, in welchem sich die Patienten ihrer selbst bewusster werden könnten. Er geht davon aus, dass sich Monate der Arbeit mit ihnen so auf wenige Stunden verkürzen lassen. Wie auf einem Fließband sollen die Patienten an den Therapeuten vorbeigleiten, um anschließend als geheiltes Selbst in der Welt zu funktionieren. Kosten könnten gesenkt werden und Therapien wären für jeden erschwinglich. Fords Konzept der Beschleunigung der Produktion wird in die Psychotherapie übersetzt.

Naranjos Behandlungsprotokolle erklären aber auch, warum Geheimdienstler mit den MDA-Bekenntnissen so wenig anzufangen wissen. In einer kindlichen Sprache holen die Patienten verdrängte und entsprechend verworrene Kindheitseindrücke aus den Kellern der Erinnerung herauf. Sie sind ganz mit sich selbst beschäftigt. Menschen bleiben sich unter Einfluss von MDA ihrer Identität bewusst. Das Selbstbewusstsein wird durch die Droge noch gesteigert. Deshalb sagen die Patienten oder Verhörten zwar oft »ich«, aber selten »mein Vorgesetzter beim KGB«.

Angeregt durch den von Naranjo verfassten Bestseller *Die Reise ins Ich – Psychotherapie mit heilenden Drogen* beginnen Therapeuten in aller Welt mit der Droge als Lösungsmittel für psychische Verspannungen zu experimentieren.

Diät, Ekstase und Napalm

Mögen Gordon Alles' MDA-Studien auch schnell auf Widerspruch gestoßen sein, zeigen sie langfristig doch nachhaltigere Wirkungen als die seines Kritikers Naranjo. Alles' Artikel über MDA hat die Neugier eines Angestellten der Firma Dow Chemical geweckt, einem Hersteller von Unkrautvernichtungsmitteln, der darüber hinaus mit seinem Produkt »Napalm« seit dem Zweiten Weltkrieg große Erfolge am Waffenmarkt vorweisen kann. Die Erfahrung einer Morphiumspritze, die Alexander Shulgin nach einer Verletzung erhalten hat, weckt zunächst das Interesse des Chemikers an bewusstseinserweiternden Substanzen. Angeregt durch den Artikel von Gordon Alles, beginnt er nun, mit MDA zu experimentieren. Nachdem sich erste Ergebnisse einstellen, schreibt Shulgin einen Brief an seinen älteren Kollegen, mit dem ein Austausch zwischen den beiden Forschern beginnt. Einige Monate später verabreden sich die beiden, aber Alles stirbt, bevor es zu dem Treffen kommt.

Shulgin verfolgt die Spur weiter. 30 Jahre später wird ihn die psychedelische Gemeinde als einen der großen Drogendesigner des Jahrhunderts, den »Godfather of Ecstasy« feiern. Er selbst bezeichnet sich bescheidener als »Stiefvater« des als Ecstasy bekannt gewordenen Amphetaminabkömmlings 3,4-Methylendioxy-N-methylamphetamin, da er die in einem Copyrightkeller der Firma Merck seit dem Ersten Weltkrieg vergessene Formel von MDMA 1965 nur »adoptiert« habe.

Lange hieß es in den einschlägigen Drogengeschichten, Pharmatechniker hätten in Darmstadt 1914 in einem Labor der Firma Ernst Merck MDMA als Appetitzügler entwickelt. Ihr Produkt sei aber wegen in der Experimentalphase auftretender Nebenwirkungen nicht auf den Markt gekommen. Der Mythos, am Anfang der verstofflichten Ekstase habe die Diät gestanden, wird erst am Ende des 20. Jahrhunderts entzaubert:

Nach Recherchen bei Merck kann der Schweizer Alex Gamma nachweisen, dass es an der Schwelle zum Ersten Weltkrieg keine Notwendigkeit gab, einen Appetitzügler zu entwickeln. MDMA fiel als Nebenprodukt eines gefäßverengenden Mittels ab. Aus Sicht der Chemiker handelte es sich um Abfall, der aber in dem für alle Stoffe aus dem Labor üblichen Routineverfahren beim Reichspatentamt registriert wurde und anschließend im Archiv verschwand, bis Shulgin ihn in einer wissenschaftlichen Bibliothek 50 Jahre später wiederentdeckte.

Für die Erforschung solcher auf das Bewusstsein wirkenden Drogen gibt Dow Chemical ihrem Mitarbeiter lange Zeit eine »carte blanche«. Shulgins Pionierleistungen im Feld der Designerdrogen gelingen also in einer Nische der Waffenindustrie, und die Erschließung von Ecstasy wird mit Gewinnen aus Napalm finanziert.

Aufgrund unterschiedlicher Interessen trennen sich die Firma und ihr Angestellter dann aber doch. Shulgin macht sich selbstständig und arbeitet von nun an in seinem Holzhaus in Oakland. In zahllosen Selbstexperimenten untersucht er gemeinsam mit seiner Frau Ann und Freunden die Effekte der von ihnen meist in Archiven ausgegrabenen Stoffe. Anfang der Siebzigerjahre erhält der gefragte Privatgelehrte von der US-amerikanischen Drogenpolizei, der Drug Enforcement Agency, eine der selten vergebenen Lizenzen zum Studium psychoaktiver Drogen. Im Gegenzug steht er der DEA immer wieder als Sachverständiger und Berater zur Seite.

Ihr Lebenswerk fassen die Shulgins in den Büchern *PiHKAL* und *TiHKAL* zusammen. Die beiden Bände mit dem Untertitel *A Chemical Love Story* versammeln Hunderte von Formeln mit Anmerkungen und verkaufen sich für Chemiebücher auffallend gut.

Überwindung der toten Zeit

Ein vom Amphetamin gelöster Fluss der Worte stößt ab den frühen Vierzigerjahren immer öfter bei denen auf Interesse, die an Schreibmaschinen im Tausch für ihr täglich Brot zahllose

Seiten mit Buchstabenketten füllen: Lohnschreiber, für die das Aneinanderreihen von Worten tägliche Routine bedeutet. Menschen, die unabhängig von Launen und bösen Träumen schreiben. Journalisten, Drehbuchautoren und Schriftsteller entdecken: Mit dem rezeptfrei in der Apotheke erhältlichen Stoff können sie schneller, länger und oft besser schreiben.

Die Geschwindigkeit ist aber mit Risiken behaftet. Regelmäßig nimmt der neurochemisch beschleunigte Schreibfluss gewagte Abkürzungen, schert aus der Fahrbahn des Sinns aus und jagt über verworrene Feldwege. Während die enthemmten Sprachzentren weiter Gas geben, kann der Schreibende in den vorbeihuschenden Wortwäldern nicht mehr mit Bestimmtheit erkennen, ob er jetzt wirklich mehr Einfälle hat oder in seinem Schreibverlangen noch den dürrsten Gedanken begeistert zu Papier bringt und dort achtlos stehen lässt. Ein rasender Ideenfluss treibt die Produzenten der immer längeren Wortketten zu verbohrten Annahmen und haltloser Vielschreiberei. Das chemisch gelöste Buchstabengespritze findet je nach handwerklicher Sicherheit als Text Gestalt. Meist erfordert das enge Gewebe aus Buchstaben eine rigide Nachbearbeitung.

An einem unsichtbaren Webstuhl, den er in seinem diskreten Füller versteckt und so durch die Cafés von Paris schleppt, entspinnt jemand ein ganz besonders ausuferndes Gewirk von Worten. Im höchst launischen Widerstand gegen die Leere und das nicht aufzuhaltende Verstreichen der eigenen Lebenszeit nimmt das rasende Schreiben des Mannes dabei immer wieder so unergründliche Züge an, dass manche es beim Lesen mit Jazz verwechseln. Die verführerische Wirkung der Texte mit den geheimnisvollen blinden Flecken formt eine internationale Bewegung, deren Anhänger sich »Existenzialisten« nennen.

Die Lebensgefährtin des Vielschreibers, Simone de Beauvoir, zeichnet später eine Reihe von rückblickenden Gesprächen mit Jean-Paul Sartre auf Tonband auf. Veröffentlicht wird die mehrere hundert Seiten lange Abschrift nach seinem Tod.

Bei der gewissenhaften Ausleuchtung aller noch so pikanten oder banalen Feinheiten ihres Pariser Alltags verhandelt das Paar selbstverständlich auch Sartres Hang zum Amphetamin, wobei die abstinente de Beauvoir zunächst den Ton vorgibt. Er selbst meint, mit Ausnahme eines Experiments mit Meskalin, ein Leben ohne Drogen geführt zu haben. Seine über 20 Jahre andauernde, ausschweifende Amphetaminbenutzung betrachtet der seinen Körper auf ganzer Linie vernachlässigende Trinker und Kettenraucher als eine Technik ganz anderer Art.

Anfangs hält sich Sartre an Orthedrin®, später entwickelt er eine Leidenschaft für Corydran®. Arbeitet Sartre an seinen literarischen Werken, nimmt er keine Tabletten, da er glaubt, die Analyse des Gefühls und die Wahl der Worte, des Satzbaus und Stils würden es erfordern, »absolut normal« zu sein. Die neurochemischen Schreibhilfen behält er seiner philosophischen Arbeit vor. »In der Philosophie bestand Schreiben im Großen und Ganzen darin, meine Ideen zu analysieren, und ein Röhrchen Corydran bedeutete, diese oder jene Ideen werden in den kommenden zwei Tagen analysiert«, fasst er seine zielgerichtete Methode zusammen.

Amphetamin soll eine Automatisierung der Übersetzung von unformulierten Gedanken in Sprache leisten. Dabei geht es ihm nicht um die surrealistische Idee »automatischen Schreibens«, sondern um eine Steigerung seiner Produktivkraft bis zur maximalen Beschleunigung von Arbeitsvorgängen. Das Mittel setzt er ein wie einen Schalter, um die Teile des Körpers, die er nicht für das Schreiben benötigt, aus dem Bewusstsein auszublenden. »Der Zustand, in dem ich beim Arbeiten war, wenn ich morgens zehn Corydran genommen hatte, war die völlige Aufgabe meines Körpers. Ich erfasste mich aber in der Bewegung meiner Feder, über meine Imagination und meine Ideen, die sich entwickelten.«

Die entsprechende Dosis gibt ihm das Gefühl totaler Übereinstimmung mit sich selbst und einen direkten Draht zum Ideenhimmel. Beim Schreiben geht es bald zu wie im Märchen vom Brei: Im Kopf brüllt etwas »Töpfchen koche«, und es kocht Text, gießt die Buchstaben in die Hand, von der sie aufs Papier fließen. In seiner Aufregung vergisst er das Wort, um das Töpfchen wieder zu stoppen. Sartre kann nichts tun, als mit dem überforderten Stift das Quellende ins Manuskript zu löffeln. Seine Bücher werden dicker und dicker.

Während das geschieht, sitzt er zwischen fließendem Text und einem wachsenden Wald vergessener Zigaretten, die auf ihren Saugstücken stehen, während die Aschekegel lang gebogen zum Boden fallen, und er bleibt ganz stumm und still, als hätte er damit eigentlich gar nichts zu tun.

Rückblickend räumt er ein, die chemische Beschleunigung sei wohl der Grund dafür gewesen, dass das von ihm errichtete Theoriegebäude nicht immer besonders klar ausfiel.

In *Die Zeremonie des Abschieds*, einer Art literarischer Krankenakte über die letzten, vom schnell einsetzenden Alterungsprozess bestimmten Lebensjahre Jean-Paul Sartres, beschreibt Simone de Beauvoir die Überlastung seines Körpers als vorsätzliche Entscheidung: »Er hat in bezug auf sich selbst immer eine Vollbeschäftigungspolitik betrieben … mit seinem Gesundheitskapital Raubbau betrieben. Er wusste es, denn er hat, dem Sinn nach, gesagt: ›Es ist mir lieber, etwas früher zu sterben und *Die Kritik der dialektischen Vernunft* geschrieben zu haben‹ … Angesichts seiner Unfähigkeit, die angefangene Arbeit zu Ende zu führen, hat er sich mit Hilfe von Aufputschmitteln buchstäblich verausgabt.«

Sich um seine Gesundheit zu bemühen, habe für ihn bedeutet: »Den Körper für die Ausbeutung des Kapitals verfügbar zu halten. ›Heilung‹ – das versteht sich von selbst – kann in unserem System nicht die Abschaffung von Krankheit bedeuten: sie dient ausschließlich der Aufrechterhaltung der Arbeitsfähigkeit, wobei man weiter krank bleibt«, verkündet der bereits Schwerkranke in den frühen Siebzigerjahren im Vorwort der Agitationsschrift des Sozialistischen Patientenkollektivs, *Aus der Krankheit eine Waffe machen*.

Sartres zerstörerische Verausgabung war keine Arbeitsverweigerung, er arbeitete ja wie ein Besessener. Seine künstlich gesteigerte Verausgabung von Energie folgte einem anderen Denken, dem der Verschwendung. Mit der Droge konnte er ständig das luxuriöse Gefühl aufrechterhalten, zu viel Energie zu besitzen und die Möglichkeit, diesen Überschuss wild zu verpulvern.

Schreck staunt Bauklötze

Plastisch bildet sich die den Schreibfluss fördernde Wirkung von Amphetamin auch in den Büchern des Science-Fiction-Schriftstellers Philip Kindred Dick ab. Der erst posthum durch die nach seinen Erzählungen gedrehten Filme *Blade Runner, Total Recall* oder *A Scanner Darkly* weltberühmt gewordene Autor schrieb mehr als viel. Allein in den Fünfzigerjahren verfasste der »Vater der modernen Science-Fiction« zahllose Kurzgeschichten und 13 Romane. »Er schrieb achtzig bis hundert Wörter pro Minute, dachte sich die Geschichte aus, während er sie hineintippte, und er tippte so schnell, dass er sich selbst das eine oder andere Mal sogar um eine Nasenlänge voraus war«, erinnert sich John Gildersleeve freundlich an seine Arbeit als Dicks Lektor, die zu einem Großteil darin bestand, Löcher in den Handlungen zu flicken, die Dick am laufenden Band in die Maschine hämmerte.

Dick ist ein Meister weltabgewandter, seine Gegenwart aber zielsicher beschreibender Einfälle. Sein Hang zu verschrobenem Aufbau und reichlich Personal verwickelt die Leser oft in ein kurioses Geflecht von Beziehungen, in dem man schnell den Faden verliert.

Dick beginnt schon als junger Mann, Amphetamin zu nehmen. Sein Großvater, ein Arzt, gibt es ihm, da er hofft, die Droge werde helfen, die schwankenden, von plötzlichen Abgründen gefährdeten Befindlichkeiten seines Enkels zu glätten und sein unsicheres Sein in der Welt besser in den Griff zu bekommen. Als geduldiger Patient an solche Hilfestellungen gewöhnt, denkt sich Dick zunächst nichts dabei, außer, dass er ein unkompliziertes Leben tatsächlich wünschenswert fände. Erst Jahre später, als er plötzlich erfährt, was er da Tag für Tag schluckt, beginnt er sich über das Ausmaß des chemischen Eingriffs klar zu werden. Verstört schreibt er an ein befreundetes Ehepaar: »Also, ich habe einen Waschzettel aus East Oakland, nämlich den Beipackzettel von den Tabletten, die ich schon seit sieben Jahren nehme (oder sind es neun? Mein Verstand scheint irgendwie seltsam benebelt zu sein), Semoxydrin-Hydrochlorid, wovon ich jetzt erfahre, dass es sich dabei um Metamphetamin-Hydrochlorid handelt (d.i. ein anderer Name für Methedrine), weil doch tatsächlich der Apotheker beim letzten Nachschub – ich bin auf 7,5 mg von dem Zeug am Tag, und 7,5 ist die oberste Dosierung – vergessen hat, den Beipackzettel rauszureißen, und daher habe ich nach all den Jahren über die Nebenwirkungen der Tablette etc. gelesen. Ein Satz unter der Rubrik Humantoxizität hat mir extrem den Rest gegeben. Leute, da steht doch tatsächlich: Eine Überdosis kann außerdem Halluzinationen hervorrufen und zum Delirium, zu peripherem Kreislaufkollaps und zum Tod führen.«

Die Packungsbeilage deckt sich in vielem mit der noch ausführlicheren Einschätzung des *Merck Manual*. Das Standardwerk der medizinischen Diagnostik rechnet zu den ungünstigen Folgen der Amphetaminnutzung: Angstzustände, Zittern, hypochondrisches Grübeln, die Verkennung der Handlungen anderer Personen, Halluzinationen des Gehörs wie des Tastsinns und grundloses Misstrauen. Treten diese Symptome verstärkt auf, sprechen Ärzte von einer »Amphetaminpsychose«. In deren Ausnahmezuständen wird oft eine verdeckt vorhandene Psychose durch die Droge erst hervorgeholt. Ob dies der Fall ist, kann selten mit Bestimmtheit gesagt werden, da sich die Betroffenen ihrer Voraussetzungen nicht bewusst sind oder sie verdrängen.

Amphetaminpsychosen sind bis heute ein wissenschaftlich relativ unerschlossenes Gebiet, was verwundert, da sie die Form einer ausgewachsenen Schizophrenie annehmen können und in der Regel dramatischer verlaufen als durch LSD-25, Meskalin oder andere psychedelische Drogen ausgelöste Modellpsychosen. Präzise literarische Darstellungen von Amphetaminpsychosen verfassten in den Sechziger- und Siebzigerjahren der Gonzo-Journalist Hunter S. Thompson mit seiner autobiografischen Erzählung *Fear and Loathing in Las Vegas* und der Literat Hubert Selby mit der sich selbst in ihren Fernseher halluzinierenden Figur der Sara Goldfarb in dem Roman *Requiem of a Dream*.

Intensive Amphetaminnutzer werden sich durch Selbstbeobachtung meist des Risikos bewusst, auf dem schmalen Grat zu einer toxischen Psychose zu wandeln. Verwechslungen von Innen- und Außenwelt bilden für viele Benutzer gerade eine besondere Qualität der Droge, mit der sie die Langeweile an der Welt oder sich selbst in Richtung einer künstlich geschürten Aufregung verlassen wollen.

Die Lachende Angst des Vielschreibers

Am Morgen nach der Einsicht durch den Beipackzettel hat Dick seine Gänsehaut schon wieder im Griff. Seine Arbeit als schreibender Erfinder von Wirklichkeiten hat ihn daran gewöhnt, sich in Befindlichkeiten und ihre Umstände hineinzusteigern, um sie nach ihrer Niederschrift zu vergessen. Der hirninterne Papierkorb schluckt die unheimliche Gebrauchsinformation, wo sie verschwindet: zwischen Tausenden von Manuskriptseiten. Nach der Entsorgung arbeitet Dick weiter. Statt der Droge zu entsagen, erhöht er seine tägliche Dosis. Bald geraten seine Texte immer heiterer. Ein Effekt, der überrascht, da sich Amphetamin und Humor nur bedingt vertragen. Meist bewegen sich die chemisch Getriebenen zu gehetzt, um in der vorbeihuschenden Umgebung noch einen Anflug von Witz zu erkennen. Zeit zum Lachen haben sie sowieso nicht. Was sie gerade noch unterbringen können, entspringt als haltloses Gekicher. Die Wirkung verknotet die Benutzer zu eng in sich selbst, als dass sie noch neben sich stehen könnten, wie es der Humor erfordert. Dick hingegen besteigt auf Amphetamin einen von Mutterwitz getriebenen Wagen zum Umfahren psychischer Abgründe. Seine Verwandlung der Ängste hinterlässt einen taumelnden Parcours grillenhafter Sprachschlangen, die in panischer Formung bizarre Knäule bilden.

Phantom am Wegesrand

Ein Jahr nach dem beunruhigten Brief beendet Philip K. Dick die Arbeit an *The Three Stigmata of Palmer Eldritch*. Der Roman entspinnt die Geschichte des von einem anderen Planeten stammenden Rauschmittelhändlers, dessen Übersiedlung zum

Mars den dortigen Drogenmarkt mit einer von ihm eingeführten Verwandlungsdroge durcheinanderbringt. *Palmer Eldritch* wird schon bald zu den großen Erzählungen über LSD gerechnet. Dabei hat Dick, als er das Buch schrieb, gerade mal einen Artikel über LSD gelesen – seinen ersten »Trip« nimmt er erst Jahre später. Hat der Schriftsteller das angelesene Wissen über LSD einfach mit seiner ausgeprägten Vorstellungskraft ausgemalt? Oder setzen sich hinter der Übertragungsleistung noch viel komplexere Mechanismen ins Werk?

Während der Arbeit an dem Roman ergießt Dick sich in einem amphetamingeschürten Zustand der Vielschreiberei, dessen Textausstöße, selbst an seinen Maßstäben gemessen, einem rauschenden Sturzbach gleichen. Von der »Mitternachtskrankheit« gepackt, wie Edgar Allen Poe sein getriebenes Schreiben nannte, fließt ihm die Sprache nicht nur rasend schnell aus den Fingern, sondern er erlebt auch fantastische Sinnestäuschungen: »Ich sah es nicht wirklich, aber das Gesicht war da, und es war kein menschliches Antlitz, es war eine gewaltige Fratze des absolut Bösen. Jetzt ist mir klar (und ich glaube, das war mir auch damals nebelhaft klar), was mich dazu gebracht hat, es zu sehen: die Monate der Abgeschiedenheit, der Mangel an Kontakt mit Menschen, ja, Sinnesentzug als solcher... aber irgendwie ließ sich die Fratze nicht leugnen.« Die pupillenlose Grimasse, mit einem zwischen den Lippen blinkenden Stahlgebiss, erscheint ihm über Wochen jeden Tag am Himmel, wenn er zu der abgelegenen Hütte fährt, die er zum Schreiben angemietet hat. Eine Erklärung für die Erscheinung könnte sein, dass das von Dick beobachtete Phantom direkt von der Wirkung des Amphetamins ausgelöst wurde. Ob solche von Drogen gezeugten Fehlwahrnehmungen über eine akute Reaktion hinausgehen, sich wiederholen oder verfestigen, wird dadurch beeinflusst, ob bei dem Benutzer die Anlage besteht, psychotisch zu werden. Zu Halluzinationen kann es aber auch durch radikalen Schlafentzug kommen. Die übermäßige Anhäufung von Schlafschuld wirft den Energiehaushalt des Menschen aus der Bahn, und er beginnt, sich seine eigene Realität zu erschaffen.

Dicks Fehlwahrnehmungen verdeutlichen die Unschärfe des Ausdrucks »Halluzinogen« für Substanzen, die bei Menschen Sinnestäuschungen verursachen. Ob eine Droge halluzinogene

Reaktionen auslöst, steht im Verhältnis zur Dosis, zur Verfassung des Benutzers sowie zu dessen kulturellem Hintergrund. Obwohl Amphetamin bei entsprechendem Gebrauch wie ein Halluzinogen wirken kann, wird es nicht als solches bezeichnet. Wenn Amphetamin als Halluzinogen wirkt, werden meist Täuschungen des Gehörs oder Tastsinns, seltener jedoch visuelle Verkennungen beobachtet.

Paranoia und Produktivität

Dick kommt es mittlerweile immer öfter so vor, als schrieben sich seine Texte von fremder Hand, und eine dritte Person erlange durch ihn hindurch Autorschaft. In einem Brief, den er am 20. November 1964 an Terry Carr schickt, offenbart er dem Freund: »Nicht nur, dass ich den Roman beim besten Willen nicht verstehe, ich kann ihn noch nicht mal lesen. Was nicht heißen soll, dass er nichts taugt; im Gegenteil. Aber ich habe nicht den leisesten Schimmer, worum es darin geht.«

Trotz wiederkehrender Erscheinungen und eines ihm fremd bleibenden Textes kann Dick in seiner Position als Sekretär einer unbekannten Macht keinen Einfluss von Amphetamin erkennen. Im Gegenteil führt er gerade *Palmer Eldritch* als Beleg dafür an, dass Drogen bedeutungslos für seine literarische Arbeit seien. Wie hätte er sonst ohne LSD-Erfahrung über LSD schreiben können?

Dicks Selbstverständnis als von Drogen unberührter Autor erklärt sich, wie bei vielen anderen Künstlern, zu einem Teil daraus, dass der Einfluss von bewusstseinserweiternden Mitteln in Frage stellt, ob das dahinterstehende Selbst sich überhaupt im Griff hat. Der Schriftsteller will anspruchsvolle Literatur schreiben, hält sich aber mit schnell geschriebenen, unter Massenware wegsortierten Zukunftsmärchen über Wasser. Dass seine Geschichten einmal zu den Perlen der modernen US-amerikanischen Literatur zählen werden, kann er sich seiner blühenden Fantasie zum Trotz nicht vorstellen.

Mag Dick den Einfluss von Drogen auf Sinn und Form seiner Texte auch lange Zeit abstreiten – der Zusammenhang von Paranoia und Produktivität zeigt sich doch allmählich deutlicher. Paranoia setzt sich aus dem altgriechischen »para« (neben) und »noũs« (Verstand) zusammen. »Neben dem Verstand« wird bei ansonsten erhaltener Klarheit des Denkens und Handelns ein in sich schlüssiges System entwickelt – eine Anordnung des Wahrgenommenen, die selbst durch stichhaltige Gegeneinwände für den, der sich die Welt da ordnet, nicht zu entkräften ist. Getrieben werden die Ordnungsannahmen oft von übersteigerten Beschäftigungen des Einzelnen mit sich selbst: Kleinste Bewegungen in der Außenwelt werden von den sich abgeschnitten Fühlenden miteinander verknüpft. In den Knoten der besessenen Beziehungslogik versteckt sich oft der Wunsch, die undurchdringlichen Bedeutungen der Außenwelt in ein sinnvoll scheinendes Gewebe zu überführen. Dafür wird in dem Netz eine unbekannte Macht in Kauf genommen, die die Strippen zieht. Das nur bedingt selbst gewählte Glaubensmodell der Paranoiker entwickelte sich zu einer Art Religionsersatz des 20. Jahrhunderts, dessen Struktur ein stabiles psychisches Stützkorsett gegen das sich aushöhlende Sinngefüge einer immer unverbindlicheren Welt liefert.

Ob nun aus gutem Grund oder radikalem Konstruktivismus, Dick verbeißt sich in die Idee, seine Frau wolle ihn mit dem Auto überfahren. Seine Befürchtung wächst, bis er sich ein handliches Gegenmittel zulegt. Es verändert seine Einstellung zu Menschen. Mit der automatischen 32er fühlt er sich nicht mehr allein, und die anderen sind ihm etwas gleichgültiger. Zuerst erschreckt es ihn, als er sich dabei beobachtet, wie er darüber nachdenkt, sie zu verfolgen, zu zielen und abzudrücken. Einen Menschen mit einem Zucken des Zeigefingers auszulöschen, wird zur Vorstellung von totaler Macht in seiner Welt, in der er bestenfalls eine fragwürdige Herrschaft über Buchstaben ausübt.

Seine paranoide Ideenbildung hilft ihm, sich in seinen Ängsten einzurichten, denn trennen möchte er sich von seinen dunklen Möglichkeiten auf keinen Fall. Dafür erkennt er zu genau, dass sie das Fundament seiner Produktion sind. Und in der ausufernden Architektur seiner Beobachtungseinheiten vermag er allein einzuschätzen, wie die Mauern, Türen und Flure ineinander verschachtelt sind, damit sie ihn zu den Zimmern der Bedeutung führen.

Vielleicht liegt Dick mit seiner Annahme, eine dunkle Macht sei hinter ihm her, gar nicht falsch. Eines Tages, er befindet sich gerade auf einer Reise, brechen Unbekannte in sein Haus ein. Sie sprengen den Safe und rauben das darin aufbewahrte Manuskript samt Recherchematerial. Die Täter werden nicht gefasst. Das Material bleibt verschollen, das Buch ungeschrieben. Der Einbruch, mit dem die Wirklichkeit seine Vorstellungen einzuholen scheint, verschafft Dick Genugtuung. Glückstrahlend berichtet er Freunden von dem Vorfall, der seiner Ansicht nach beweist: Er ist gar nicht verrückt.

Der zwischen Vorstellungen und Tatsachen klaffende Spalt wird immer deutlicher das zentrale Motiv seiner Schreibarbeit. Wie viel von dem, was wir wahrnehmen, existiert überhaupt? Warum sind die Dinge selten so, wie sie uns erscheinen? Wie biegen wir sie uns so zurecht, dass sie passen? Wie viel Wirklichkeit braucht der Mensch, um zu überleben?

Auf der Suche nach Antworten untersucht Dick die Körperteile von Barbie-Puppen mit einem Maßband, um das Unwirkliche und die gewölbten Gedanken in ihnen zu entschlüsseln. Er ertappt die Agenten der Illusion dabei, dass sie die Köpfe der idealisierten Miniaturfrauen im Verhältnis zu den Proportionen des Menschen abweichend gestalten. Mit diskreter Vorsicht verbaut er seine Beobachtung dieser hinterlistigen Täuschung im literarischen Bild kleiner Spielzeuge, die als Ergänzung zu der Droge gekauft werden können. Die »Perky Pet Layouts« sind handtaschengroße Modelle, mit denen sich die Benutzer der Droge »Can-D« aus ihrem tristen Alltag in den Marskolonien in eine irdische Idylle der Fünfzigerjahre träumen können.

Kehraus im Spukhaus

Dick hat inzwischen das Alter erreicht, in dem die Zeit unmerklicher vergeht, weil der Speicher der Erinnerungen voller wird und die Wiederholungen zahlreicher. Die Wirklichkeit lässt sich vom Möglichen immer seltener überholen. Sein körperlicher Verfall lässt sich mit Ende dreißig nicht mehr übersehen. Als Antwort auf die Fragen, die ihm jeden Morgen in den

Ohren schwirren, fällt ihm selten etwas anderes ein, als die nächste Geschichte zu schreiben, also die vertrauten Handlungen zu wiederholen.

Zur Beschaffung von Drogen nimmt Dick jetzt nicht mehr nur seine alten Quellen in Anspruch, die würden ihn nicht mehr satt machen, sondern er fährt oft stundenlang mit dem Auto zu immer weiter entfernt niedergelassenen Ärzten, von denen er sich nach Schilderung der entsprechenden Symptome noch mehr Rezepte ausschreiben lässt. Seine Lieblingspille heißt jetzt Ritalin®. Sie vermittelt ihm eine kühle Klarheit und einen verengten Blick auf die Tastatur. Bald entdeckt er auch die bedrohlichen Vorstellungen, die in dem Angstmacher unter den Schnellmachern schlummern. Dick, eigentlich ausreichend mit seinen Hausgeistern beschäftigt, nutzt Ritalin® zur Übersteigerung seiner Ängste. Er hortet die vom Arzt verschriebenen Rationen über einen längeren Zeitraum. Hat sich genug angesammelt, nimmt er gleich mehrere Packungen auf einen Schlag. Ziel ist der nun folgende Alb. Was der Kehraus der Innenwelt durch das Bewusstsein schwemmt, nennt die Medizin einen »atypischen Rauschverlauf«. Während den typischen Rauschverlauf Euphorie und lustbetonte Veränderung des Erlebens kennzeichnen, kommt es beim atypischen zu Angst, Erschrecken und Lähmung. Mit den kontrollierten Schockerlebnissen kühlt Dick die immer unkontrollierter kochenden Ängste ab.

Beipackzettel liest er schon lange nicht mehr. Neben abgepackten Fertigpräparaten kauft er immer öfter ungekennzeichnetes Amphetamin Marke Eigenbau auf der Straße. Was er bekommt, ist alles andere als Arzneimittelqualität, sondern schmuddelige Zusammensetzungen, bei denen er keine Ahnung hat, was er da schluckt. Ihm ist es auch egal, solange es ihn spüren lässt, dass er zwei durchblutete Gehirnhälften hat.

Ständig bewegt er sich jetzt auf der Suche nach dem, was ein wirklicheres Leben sein könnte, will aufholen, was er in all den Jahren an der Schreibmaschine verpasst hat. Um nicht wieder in seine alten Gewohnheiten zurückzufallen, schreibt er nur noch gelegentlich etwas auf einen Notizblock, den er sein Gedächtnis nennt. Die hingekritzelten Wortsplitter werden aber immer seltener, und die Worte verlieren die Bedeutung, die sie einmal für ihn hatten, bis er sich gar nichts mehr aufschreibt.

Er geht auf Entzug von der Abhängigkeit, Buchstaben miteinander zu verketten – und zieht sich zurück aus der Welt der Schrift.

Serpentinen des Glücks

Nach der Trennung von seiner vierten Ehefrau Nancy beginnt Dick, sich bevorzugt mit Teenagern zu umgeben. Die Jugendlichen kommen aus Orten, wo ihnen langweilig und eng ist. Sie bleiben oft über Tage und Wochen in der Behausung des toleranten Gastgebers. Die Pharmafete im öffentlichen Wohnzimmer spricht sich schnell im Umkreis von hundert Meilen herum. Egal ob LSD-25, MDA, Seconal® oder Amphetamin – hier gibt es alles. Ständig dreht sich der Raum um die eigene Achse, starren aufgerissene Augen in alle Richtungen. Dick, der sich lange vor dem Lachen anderer Menschen gefürchtet hat, hockt mittendrin und grient wie ein Honigkuchenpferd.

Ist der Gipfel überschritten, stürzt er sich hinab in ein tiefes Tal. Drei Tage schläft er am Stück, um sich, kaum aufgewacht, auf den nächsten Lauf zu begeben, wo der treibende Schlag des Herzmuskels wieder das Gefühl übertönt, Stunde um Stunde älter zu werden. Solange er aufwärts läuft, scheint die Welt in Ordnung. Er weiß, warum er diese Wirklichkeit nicht verlassen will. Die Überschreitung der Geschwindigkeit reizt er immer wieder aus, bis sein Motor auf den Serpentinen des Glücks absäuft. Der Stehengebliebene versucht eine Hand zu heben, um die Motorhaube aufzuklappen. Schon das geht über seine Kräfte, und die Hand fällt wieder herab. Mit einem Seufzer entspannt sich sein ganzer Körper, sackt in einer Kugel zusammen und rollt wieder den Berg hinunter.

Aus den Schriften Sigmund Freuds glaubt Dick zu wissen: Was unter Glück verstanden wird, tritt seiner Natur nach nur als episodisches Erlebnis auf. Jede Fortdauer vom Lustprinzip ersehnter Situationen wird über kurz oder lang zu einem Gefühl von lauem Behagen. In seinem Glückshaushalt aber bilden die Tage des Amphetamintiefs und der Flug über den Gipfeln Teile einer Ordnung, die er mit dem neurochemischen Raster überwachen kann. Ab einem bestimmten Punkt nimmt sein Gesicht immer schärfere Züge an. Ein ungesundes Gelb, wie es sich mischt, wenn sich bestimmte Organe des Körpers zu lange in einem angegriffenen Zustand befinden, färbt seine Haut. Hinzu kommt der Kräfteverfall. All das bewegt ihn dazu, eine Entgiftungskur anzutreten, um sein kriselndes System zu verlassen.

In der Klinik nimmt alles eine überraschende Wendung: Am zweiten Tag entlassen ihn die Ärzte. Die Kürze der Kur liegt nicht an der mangelnden Mitarbeit des Patienten – der wäre gerne noch länger geblieben, die behandelnden Ärzte attestieren ihm aber, er sei gar nicht abhängig. Zu seiner Überraschung erfährt Dick, er bilde sich die Wirkung der Droge nur noch ein. Real, was auch immer das sein mag, hat Amphetamin keinen Einfluss mehr auf den Körper. Seine durch die jahrelange Überbelastung zerstörte Leber kann nicht mehr ausreichend Enzyme produzieren, um den Wirkstoff des Amphetamins überhaupt in sein Nervensystem zu überführen, deshalb wird die Droge unverwertet mit dem Urin wieder ausgeschieden. Ob er Amphetamin, Placebos oder gar nichts nimmt, macht physiologisch keinen Unterschied.

Um mehr als eine Illusion der Wirkung zu erleben, müsste er einen anderen Weg wählen, die Droge in den Stoffwechsel einzuspeisen. Eigentlich bleibt nur die Injektion. Da Dick aber panische Angst vor jeder Art von Nadeln hat, entfällt diese Möglichkeit. Weil er seinen komplizierten Alltag schon seit Langem einfacher gestalten will, glaubt er, was man ihm sagt, und verabschiedet sich über Nacht von seinem chemischen Begleiter.

Wer einen Entzug unternimmt, entzieht sich, ist auf eine Art nicht mehr da, steigt in eine neue Identität. Dicks Leben ohne Amphetamin beginnt 1972 mit einem Umzug. Gemeinsam mit seiner fünften Frau Tessa übersiedelt er nach Fullerton, Orange County, in Kalifornien. Die Siedlung liegt keine zehn Kilometer von Disneyland entfernt. Endlose Ketten roter Dächer und hellblauer Swimmingpools reihen sich zu einem Ornament auf grünem, hingebungsvoll gepflegtem Gras.

In der Sicherheit eines Bungalows beginnt Dick die lang aufgeschobene Niederschrift von *A Scanner Darkly*. Es soll sein erster Roman ohne die vertraute Begleitung werden. Seine Arbeitskraft erweist sich als bescheiden. Dick fühlt sich ein bisschen langsam und ist es wohl auch. Der Verzicht macht ihn zur Schnecke. Ohne Drogen fragt er sich, ob die Nachbarn mit einem genauso verquollenen Schwamm unter der Schädeldecke durch ihr Leben laufen. Nach einem Jahr glaubt er sich kurz davor aufzugeben. Er schreibt aber weiter und tut, was er immer getan hat: lange arbeiten, wenig schlafen, kaum essen.

Es dauert eine Ewigkeit, bis er endlich die letzte Seite des Buches aus der Schreibmaschine zieht. Und alles ist wie immer, seine Haut fühlt sich schmierig an, sein Kopf scheint leer, und der Körper fällt in den vertrauten Tiefschlaf. Nach drei Tagen wacht er wieder auf und sitzt trotzdem mit dem Amphetaminkater am Frühstückstisch.

Als *A Scanner Darkly* 1974 in die Buchläden kommt, kann der Käufer auf dem Klappentext lesen, Dick halte den Roman für sein »Meisterwerk«. Was erzählt wird, gibt vor, sich in der Zukunft zu ereignen, ist aber eine Abrechnung mit der eigenen Vergangenheit. Das Buch enthält eigentlich alle Dick'schen Versatzstücke, ihm fehlt aber der Übersprung zu den Welten des chemisch gestärkten oder zumindest mit der Einbildung solcher Verstärkung schreibenden Dick.

Der Geschmack von Weiter

Auf einer langen Fahrt durch den Mittleren Westen der USA stoppen zwei Männer auf einem Rastplatz. Einer schläft auf dem Beifahrersitz. Er soll die nächsten Stunden am Steuer des Cadillacs sitzen. Der Fahrer sieht den langsam Erwachenden mitleidig an und kramt etwas aus der Brusttasche. Als das winzige Ding zum Vorschein kommt, erkennt der Todmüde etwas, von dem er schon viel gehört hat. Tatsächlich sind ihm »Bennies« aber noch nicht untergekommen. Träge legt er das Geschenk auf die Zunge, wo es sich in einen bitteren Brei auflöst.

Nach einigen Kilometern am Steuer des Straßenkreuzers glaubt er, das Licht werde heller. Die Scheinwerfer des Wagens beleuchten jetzt jeden Quadratmillimeter der schnurgeraden Straße. Striche in der Mitte der Fahrbahn strahlen aus dem Asphalt zurück. Ein Prickeln schleicht in der Wirbelsäule nach oben, bis es an die Schädeldecke klopft. Zwischen Steuerrad und Fingern sammelt sich warme Flüssigkeit. Elektrischer Strom, der die Häuser am Straßenrand erhellt, spricht durch das Autoradio. Alle Dinge haben jetzt Uhrwerke, die vor sich hinticken. Mechanische Klänge, die immer tiefer in seinen Körper dringen, wo sie Erstaunliches in Gang setzen. Der Blutdruck steigt, Gefäße stellen sich eng, der Kopf färbt sich rosa, Tropfen laufen gegen die Schwerkraft, ein Knacken geht durch die Knochen, Muskeln spannen sich, Nerven flattern zwischen ihren Verankerungen. Seine Vorstellung von Rausch hat er nie genau definiert, der verschobene Bewusstseinszustand, durch den er sich gerade bewegt, könnte ein solcher sein, und doch ist es etwas ganz anderes. Egal, was es ist, der Ganzkörperfilm fühlt sich besser an als alles, was Hollywood ihn je hat spüren lassen.

Wenige Monate zuvor ist Johnny Cash mit dem Country-Hit *Don't Take Your Guns to Town* der Durchbruch geglückt. Plötzlich ist er ein gefragter Mann und tritt 1957 mehr als 300 Mal auf. Tag für Tag tingelt der Sänger kreuz und quer durch die USA, um seine Chance nicht zu verpassen.

Während kurzer Zwischenstopps in Nashville, wo er bei der Firma Sun unter Vertrag steht, bleibt er oft nur für eine Nacht im Studio und nimmt eine ganze Langspielplatte auf. Ist das letzte Lied im Kasten, folgt wieder ein Morgen auf den Straßen.

Auf tausend Tankstellen haben sie ihm schon von den Motörchen erzählt, die die Lastwagenfahrer schlucken, um den Nachkriegswohlstand noch in den letzten Winkel des Landes zu bringen. Die Fahrgeister bilden den heimlichen Treibstoff der Revolution des Transportwesens. Die weißen Pillen versprechen mehr Zeit am Steuer, was bedeutet: mehr Kilometer am Tag abzureißen. Mehr Kilometer bedeuten mehr Geld. Es soll den Fahrer auf der sozialen Leiter nach oben bringen, wo ein besseres Leben wartet. Solange er nicht dort angekommen ist, verhindern sie immerhin, dass er schläfrig wird und den Truck gegen einen Baum setzt.

Die Tablette mit dem eingeprägten Kreuz überzeugt Cash. Als gläubiger Mann hält er ihre Energie für ein Geschenk Gottes. Wer sollte ihm sonst so viel Kraft schenken? Um das

Zuviel an Energie irgendwo unterzubringen, schraubt er seine Gitarre auseinander. Er tut es mit höchster Gründlichkeit. Als alle Einzelteile ein strenges Muster auf dem Boden des Motelzimmers bilden, ist seine Aufmerksamkeit schon von der Rückseite einer Kommode gepackt. Wieso gibt es da eigentlich so viel Dreck? Kümmert sich hier niemand um die Rückseiten der Möbel? Ihn packt der Wunsch, sich über das Entdeckte mitzuteilen. Im Licht der aufgehenden Sonne gibt es aber niemanden, dem er davon erzählen kann. Bevor der Drang zu reden vollständig die Macht übernimmt, schreibt er in einer wild ausschlagenden Schrift, die nur noch Großbuchstaben kennt, zehn Briefe an Leute, um sie haargenau über den Sachverhalt hinter der Kommode in Kenntnis zu setzen.

Als sich seine Aufregung etwas gelegt hat, atmet er tief durch, da er bemerkt: Die Briefe sind nicht im Briefkasten, sondern in einem Wäschesack gelandet. Aussetzer geben nun den Rhythmus in den Verschaltungen seines Bewusstseins vor. Namen und Gesichter lassen sich nicht mehr zuordnen, tausendmal gewählte Rufnummern wollen ihm nicht mehr einfallen. Sein Hirn überspringt ständig Schritte bei der Organisation des Lebens, und das Ziel seiner Bewegungen hat er schon vergessen, wenn er losgeht. All das bringt ihn durcheinander, er findet aber auch einen Lustgewinn daran, ständig Dinge anzufangen und nicht zu beenden.

Schlaf kommt in dieser Bewegungsstrategie nicht vor. Kurze Momente der Bewusstlosigkeit, in die er zwischenzeitlich versinkt, wirken dem Wachsein zu ähnlich, als dass sie die Bezeichnung Schlaf verdient hätten. Statt abzuschalten, hört er alle Wasserhähne der Stadt tropfen. In seinem Zustand völliger Übermüdung hockt er ganz dicht an den Tönen. Er braucht nichts mehr zu tun, die Lieder fügen sich in seinem Kopf wie von selbst zusammen. Hinter der Melodie hört er einen hart klopfenden Puls, und etwas hechtet vorwärts, mit dem Geschmack des Weiter auf der Zunge.

Die Erfindung des Hotelvandalismus

Nichts bringt ihn auf die Idee, seine neurochemische Kirche zu verlassen. Im Gegenteil, die schnell wechselnden Perspektiven der Karussellfahrt verführen Cash zu Einsichten in die Unheimlichkeit des Seins, von denen er sich nicht losreißen will. Hölzern stakst er auf das Unheimliche zu. Auf drei Schritte folgt ein Krampf. Misstrauen pumpt durch seine Adern. Die Energie auf Kredit lässt ihn zittern. Er will sich am liebsten unter dem Tisch verstecken, starrt aber gebannt nach vorne. Tausend Augen sehen zurück. Je länger seine Augen an ihnen kleben, desto klarer wird Cash, dass die schwofenden Farmer sich schon im nächsten Moment in einen enthemmten Lynchmob verwandeln können. Sie haben ihn extra auf eine Bühne gestellt, damit noch der Letzte sehen kann, dass er hier fehl am Platz ist. Was ihm bleibt, ist wegzulaufen. Ohne Idee, wohin er noch könnte, läuft er einfach auf der Stelle, als würde er hoffen, dies würde niemandem auffallen. Als er nicht mehr kann, hinkt er mit ungelenken Bewegungen, bis er wieder ins Laufen kommt, ohne sich einen Meter zu bewegen. So getrieben, hetzt er von einem Lied zum nächsten, und in den Liedern wird es immer rastloser. Letztlich hat er nur ein Ziel: die Bühne so schnell wie möglich zu verlassen, aber das darf er nicht.

Ist sein Programm beendet, stürzt er in die Garderobe. Hinter der Tür weiß er nicht, was er tun soll. Er verharrt einen Moment, und der dehnt sich endlos. Weil ihm nichts anderes einfällt, schlägt er seine Gitarre zu Klump oder zumindest ein Loch in die Wand, was aber auch nur für kurze Zeit Erleichterung verschafft.

Später in der Nacht, wenn die Welt ihn alleine lässt mit dem schielenden Fernseher und Geräuschen sich öffnender Bierflaschen, rennt er stundenlang im Hotelzimmer von Wand zu Wand, versucht fuchtelnd alle Geister, die sich an seine Fersen geheftet haben, abzuschütteln. Immer läuft es auf das Gleiche hinaus, er braucht bloß mehr davon, damit es nicht aufhört, wovor er die größte Angst hat.

Als er eine Wand übersieht, knallt er dagegen und starrt wie eingefroren auf einen Punkt, das runde Ding bleibt quälend still. Er verrückt die Möbel, aber die Wand und der Punkt sind immer noch da. Seine Umordnung steigert sich in Raserei, immer heftiger schlägt er um sich, eine Oberfläche gibt nach, als sei sie für solche Behandlung gedacht. Schnell geht noch viel mehr zu Bruch. Plötzlich wird es ganz still, er betrachtet die Zerstörung, und in seinem Kopf füllt sich alles wieder mit einer Idee von Sinn.

Der Vorgang wiederholt sich. Wie ein Hund seine Marke, hinterlässt er in ihre Bestandteile zerlegte Hotelzimmer, erfindet aus seiner Not die Tugend des Hotelvandalismus, ein modernes Ritual der Zurschaustellung überschüssiger Energie, das für nachfolgende Generationen männlicher Rockmusiker zum Verhaltensstandard wird.

In einer Zeitung liest er: Tiere verenden im wissenschaftlichen Durchschnitt am 16. Tag totalen Schlafentzugs. Über Menschen steht in dem Artikel nichts. Bevor er herausbekommt, nach wie vielen schlaflosen Nächten ein Mensch den biologischen Endpunkt erreicht, entdeckt er ein Schlupfloch, durch das er glaubt, den Reisen ans Ende der milchweißen Nächte entfliehen zu können. Starke Beruhigungsmittel scheinen die letzte Möglichkeit, in die Sümpfe des Schlafes einzutreten. Am Morgen wischen neue Amphetamine die Gleichgültigkeit des Barbituratschlafes aus seinem Körper. Die andauernde Wechselwirkung aus Uppern und Downern rundet das Bewusstsein endgültig zu einem Spielball seiner Nerven. Im Kullern verliert er jede Ahnung, wer hier der Reiter und wer das Ross ist.

Gott schickt einen Polizisten

Amphetamin allein führt zu keiner stoffwechselbedingten Abhängigkeit, da aber mit dem EEG messbare Veränderungen der Hirnströme nach dem Absetzen der Droge beobachtet werden können, erfüllt es nach Meinung einiger Mediziner trotzdem die Kriterien einer körperlichen Abhängigkeit.

Zu einer psychischen Abhängigkeit, deren Intensität im Verhältnis zu den genetischen Voraussetzungen steht, kann es bei ständiger Nutzung schon nach kurzer Zeit kommen. Konkret bedeutet dieser Drang: Die Droge immer wieder zu nehmen, wird zwanghaft. Die Fähigkeit, die benutzte Menge zu bestimmen, sinkt. Bald wird aus Angst vor Entzugserscheinungen danach gegriffen.

Selbst wenn keine Anzeichen einer Abhängigkeit auftreten, kann der Verzicht auf Amphetamin eine Art erschöpfter Melancholie auslösen. Die Abwesenheit des Hochgefühls führt immer tiefer in die Keller der Banalität. Die Leere füllt sich bei einigen mit dem »Tierchenwahn«, einer organischen Halluzination, die als Sinnestäuschung nicht erkannt wird: Winzige Wesen, meist Würmer oder Insekten, krabbeln unter der Haut.

Im Gegensatz zu Kokain gewöhnen sich Erwachsene an einzelne Wirkungen von Amphetamin – bei Kindern ist es angeblich anders. Die Toleranz entwickelt sich langsam, nimmt aber stetig zu. Manche Benutzer vertragen nach einer Weile mehr als das Hundertfache der therapeutischen Dosis, ohne geringste Anzeichen einer Vergiftung.

All das kennt Cash, doch in den ersten Jahren gibt es noch genügend Ärzte, die er anrufen kann, um ihnen zu erklären, er brauche für die Anstrengungen seiner nächsten Tournee die Pillen. Mit der Zeit steigt aber die Menge, die er benötigt. Um seinen Bedarf stillen zu können, nutzt er während einer Tour die Grenznähe der Stadt El Paso, um Nachschub zu besorgen. In Mexiko ist es unkomplizierter, an Tabletten zu kommen.

Als er aus dem Haus des Händlers kommt und wieder in sein Taxi steigt, übersieht er in seiner Aufregung ein Auto mit zwei Männern, das auf der anderen Straßenseite wartet. Er merkt auch nicht, dass ihn die Unbekannten verfolgen. Am Flughafen angekommen, will er sein Gepäck am Schalter abgeben, als ihn die Verfolger in dunklen Straßenanzügen zur Seite bitten. Nach kurzer Ansprache erlauben sie sich freundlich, seinen Koffer zu öffnen, in dem sie mehr als 500 Amphetamintabletten und nahezu die gleiche Menge an Beruhigungsmitteln finden.

Cash verbringt eine ganze Nacht im Licht einer überstarken Schreibtischlampe. So lange dauert es, bis er die Leute dahinter überzeugen kann, dass es sich bei ihm nur um einen Selbstversorger mit großem Bedarf handelt.

Zwei Jahre später erwischt die Polizei Cash wieder wegen zu vieler Tabletten. Der neurochemische Ausnahmezustand hat den 1,92 Meter großen Mann inzwischen auf 70 Kilo abgemagert. Was von ihm übrig ist, sieht nicht gut aus. Als die Beamten den spindeldürren Riesen am Morgen aus seiner Zelle lassen, sind sie froh, dass er noch lebt. Ein Schließer stellt sich als Fan vor, dem die Verhaftung beinah das Herz gebrochen hätte, und erklärt seinem Idol, er halte seinen Lebensstil für Selbstmord auf Raten, aber Gott habe ihm einen freien Willen gegeben. Mit einem verquälten Zucken im Schnurrbart drückt er Cash die Tabletten in die Hand und sagt, er solle sich vom Acker machen. Der Angeredete faltet ergriffen seinen wackligen Körper auseinander und geht wortlos durch die Tür. Kaum auf der Straße, wirft er die Tabletten in einen Müllkübel. Cash ist fest davon überzeugt, dass Gott den namenlosen Polizisten geschickt hat, um ihn, seinen verirrten Sohn, vom falschen Glauben abzubringen und in die wahre Kirche heimzuholen.

Sein Verhältnis mit Amphetamin kann Cash schnell beenden. Auf den Entzug folgt ein mehrtägiger Zustand drückender Müdigkeit, begleitet von elender Verstimmung. Eine Weile brennen in seinem Körper Organe, ein Gefühl, das er während der jahrelangen Verdrängung von Schmerz durch Chemie schon vergessen hat. All das ist aber nach einigen Wochen vorbei. Nur gewisse Zustände der Verwirrung, Gedächtnisstörungen wie Zwangsvorstellungen treten noch über einige Monate auf. Wie viele, die Amphetamin entziehen, erholt er sich langsam, aber fast vollends vom beschleunigten Leben. Was bleibt, sind Langzeitschäden an Herz und Nieren, die die andauernde Überbelastung der Organe hinterlassen hat.

Ausdauernder quält sich der Entgiftende mit dem Verzicht auf die Beruhigungstabletten. Nach einem einjährigen, von vielen Gebeten begleiteten Abschied von den Dämonen heiratet Cash die Musikerin und Komponistin June Carter. Zu Amphetamin greift der Geläuterte nur noch einmal, als er allein an die Front in Vietnam fährt, wo es Drogen wie Sand am Meer gibt. In der schwülen Zone höchster Anspannung lässt sich Cash von den Sanitätern die vertrauten Pillen geben, um die Anstrengungen der Tournee durch die provisorischen Militärcasinos im Dschungel durchzustehen. In dem Lied *Singin' in Vietnam Talkin' Blues* beschwört er später, wie das Geräusch in seinem Ohr noch einmal die ganze Nacht nicht aufhören will, bis sich das altbekannte Klopfen des vom Amphetamin beschleunigten Kreislaufs darüberlegt.

Cashs Biografen markieren – ganz wie er selbst – das Jahrzehnt auf Drogen als das dunkle Kapitel im Leben des Sängers. Alle sind sich trotzdem einig: Mochte sich Cash auch von chemischen Beweggründen getrieben fühlen, fand er in dieser Zeit doch zu seinem unverwechselbaren Stil. Viele seiner wichtigsten Songs, die er später in neuen Versionen immer wieder einspielt, stammen aus dieser Zeit.

Du bist, was du sein willst

Amphetamin erzeugt ein Gefühl der Sättigung. Im gleichen Moment löst der Appetitzügler einen unbändigen Hunger aus. Die nagende Gier verführt die Benutzer, Grenzen zu überschreiten. Einer, der sich etwas erlaubt, heißt Larry Lynch. Der 15-Jährige hockt am untersten Ende der Rangordnung, trägt aber den elegantesten Anzug der Firma. Die diskret gekleideten Gehaltssklaven, mit denen er arbeiten muss, betrachtet er mit milder Verachtung. Entlässt man sie zur Mittagspause, geht er, statt mit seinen Kollegen gestapeltes Weißbrot zu essen, in einen Tanzkeller, um sich für eine Stunde selbst zu genießen.

Wie keine Jugendbewegung zuvor sorgen sich die Mods um ihre Selbststilisierung. Anfang der Sechzigerjahre geht es nicht nur darum, rattenscharf auszusehen, sondern die sozialen Bedingungen in Zweifel zu ziehen, die sich in der Kleiderordnung der englischen Klassengesellschaft ausdrücken. Sie leben aber nicht nur äußerlich, sondern auf ganzer Linie über die Verhältnisse. Ihr Auftritt brüllt ständig: »Ich bin nichts und könnte alles sein.« Amphetamin kitzelt die Lust an den behaupteten Möglichkeiten in luftige Höhen. Mit dem, was als chemischer Treibstoff sozialer Mobilität verstanden wird, können sie das überspringen, vor dem sie sich am meisten fürchten: ein Dasein im Mittelmaß, das nichts verspricht als Stunden, in denen sich Minuten aneinanderreihen.

Was nach Alltag riecht, betören die Pillen mit unverschämt gutem Duft, während Licht vom Himmel fällt und alles erhellt. Neben dem Zugang zu den Möglichkeiten der Verschwendung sind die Pillen einfach praktisch, helfen, die Zwangslage der Lohnarbeit zu ertragen. Ihre Zugänge in bewegte Möglichkeitsräume bezeichnen die Mods liebevoll als »French Blues«, »Dexies Midnightrunners«, »Black Bombers« oder »Peaches«.

Die außermedizinische Verwendung von Amphetamin war schon, bevor die Mods es für sich entdeckten, im Londoner Rotlichtmilieu beliebt. Amphetamin erlaubt lange, emotionslose Arbeitsnächte und vermittelt eine gesteigerte Verfügungsgewalt über den eigenen Körper. Während die Prostituierten ihre arbeitenden Körper mit der Droge zu einem Panzer verhärten, bedeutet Amphetamin für die Mods ein Werkzeug zum Ausbruch: Es ermächtigt sie, ihrer niederen Position als Herr, zumindest über sich selbst, zu entfliehen. Der chemische Machtersatz lässt sie aus der fremdbestimmten Haut springen, verwandelt sie in nimmersatte Helden, die fünfzig, sechzig, siebzig Stunden am Stück wach bleiben, ohne den Wunsch zu verspüren, jemals wieder schlafen zu müssen. Auf frisierten Motorrollern tigern sie durch die Stadt. Ein Vorderrad dreht sich in der Luft, darüber vom Fahrtwind eingedrückte Gesichter, immer auf der Suche nach der optimalen Abenteuersituation. Berauscht vom eigenen Übermut, mischen sie Partys auf, schieben im nächsten Hinterhof eine schnelle Nummer, tanzen bis zum körperlichen Zusammenbruch. Raubbau am eigenen Körper gehört dazu, man lebt jetzt und zahlt später.

Über engen Maßanzügen und prächtigen Cocktailkleidern tragen die Mods weite, mit Orden übersäte Armeeparkas, auf deren Rücken als Logo der Bewegung das Hoheitszeichen der britischen Royal Air Force, ein blau-weiß-roter Kreis, prangt. Die Umnutzung verdreht das militärische Emblem zum Superzeichen von Pop, als Symbol des behaupteten Selbst und der Pose.

Im Verlauf der Sechzigerjahre verliert sich die widerständige Haltung der Mods in den Versprechen des Wohlfahrtsstaates, welche die in England 1964 an die Regierung gekommene Labour Party der Arbeiterklasse in Form wachsender Kaufkraft macht. Statt für maßgeschneiderte Anzüge geben die Geschrumpften ihr Geld jetzt für Kühlschränke, Waschmaschinen und ähnlich praktische Konsumgüter aus. Der Wille nach Mehr und Ausbruch verläuft in einer Sackgasse komfortabler

Bewegungslosigkeit vor dem heimischen Fernseher, dessen matte Scheibe die sozialdemokratischen Ersatzhandlungen sozialer Mobilität ständig wiederholt.

Rache der Provinz

Das Amphetamingefühl taucht Ende der Sechzigerjahre mit dem »Northern Soul« wieder auf. Einem Londoner Plattenhändler namens David Godins, dem Erfinder des Begriffs, fallen in seinem Laden Käufer mit nordenglischem Akzent auf, die nach abseitigem Soul fragen, wie er wenige Jahre zuvor en vogue war. Godins Interesse wird so groß, dass er eines Tages in Richtung der Kleinstädte reist, um herauszubekommen, was es mit dieser rückwärtsgewandten Kundschaft auf sich hat.

In Clubs wie The Mecca, Twisted Wheel oder dem Wigan Casino stößt er auf ein mit Amphetamin vollgetanktes Milieu. Für die aufgeputschten Tänzer fühlt sich die Musik ihrer Gegenwart zu langsam an, um in ihrem Rhythmus bis ans Ende der Nacht zu tanzen. Darum versorgen sie sich mit schnellem »Amphetasoul« aus der Vergangenheit, einer höchste Euphorie auslösenden Mischung aus Do Wop und Rock 'n' Roll im Fahrwasser des schwarzen Motown-Sounds. Der treibende Beat soll das Schimmelige ihres provinziellen Daseins und die Angst, als Arbeiter bald nicht mehr gebraucht zu werden, aus dem Bewusstsein fegen. Der Unternehmer Berry Gordy Jr. hat in Detroit auf zahlreichen Kleinstlabels, von denen Motown das bekannteste wird, eine optimistisch überdrehte Tonspur zur Vollbeschäftigung produziert. Das soziale Klima der Zeit, das die Musik transportiert, wollen die Motown-Fans der zweiten Generation festhalten. Mit Musik und dazugehöriger Droge, tanzend wie Überschallmaschinen, klammern sie sich an ein Lebensgefühl, das sich zielsicher auf dem Weg in den Bankrott befindet.

In seiner Bewegungsstrategie widerspricht der Northern Soul dem klassischen, von Platon geprägten Begriff der Raserei, dem altgriechischen Mania, als dem Verlassen des Gewohnten. Die Raserei der Tanznächte von Samstag auf Sonntag setzt dagegen gerade auf das Regelhafte, sei es in der wiederkehrenden Totalverausgabung am Wochenende oder in der Herrschaft über das endliche System einer abgeschlossenen musikalischen Entwicklung.

Beim Northern Soul, einem wesentlichen Ursprung der 20 Jahre später entstehenden Rave-Bewegung, dient die abgesteckte Raserei dazu, innerhalb eines begrenzten, regelmäßig wiederkehrenden Zeitraums ein Höchstmaß an Lustbefriedigung zu erlangen.

Die im Gegenzug nachfolgende Unlust folgt mit an Sicherheit grenzender Wahrscheinlichkeit am Montag in Form von fünf Werktagen. Erfunden wird eine Gegenintensität zur industriellen Arbeit, die, was den Faktor Mensch betrifft, auf ihre Implosion zusteuert – was alle auf eine seltsame Art spüren.

Avantgarde und Anorexie

Verschiedene Reaktionsmuster innerhalb des Gehirns deuten darauf hin: Es gibt eine Notwendigkeit zu träumen. Um das zu tun, muss der Mensch schlafen. Er verbringt deshalb im Schnitt ein Drittel seiner Lebenszeit in diesem Zustand, von dem der Untermieter Traum rund ein Fünftel belegt. In der Schlafforschung ging in den letzten Jahren die Auffassung um, Träume nähmen eine Funktion innerhalb des Energiehaushalts ein und beim Schlaf handle es sich um den Rahmen für diese Abtastfunktion, die die noch vorhandene Menge an Energie in den Depots des Nervensystems misst, um sie anschließend entsprechend aufzutanken. Amphetamin greift die Zustandsform Schlaf frontal an. Damit wird, folgt man der Auftanktheorie, der Ladevorgang durch den Aufschub des Schlafes gestört. Das Nervensystem reckt und streckt sich, um die verlorene Traumzeit nachzuholen. Schlafen Menschen überhaupt nicht mehr und tauchen damit auch nicht mehr in die Träume, gerät die Schlafhygiene vollends außer Rand und Band. Anfang der Sechzigerjahre will in den USA eine steigende Zahl Menschen weniger schlafen, weil die Angst umgeht, etwas von dem sich gerade vollziehenden Modernisierungsschub zu verpassen. Verwundert erinnert sich ein an dem Massenversuch Beteiligter: »Ich konnte nie feststellen, ob in den Sechzigern mehr geschah, weil es mehr Wach-Zeit gab, da so viele Leute Amphetamin nahmen, oder ob die Leute anfingen, Amphetamine zu nehmen, weil so viel geschah und sie mehr Wach-Zeit brauchten. Wahrscheinlich beides.«

Der sich zwischen Ursache und Wirkung verlierende Andrew Warhola nennt sich, um amerikanischer zu wirken, Andy Warhol. Er arbeitet zu diesem Zeitpunkt erfolgreich als Grafikdesigner. Trotz einer vorzeigbaren Karriere ist der Gestalter unzufrieden. Sein 62 Kilo schwerer Körper erscheint ihm zu dick. Dem Übergewicht gibt er die Schuld für weitere Mängel. Alle von ihm bewunderten Menschen sehen nicht nur dünn aus, sondern auch so, als hätten sie Sex. Beiden Vorstellungen eines glücklichen Lebens auf der Höhe der Zeit kann er nicht entsprechen. Den Zustand, nicht der Norm zu entsprechen, kennt er schon lange. Seit seiner Kindheit hat der Sohn einer aus der Tschechoslowakei eingewanderten Bergarbeiterfamilie das Gefühl, er gehört nicht zu denen, die schon etwas sind. Und wollte er etwas sein, musste er es erst aus sich machen. Für diese Herstellung eines akzeptablen Selbst zählt er zuerst seine Fehler zusammen und kommt zu dem Ergebnis, die beste Verbesserung wäre, ein dünner Star zu werden, der Sex hätte.

Als Grafiker arbeitet Warhol für Auftraggeber wie *Harper's Bazaar*, Tiffany und das Schuhhaus Miller. Der Schein schöner Marken reicht aber nicht aus, um aus dem Grafiker einen Star zu machen. Als ersten Schritt beschließt er deshalb, den Beruf zu wechseln. Der 34-Jährige nennt sich von nun an »Künstler«. Im nächsten Schritt muss der eingebildete Dicke die Hürde des Abnehmens überwinden. Um die Disziplin gegen sich selbst abzufedern, lässt er sich von seinem Hausarzt entsprechende Hilfsmittel für eine Diät verschreiben. Die Appetitzügler auf Amphetaminbasis versetzen ihn, außer seinen Hunger abzustellen, in einen Zustand nervöser Anspannung. Es braucht ein paar Tage, bis er das Mehr an Kraft und Bewegungsdrang, das die Pillen mit sich bringen, genießen kann. Als ihm klar wird, dass es das Mittel ist, das die aufregenden Veränderungen an ihm vornimmt, entscheidet er sich, ohne lange zu zögern, dass es das immer wieder tun sollte.

Der gewonnene Überschuss an Energie bildet sich bald in seinem Wechsel von der Hand- zur Maschinenarbeit ab. Schon die vor der Diät entstandene Serie der Campbell's-Suppendosen hat Warhol mit Schablonen ausgeführt, diese letzte, ohne Amphetamin hergestellte Arbeit malte er aber noch mit der Hand. Nun fasst er Maschinen als Erweiterung seines Körpers ins Auge, um seine mit dem Amphetamin ins Großartige steigenden Vorstellungen überhaupt ausführen zu können.

Eine weitere Veränderung findet sich darin, dass die 32 Bilder mit jeweils einer Suppendose darauf, die Warhol vor der Diät gemalt hat, sich noch durch die jeweils auf den Etiketten ausgewiesene Geschmacksrichtung unterschieden. Jetzt vervielfacht er mit gesteigerter Wiederholungslust ein identisches Motiv 10 Mal, 20 Mal und öfter auf der gleichen Leinwand. Mit stiller Miene walzt er mechanisch verträumt die Farbe immer wieder über dasselbe Sieb. Das Ergebnis sieht grob, modernistisch und einfach gut aus.

Zuerst fasziniert ihn, wie so viele unter Einfluss von Amphetamin, die monotone Wiederholung. Es immer wieder zu tun, verschafft Befriedigung. Es bleibt aber nicht beim Selbstgenuss oder dem, was die Medizin Punding nennt, sondern Warhol gelingt eine fröhliche Wendung der mechanischen Reproduktion, die zuvor, in den von abstrakter Ausdrucksmalerei bestimmten Jahren, als stumpfkalte Entfremdung durch seelenlose Maschinen galt.

Der Siebenmeilenschritt der Kunstgeschichte liegt zunächst nur vage in der Luft. Warhol erkennt: Die Wiederholungslust braucht eine allgemein verständliche Formel, damit sie Geschichte wird. Er überlegt lange, bis er eine Lösung findet und die Veränderung seiner Arbeitsweise mit einer wirtschaftlichen Darstellung begründet. Vervielfältigung mit Hilfe von Sieb und Druckpresse würde es ihm erlauben, in fünf Monaten so viele Bilder wie Picasso in seinem ganzen Leben herzustellen.

Mag es sich bei der Erklärung um eine Milchjungenrechnung handeln, versteht doch jeder, was gemeint ist. Fords Formeln der Massenproduktion kleben noch in vielen Köpfen und ergeben ein strahlendes Bild. Mehr als 60 Jahre nach der Automobilbranche führt Warhol so unter Einfluss von Amphetamin die Beschleunigung der Bilderzeugung durch ihre Reproduzierbarkeit am laufenden Band als Selbstwert in die bildende Kunst ein.

Eine weitere Besonderheit seiner künstlerischen Leistung liegt in der Erzeugung einer Gleichzeitigkeit von inhaltlicher Entleerung der vorgefundenen Bilder und der Wiederaufladung dieser Leere mit Bedeutung durch die maschinelle Wiederholung. Auf Anhieb trifft der kombinierte Schlag den Nagel auf den Kopf. Es dauert nicht lange, bis die abgehängten Alt-Avantgardisten Warhol hinterherkläffen, er sei ein böser Zauberer, der die Kälte von Maschinen in die warme Welt der Kunst bringen wolle.

Während die Neider hinter seinem Rücken übel über ihn reden, glaubt Warhol, er sei noch nirgends angekommen. Nervös auf dem Tisch klopfend, beklagt er sich bei seinem Arzt über den mangelnden Erfolg der Diät-Pillen: Er sei immer noch zu dick. Über seinen anhaltenden Mangel an Sex spricht er erst gar nicht. Sein Arzt verschreibt ihm Obetrol®. Der stärkere Appetitzügler enthält eine Mischung aus Metamphetamin und Dextroamphetamin. Das Produkt erzeugt ein angenehmes Kribbeln im Bauch und versetzt ihn in ein Gefühl der Zeitlosigkeit.

Mit dem neuen Wirkstoff im Körper nimmt es sich wie ein Kinderspiel aus, das Speiseverbot einzuhalten. Warhol gewöhnt sich an, auf Partys angebotenes Essen und süße Cocktails dankend abzulehnen und stattdessen demonstrativ eine seiner Diätpillen mit Mineralwasser hinunterzuspülen.

Wird er doch einmal von heftigem Hunger ergriffen, legt er eine Obetrol® auf einen schönen Teller und sieht ihr zu, wie sie sich in sein tschechisches Lieblingsgericht und zurück in die vertraute Tablettenform verwandelt. Dann schluckt er sie genüsslich. All das ereignet sich in nicht mal drei Sekunden. Überhaupt beschleunigt sich die Zeit mit Obetrol®, sie rast und wird immer schneller, bis die Fahrzeuge ineinander fahren. Es beginnt eine Periode, in der er Hunderte von Autounfällen druckt, die *Disaster*-Serie.

Den Wiederholungsdrucker fasziniert die Geschwindigkeit, auf die ihn die Droge beschleunigt. Auf eine Art will er nämlich genau das tun, was er mit seiner Picasso-Rechnung vorgibt: sein Tempo beschleunigen und mehr produzieren. Die Gemengelage aus Amphetamin und Maschine bedeutet, mehr Bilder in kürzerer Zeit herzustellen. Mehr Bilder herzustellen, bedeutet, mehr verkaufen zu können, was wiederum bedeutet, mehr Geld zu verdienen. Mehr verdientes Geld bedeutet mehr Sex. Was mehr Sex heißt, hat die industrielle Bedeutungslehre noch nicht so klar benannt, außer wenn es darum ging, Kinder zu zeugen, was Warhols Lebenskonzept aber nicht vorsieht.

Die Pillen, die Warhol in einen dünnen Menschen verwandeln sollen, lassen ihn nicht nur schneller und länger funktionieren, der vom Amphetamin beschleunigte Herzschlag verschiebt auch seine Sicht auf die Außenwelt. In einem Interview gibt der Beschleunigte den berühmten Satz zum Besten: »Ich glaube, dass jeder eine Maschine sein sollte.«

Das Glaubensbekenntnis kehrt eine Formulierung Jackson Pollocks um. Der wichtigste Vertreter des abstrakten Expressionismus, der vor Warhol erfolgreichen Künstlergeneration, hat seine Position mit dem Satz erklärt: »Ich bin Natur.«

Warhols Umformulierung bringt das Überholte auf den Punkt. Die böse Spitze der Beleidigung liegt in der Anspielung auf den Tod Pollocks, zu dem es durch einen Zusammenstoß von Natur und Maschine gekommen ist: Der betrunkene Maler ist mit seinem Ford Modell A gegen einen Baum gefahren.

Warhols Glaubensbekenntnis zum Sein als Maschine formuliert einen der industrialisierten Welt überangepassten Lebensstil. Der sich scheinbar vor den Gesetzen seiner Gegenwart Bückende muss dank der Diätpillen nur noch wenig essen und schlafen. Amphetamin lässt ihn einem Roboter ähnlicher werden, allzeit bereit und gepackt von einem kalten Fieber. In der Maske zeigen sich aber bald Risse, die den Verdacht wecken, er wolle vielleicht gar keine Menschmaschine werden. Hinter dem hinausposaunten Bekenntnis zeigt sich eine schlampige Arbeitshaltung, die über ihre Fehler lacht, indem sie Farbe unregelmäßig oder zu dick aufträgt und dabei klammheimlich eine Tapetentür zur Magie der seriellen Wiederholung öffnet.

Schläft ein Lied in allen Dingen

Wenige Wochen nach Beginn seiner Schlankheitskur kauft Warhol 1963 eine Kamera. Als er das Gerät in Händen hält, will er einen Film drehen. Was dabei entsteht, sieht aus, als wolle es das Sprichwort »Langes Fädchen, faules Mädchen« in laufende Bilder übersetzen. 5 Stunden und 23 Minuten scheint die Kamera auf eine nahezu unbewegte Szene zu starren, den sich leicht hebenden und senkenden Brustkorb eines Mannes. Was zunächst wie ein träger Wissenschaftsfilm aussieht, zeigt durch einen Fehler seine andere Seite: Der Bildausschnitt verrutscht, als habe jemand die Kamera nicht ordentlich am Stativ festgeschraubt. Durch die sich wiederholende Verschiebung wird sichtbar, dass der Regisseur eine zwanzigminütige Aufnahme 18-mal hintereinander kopiert hat. Über fünf Stunden lang glauben die Zuschauer im Kino den Mann zu sehen, der immer wieder tut, wozu Warhol nur noch selten Gelegenheit hat: schlafen.

Als ginge es wie in der Werbung darum, bloß nicht vom Thema abzulenken, heißt der Film einfach *Sleep*. Seine Zuschauer bekommen aber nicht, was der Titel verspricht, der Film unterstreicht vielmehr das psychedelische Moment in Warhols Arbeit: An die Stelle der Wiederholung desselben Motivs auf einem zweidimensionalen Träger tritt jetzt die Wiederholung eines Bildes in einer weiteren Dimension. Gegenüber der statischen Fläche des Tafelbildes bietet die Zeit im Film die Möglichkeit einer höheren Wiederholungsfrequenz.

In der in Schlaufen gelegten Ereignislosigkeit, die ihr Ende verschwinden lässt, indem sie wieder von vorne anfängt, erleben die Zuschauer einen Moment der Trance, jenes dämmrigen Übergangsstadiums zum Schlaf, eine Passage, in der Gedanken erkennbar werden, die sonst verborgen bleiben. Ihr Durchgang kommt aber nicht an, der Eintritt in den Schlaf erweist sich als unmöglich. Der Lotse gibt keine Erlaubnis, sondern manövriert wieder in die Schleife, kurz vor dem Einschlafen.

Mit dem aus der Tiefe des Mediums Geborgenen gelingt es Warhols Film, visuell vorwegzunehmen, was später in den verführerischen Monotonien von Disco, Kraftwerk oder Techno psychoakustisch für ein Massenpublikum umgesetzt wird – eine aus dem maschinellen Gleichmaß gezeugte Ekstase. Das spirituelle Moment der Drogen, das die Industrialisierung wegrationalisiert hat, da es sich nicht in die Wertschöpfung einbinden ließ, steigt, technologisch erzeugt, durch die Hintertür der Kunst in die westliche Welt.

Das Wundermittel, mit dem Warhol in die Maschine horcht,

ist dabei mittlerweile nichts Besonderes mehr. In den großen amerikanischen Städten nutzen Menschen aller sozialen Schichten Amphetamin, um Körper und Geist damit zu organisieren. Selbst der Präsident tut es. Der Prominentenarzt Max Jacobson, den seine Patienten »Dr. Feelgood« nennen, injiziert dem an starken Rücken- und Magenschmerzen leidenden Patienten John F. Kennedy Cocktails aus Cortison, Testosteron und Opium. Mit der zentral stimulierenden Wirkung von Ritalin® hält sich der Präsident selbst bei größten Anstrengungen auf den Beinen. Das blutdrucksteigernde und die Herzfrequenz erhöhende Präparat sorgt für einen Rotbäckchenauftritt des kränkelnden Kennedy. Nebenwirkungen wie Überaktivität sind erwünscht, weil sie modern wirken.

Während der Kubakrise bekommt der Mann mit einer Hand am roten Knopf gleich zweimal täglich Mischungen aus Amphetamin und dem schmerzstillenden Procain® in die Venen gedrückt. Eine Zusammensetzung, die die Weltsicht des mächtigen Mannes selbst in den dunkelsten Stunden des Kalten Krieges erhellt.

Als Kennedy am 22. November 1963 um 2 Uhr mittags Opfer eines Anschlags wird, sitzt Warhol gemeinsam mit dem Poeten John Giorno, dem Hauptdarsteller aus *Sleep*, vor dem Fernseher. Beiden kommen die Tränen, bald weinen sie, dann beginnen sie sich zu küssen, was sie zuvor noch nie getan haben. Der Tod des Präsidenten, von dem sie nichts zu erwarten hatten, wirkt auf sie wie eine symbolische Befreiung aus der sich vor ihrer Homosexualität fürchtenden heilen Welt der Fünfzigerjahre.

Fabrik der Fiktionen

Trotz steigender Einnahmen kann sich Warhol aber immer noch nicht den Luxus eines Dr. Feelgood leisten. Er bleibt bei Obetrol® und fühlt sich damit gut bedient. Es hilft ihm, Bereiche zu erschließen, von denen er nicht einmal geahnt hat, dass es sie überhaupt gibt.

Eine der Welten findet sich hinter einer schweren Eisentür, es ist das 400 Quadratmeter große Stockwerk einer ehemaligen

Hutfabrik. Da er ein Atelier braucht, um den Anforderungen seines zunehmenden Erfolges gerecht zu werden, mietet er den riesigen Raum. Den neuen Arbeitsplatz nennt er im Sinne der Industrialisierung seiner Kreativität: »Factory«.

Da der Mensch in der Fabrik selten allein ist, lädt Warhol ständig Gäste ein. Manche kommen, um ein bisschen Langeweile zu verdampfen, andere finden in der Welt da draußen keinen Bezug – für sie bietet das Haus der Arbeit eine neue Heimat. Es sind seltsame Wesen, die weit genug von der Norm abweichen, damit sich ihr Leben neben der Spur als Innovation verstehen lässt.

Aus unbehausten Außenseitern, drogengestähltem Fortschrittsdenken und künstlerischem Ehrgeiz entwickelt sich in der Fabrik ein Milieu, in dem Leben und Arbeit dicht beieinander liegen und immer wieder zu einem bezaubernden Ineinander verschwimmen. Der Ort erwärmt sich, und bald kommen noch mehr Menschen, die dort sein wollen, wo es heiß ist.

Zwar richtet Warhol in den hinteren Zimmern eine Siebdruckwerkstatt, Büroräume und eine Dunkelkammer ein, die Mehrheit der Anwesenden beschäftigt sich aber mit Tätigkeiten, die nicht unmittelbar als Arbeit erkennbar sind und meist wie das Gegenteil aussehen, so dass manche es für eine Party halten.

Irrten die Pioniere der neuen Arbeit bisher ziellos durch die nächtlichen Quadrate Manhattans, bringen sie jetzt in der Fabrik bizarr erscheinende Ideen und verfeinerte Empfindsamkeiten in den Produktionsprozess der Marke Warhol ein. Die Mehrheit der unbezahlten Partyarbeiter kitzelt dabei ihre beiläufige Kreativität mit Amphetamin in schwindelerregende Höhen. Hängt die Rauscharbeit erst mal unter der Decke, bleiben die großen Dramen und Gefühlsausbrüche nicht aus, das passt aber gut ins Konzept, weil die geformte Hysterie als emotionaler Blitzableiter für ihre Zuschauer funktioniert.

Die getarnte Arbeit stellt zunächst keine Dinge her, sondern beschäftigt sich damit, Atmosphären möglicher Waren zu entwerfen und die Nachfrage, also das Begehren, das sie auslösen, an sich selbst zu überprüfen. Den nächsten Schritt der Übersetzung leistet dann ein engerer Kreis von Produzenten, die in der Arbeitsteilung des Kreativen weiterhin einem traditionellen

Begriff von Arbeit verpflichtet sind. Sie setzen die spielerischen Rohformen zu handfesten Waren zusammen. Warhol wiederum, der es vorzieht, anderen bei der Arbeit zuzusehen, behält das unternehmerische Kommando über die Herstellung und besetzt die Rolle des Fabrikdirektors.

Stimmen im Haus der Arbeit

Zielsicher erkennen die immerwachen Augen des Chefs in einem Schaufenster die Möglichkeiten einer handlichen, gerade erst auf den Markt gekommenen Büromaschine. Der Hersteller hat den Apparat für die Aufnahme von Diktaten vorgesehen, Warhol nutzt den Kassettenrecorder nun zweckentfremdet, um sich der Existenz von Stimmen, die er zu hören glaubt, zu versichern. Für die Zweifel an seiner Wahrnehmung gibt es Gründe: Warhol hat in einer Fachzeitschrift im Wartezimmer seines Arztes gelesen, dass akustische Halluzinationen zu den typischen Nebenwirkungen stetiger Amphetaminnutzung zählen. Weil er gern tut, was man ihm sagt oder was er irgendwo aufschnappt, meint er sofort, Stimmen zu hören. Von nun an ist er sich nicht mehr sicher, ob das, was er hört, wirklich existiert.

Um Ordnung in seine Wahrnehmung zu bringen und weil er Makel lieber als Möglichkeiten versteht, beginnt er, mit dem Diktiergerät ständig seine Umgebungsgeräusche mitzuschneiden. Da er einen Großteil seiner Wachzeit in der Fabrik erlebt, zeichnet er in erster Linie die Gespräche um die neue Idee von Arbeit auf. Die ständige Tonaufnahme wird ihm zur Gewohnheit. Täglich sitzt er jetzt da, seine blutleeren Lippen sagen selten viel, aber die anderen können alles bei ihm abladen. Nichts von dem, was sie absondern, scheint ihn zu stören.

Im Unterschied zum Ohr des Psychoanalytikers geht es Warhol bei seiner Art zuzuhören nicht um lindernde Aufklärung der Sprechenden über sich selbst, sondern um die Herstellung von Waren, die mitgeschnittenen Gespräche dienen als Rohstoff der Produktion. Der leere Körper des Zuhörers scheint immer bereit, neue Passagiere in sich aufzunehmen. Seine Angst, neben der Wirklichkeit in Halluzinationen abzurutschen, wird produktiv gemacht.

Hat der Künstler sich erst wenige Monate zuvor als Übersetzer der Industrieproduktion fordistischer Prägung in die Kunst eingeführt, erfindet er nun schon wieder eine neue Variante der Wertschöpfung. Er verwandelt die scheinbar nutzlosen Eigenarten der Menschen um sich herum zu erstaunlichem Mehrwert und verschwindet selbst in einer lochartigen Erfahrung.

Amphetamin verstärkt seine Abwesenheit, es lehrt ihn, das, was die anderen als Selbst herausstellen, zu verbergen. Es gelingt ihm so gut, dass die anderen glauben, ihr Seelenmülleimer zähle gar kein Selbst zu seinen Eigenschaften. Warhol versteht seine Abwesenheit als Methode, besser zu arbeiten: Sein entferntes Ich kann die Anwesenden effizienter in sich aufsaugen. Er verfeinert seine produktive Distanz immer weiter durch Amphetamin, verschanzt sich hinter einem zweiten Gesicht, indem er vorgibt, die Dinge nicht ernst zu nehmen. Ein phantomartiger Selbstschutz, der zur stilbildenden Vorlage für den nachmodernen Massendandy wird.

Der Vorreiter des hypermodernen Konsumenten schützt sich durch sein Anti-Ich gegen die Langeweile an sich selbst, denn dem, was so tut, als sei sein Ich nicht da, kann sein Ich auch nicht fad werden. Mit dieser List verscheucht er die Schatten der Ermüdung, die ein andauernd zu schnell abgespieltes Leben zwangsläufig wirft, und braucht die drohende Langeweile nicht mit einer bunten Mischung aus Drogen zu vertreiben – ein Angebot, das es um ihn herum massenhaft gibt. Er bleibt einfach seiner Marke Obetrol® treu, sieht man davon ab, dass er, wie viele Amphetaminbenutzer, den Schnellmacher nach einiger Zeit mit dem Beruhigungsmittel Seconal® ausgleicht, um sich abzuschalten und vor dem Fernseher einzuschlafen. Die beiden Mittel aus der Apotheke genügen ihm, um seine Anwesenheit in der Welt zu ertragen. Methedrine®, die härtere Droge, die seine Mitarbeiter bevorzugt schlucken und schießen, benutzt er nicht und verbannt ihren Gebrauch ins Treppenhaus der Fabrik.

Die Sehnsucht, gesehen zu werden

In einem schweren Auto, dessen Stern auf eine große Stadt zielt, fährt eine junge Frau aus gutem Haus. Als sie aus dem Mercedes aussteigt, hat sie keine Ahnung, was sie in der veränderten Umgebung darstellen soll. Sein Drehbuch nicht zu kennen, scheint in New York unverzeihlich, deshalb entschließt sie sich, in kurzer Zeit viel Geld durchzubringen. Damit kennt sie sich aus, die vertraute Handlung setzt klare Regeln: Alles hat einen Preis, und sie bezahlt ihn. Jeden Tag lädt sie frische Bekanntschaften ein, mit ihr in den teuersten Restaurants der Stadt zu essen. Für anderthalb Stunden bekommt sie bei Tisch die ersehnte Aufmerksamkeit und übernimmt dafür die Rechnung.

Bei diesem Tauschgeschäft bleibt ihr eigener Teller meist unberührt. Statt das Gekochte zu zerschneiden, zeichnet sie lieber mit den Fingernägeln Laufmaschen in ihre sündhaft teuren Mohairkleider. Einen Vorwand für den Verzicht auf Essen liefern ihr Gelegenheitsauftritte als Model für Magazine wie *Vogue* oder *Life*. Nahrung in minimal dosierten Mengen zu sich zu nehmen, gibt ihr aber auch ein Gefühl der Kontrolle über den eigenen Körper, eine Machtausübung, die ihr das Leben ansonsten nur selten zubilligt.

Edie Sedgwick versteht schnell: Manhattan ist hinter dem Schein großer Häuser ein Dorf. Deshalb überrascht es nicht, als sie auf der Straße Warhol in die Arme läuft. Es ist Liebe auf den ersten Blick. Der Angerannte träumt schon lange davon, selbst eine charmante Debütantin aus bester Bostoner Familie zu sein. Sedgwicks verstörte Anmut zieht ihn an. Sie verguckt sich in seine Augen, Spiegel, in denen sie glaubt, sich zu erkennen.

Die federleichte Lichtgestalt, die Arbeit bisher nur vom Hörensagen kennt, geht bald täglich in seine Fabrik, wo sich die »Arbeiter« ihrer Sehnsucht annehmen, gesehen zu werden. Sie tritt in etlichen Warhol-Filmen auf, darunter allein 1965 in *Vinyl*, *Kitchen*, *Beauty #2*, *Poor Little Rich Girl* oder *Ondine and Edie*.

In den Drehpausen lernt Sedgwick Amphetamin kennen. Seit

ihrer Kindheit an Psychopharmaka gewöhnt, findet sie schnell Gefallen daran. Geschnupft oder in Kaffee gelöst, hält es ihre Befindlichkeit leicht oberhalb des Erdbodens, wo das Licht etwas heller ist. Am Rande eines unsichtbaren Abgrunds, immer in Gefahr zu fallen, zieht das schwebende Wesen die Blicke magnetisch an. Ihr bodenloser Auftritt wirkt auf der anderen Seite zu dramatisch, als dass irgendwer an ihre Zukunft glauben mag.

Einen möglichen Abgang schlägt schon der im selben Jahr gedrehte Film *Lupe* vor. In ihm spielt Sedgwick die Rolle der aus Lateinamerika stammenden Hollywood-Schauspielerin Lupe Velez, die versucht, den schönsten Freitod zu inszenieren. Als Gift wählt Velez/Sedgwick ein Glas flüssiges Metamphetamin. Statt zu sterben, muss sie sich immer wieder erbrechen, hängt lebendig und gar nicht gut aussehend mit dem Kopf in der Kloschüssel.

Lupe markiert symbolisch den Anfang vom Ende: Mögen sich Sedgwick und Warhol auch passgenau ergänzen, kommt es doch zu einer Auseinandersetzung zwischen den beiden. Auslöser wird die Intrige eines der kältesten Verarbeiter von Leben zu Pop: Bob Dylan verspricht Sedgwick eine bessere Karriere in seiner Firma. Als sie daraufhin mit Warhol bricht, lässt Dylan sich am Telefon verleugnen und hat schon eine andere Frau geheiratet. Als sei der Liedermacher trotz allem noch nicht satt, besingt er Sedgwick auf seiner Platte *Blonde on blonde* gleich in zwei Songs als gewöhnliche Frau hinter einem Vorhang aus Pillen.

Die nach den Trennungen einsame Sedgwick braucht nicht lange gebeten zu werden, als sich noch mal die Gelegenheit bietet, in dem Film *Andy Warhol Story* aufzutreten. Der Versuch einer Autobiografie wird in einer einzigen Nacht gedreht. Als die Aufnahmen aus dem Kopierwerk zurückkommen, wird in der Fabrik eine Vorführung anberaumt. Nach dem letzten Bild hängt im Raum Totenstille. Das Licht geht an. Immer noch kein Laut. Warhol glättet mit einer Hand seine Haare, während die andere über den schmalen Mund streicht, um ein verstörtes Lächeln wegzuwischen.

Seit diesem Tag gilt die *Andy Warhol Story* als verschollen. Über der Leerstelle, die der Film, angeblich ein aggressives amphetaminbeeinflusstes Durcheinander, hinterlässt, wuchern Erzählungen, die zu wirr sind für die Fußnoten der Kunstgeschichte. Der Bruch zwischen Sedgwick und Warhol lässt sich jetzt nicht mehr kitten. Sie bleibt mit ihrer Verwirrung allein, bald verengt sich ihr Leben auf Ärzte und Angestellte von Privatsanatorien.

Ein ausgelassener Pool

Nach vier Jahren in der Kälte des klinischen Blicks steht Sedgwick 1971 noch einmal vor der Kamera. In der Eröffnungsszene des Films sieht der Zuschauer eine torkelnde Anhalterin auf der Straße im Regen. Ihre Augen sind violett verschmiert, das Gesicht weißgewaschen von Erschöpfung, als sie vom Fahrer eines grauen Mercedes aufgesammelt wird. Im schützenden Auto verliert sie vollends das Bewusstsein. Eine Art Hundemarke um ihren Hals hilft dem Fahrer, sie nach Hause zu bringen. Die in das Metall gravierte Adresse führt zu einer riesigen Villa, sie liegt mitten in einer scheintoten Umgebung, die einschläfernd nach Blumen und untergehender Sonne riecht. Wie so oft in Kalifornien, hat man hinter dem Haus einen Swimmingpool versenkt. In der hellblauen Form befindet sich kein Wasser, weil die Gärtner es vor langer Zeit abgepumpt haben. Es gibt wenig, das leerer aussieht als ein ausgepumptes Schwimmbecken, aber in diesem sind Möbel aufgestellt. Sedgwick, die im Film Susan heißt, wohnt in der hellblauen Form. Über die Hälfte der Behausung ist ein Zelt gespannt. Durch den fehlenden Rest des Daches ist das Innere von der Villa aus einsehbar. So kann die Mutter alles rund um die Uhr beobachten. Sie sieht und hört, wie ihre wenig bekleidete, von zu vielen Psychopharmaka mollig gewordene Tochter laut vor sich hin brabbelt, wie ihre Monologe sich immer wieder in Kindheitserinnerungen zwischen Pillen und körperlicher Gewalt verfangen. Am Ende des Tages, nach all den Aufregungen im Licht, liegt Susan rücklings auf ihrem Wasserbett und lauscht, ob sie irgendwo im Dunkel der Nacht eine Stimme hören kann. Jene Art geduldiger Stimme, vor der alles klar und einfach wird. Was sie hört, sind aber nur Schreie, von denen sie nicht ausmachen kann, ob sie von ihr selbst stammen.

Unterbrochen wird die in Farbe aufgenommene Filmgegenwart von schwarz-weißen Rückblenden, in denen sich aus verwischten Fetzen ein Bild der New Yorker Vergangenheit zusammensetzt. Aus dem Off raunt Sedgwick »Superhigh, Speeeeed«. Sie erinnert sich, wie sie in der Fabrik immer abhängiger wurde, bis das Amphetamin ihr langsam die Hirnzellen ausbrannte. Der Rückblick stolpert durch eine Affäre mit dem Speed-Händler Paul America, einem Warhol-Superstar, der seine 15 Minuten in dem Film *My Hustler* abbekam. Sie habe ihn gehasst.

Nach der Flucht aus seiner Wohnung gerät sie in die Fänge von Dr. Roberts, einem Privatpsychiater, der die Welt mit Hilfe von Kokain und Mikrowellen kontrollieren will oder kann – keiner weiß das so genau.

Wenige Monate nach Abschluss der Dreharbeiten zu *Ciao! Manhattan* stirbt Sedgwick 1971 im Alter von 28 Jahren an einer Überdosis starker Beruhigungsmittel.

Keine Handlung, nur Konversation

In der Fabrik ist das Leben nach dem Abgang von Sedgwick 1966 weitergegangen, als sei nichts gewesen. Erinnerungen verlieren sich in tapeziertem Silber, während ein Film nach dem anderen belichtet wird. Die Zeit vergeht wie im Flug. Und auch der 3. Juli 1968 soll ein Werktag wie jeder andere werden. Am frühen Morgen, noch vor dem Arbeitsbeginn in der Fabrik, besucht Warhol, wie alle paar Wochen, seinen Hausarzt, um sich neue Appetitzügler verschreiben zu lassen. Die Formalie geht schnell vonstatten, anschließend löst er das Rezept in der Apotheke ein. Im Taxi auf der Fahrt zur Arbeit schluckt er eine Obetrol®. Er ahnt nicht, dass es seine letzte ist. Wie schon so oft geht das vertraute Kribbeln durch den Bauch, ein aufregender Wind haucht über seinen Solarplexus.

Vor der Fabrik wird er bereits erwartet. Eine abgerissen aussehende Frau mit umherspringendem Blick steht am Straßenrand und raucht Kette. Sie hat einmal in einem Film von ihm mitgewirkt, er kann sich nicht an den Titel erinnern. Seitdem bedrängt Valerie Solanas ihn hartnäckig, er solle ein Agitpropstück der von ihr gegründeten Bewegung Society for Cutting Up Men verfilmen.

Um sich nicht zu lange mit ihr aufzuhalten, nimmt Warhol sie mit ins Haus. Oben angekommen, dreht er sich um, die Augen fallen ihm beinahe aus dem Kopf, am Rand der silberweißen Perücke schwellen zwei dicke blaue Adern und der Mund formt ein Oh.

Solanas hat zwei Pistolen gezogen, aus denen sie jetzt mehrmals auf ihn schießt. Die Projektile durchschlagen seine Leber, Milz, Bauchspeicheldrüse, Speiseröhre und beide Lungenflügel. Er kann noch erkennen, dass die Attentäterin das Büro verlässt, dann verliert er das Bewusstsein und fällt, wie in einem Fahrstuhl, dem das Seil gerissen ist.

Solanas stellt sich wenige Stunden später der Polizei. Als Motiv gibt die ausschließlich nikotinabhängige Attentäterin an, ihr Opfer hätte zu viel Kontrolle über ihr Leben gehabt.

Trotz schwerer Verletzungen überlebt Warhol, erholt sich aber nie wieder ganz von dem Anschlag. Auf Anraten der Ärzte nimmt er kein Amphetamin mehr, um seinen zusammengeflickten Organismus nicht zusätzlich zu belasten. Eine letzte Pille im Taxi kann aber nicht das Ende gewesen sein.

Nach der Rückkehr aus dem Krankenhaus beginnt Warhol umgehend mit der Arbeit an einem Buch. Es soll sein erster und einziger Roman werden. Warhol betitelt ihn nach dem, was er von sich ausgelöscht hat, um als Kind von Zugewanderten in den besseren Teil der US-Gesellschaft aufzusteigen: *a*, wie das getilgte Ende seines Familiennamens Warhola.

a – a novel hat keine Handlung, sondern besteht nur aus Konversation, es wird in einem fort geredet. Warhol hat seinen Mitarbeitern die Anweisung gegeben, über 20 Stunden Gesprächsmitschnitte aus vergangenen Jahren abzutippen. Korrekturen und andere Bearbeitungen sollten sie unterlassen, was den konzeptuellen Charakter des Buches verstärkt. Um die Sache nicht unnötig zu verkomplizieren, ergibt sich der Umfang der Kapitel aus der Länge der einzelnen Tonbänder.

500 Seiten lang reden »O«, Ondine alias Robert Olivio, ein Stammgast der Fabrik, und der Gastgeber »D«, Drella, wie Warhol mit einem aus Dracula und Cinderella zusammengesetzten Spitznamen genannt wird. Weitere Stimmen mischen

sich in das dahinplätschernde Gespräch von O und D über alles und nichts und die Nachteile wie Vorzüge ihrer Lieblingsdroge: »Ein bisschen Amphetamin und Bäng. Das find ich gut. Sie haben mir immer erzählt, bei Amphetamin würde sich nichts tun, sie denken, oh, es ist ne wunderbare Droge, aber man wird nicht sexy davon. Das denkt man, solang man es nicht besser weiß, und dann läufst du rum, und dann wird's, dann kommst du mit nem erigierten Herz an.«

Das Magazin *Playboy* lobt den Konversationsroman, die *New York Review of Books* erkennt darin die Verschwendung von Papier. Kommerziell wird *a* zunächst ein Flop. Warhols Antrieb ist aber weniger das Geld, als vielmehr das Festhalten einer sentimentalen Erinnerung an die verlorene Zeit.

Ondine, der sprechende Held in *a*, hat sich inzwischen vom Amphetamin verabschiedet und arbeitet als Postbote in Brooklyn. Warhol stichelt in seinem Tagebuch: Ohne Gift sei Ondine entsetzlich normal und habe jede Brillanz verloren. Viele sagen Warhol das Gleiche nach. Rückblickend lässt sich kaum übersehen, dass er seinen Beitrag zur Kunstgeschichte zu diesem Zeitpunkt schon geleistet hat. Zwar arbeitet er weiterhin viel, vielleicht sogar noch länger, disziplinierter und mit mehr Angestellten als in den Jahren auf Amphetamin. Etwas Entscheidendes ist aber auf der Strecke geblieben. Getrennt von seinem Wundermittel, erlebt er am eigenen Leib den Irrglauben, bei Kunst handele es sich um eine Umwandlung von geleisteter Arbeit in ein Produkt.

Warhol muss feststellen, dass sich in der Kunst eine spezifische Energieform abbildet, die kaum zu berechnenden Gesetzen folgt. Amphetamin formt einen seiner Schlüssel zu dieser geheimnisvollen Quelle, mit ihrem blendenden, seltsam unfassbaren Überschuss, ein Zugang, den er jetzt nicht mehr benutzen kann. Für den großen Wirtschafter unter den Künstlern haben aber sechs amphetaminbeschleunigte Jahre gereicht, um wie kaum ein anderer in seinem Gewerbe das Jahrhundert zu prägen.

Warhols Lieblingsamphetamin Obetrol® heißt heute Adderall®, wird im Teenagermilieu »Kiddie Coke« genannt und von Robbie Williams in dem Song *Good Doctors* als wunderbare Problemlösung besungen. In den Neunzigerjahren hat die

Firma Shire Labs das Medikament unter neuem Namen auf dem Markt platziert, künftig soll es zur Behandlung von Kindern und Erwachsenen, bei denen Ärzte die Symptome der Aufmerksamkeits-Defizit-Hyperaktivitäts-Störung diagnostizieren, eingesetzt werden. Die Wiederauflage wird ein riesiger Erfolg.

Der einst wegen seiner Nebenwirkungen vom Markt genommene Appetitzügler reguliert bei ADHS-Patienten wiederum erstaunlich oft Gewichtsprobleme. Entgegen der verbreiteten Vorstellung, von ADHS betroffene Menschen seien aufgrund ihrer zappligen Überaktivität dünn, ist der Anteil der Übergewichtigen unter ihnen fünf- bis zehnmal höher als in der Gesamtbevölkerung. Und Obetrol® dient als Adderall® indirekt als Diätpille.

Händler der Gabe

In den späten Fünfzigerjahren fördert die Zweckentfremdung von handelsüblichem Metamphetamin eine wachsende Nachfrage. Metamphetamin ist zu diesem Zeitpunkt noch relativ leicht legal zu beziehen und seine Wirkung beliebt. In vielen US-Bundesstaaten genügt die Behauptung, morphiumabhängig zu sein, um vom Arzt ein Rezept für Metamphetamin zu erhalten. Einige Ärzte sind mit dem als Entzugsmittel ausgewiesenen Metamphetamin sogar äußerst freigiebig. Vorgeblich Entzugswillige beginnen, die erforderlichen Symptome vorzutäuschen, um sich so das Hochgefühl zu erschleichen. Die Nachfrage steigert sich nochmals, als 1959 die Benzedrine®-Inhalatoren vom Markt genommen werden und sich nur noch die milderen Tabletten im freien Verkauf befinden. Drei Jahre später verschärft sich dann jedoch die innenpolitische Kritik am Umgang mit Metamphetamin, die Vergabe durch niedergelassene Ärzte wird zunächst in Kalifornien und bald darauf auch in anderen Staaten auf ein Minimum reduziert. In flüssiger Form darf es jetzt nicht mehr von Apotheken vertrieben werden, sondern kommt fast nur noch in Krankenhäusern unter verschärfter Aufsicht zur Anwendung. Die staatliche Regulierung führt zu einer vielfältigen Neuerfindung des Marktes: In den entstandenen Engpass stoßen Chemiker und beginnen, zuerst in der Bucht von San Francisco, Geheimlabors einzurichten, in denen sie Metamphetamin herstellen. Es entspinnt sich ein illegaler Handel, der die Nachfrage nach flüssigem Metamphetamin mit selbst gekochten Imitaten bedient. Damit entsteht erstmals ein etwas größerer Schwarzmarkt für synthetische Drogen. Das in den Hinterzimmerlabors hergestellte Metamphetamin wird aus frei verfügbaren Chemikalien, Fertigprodukten oder Sondermüll gewonnen. Aufgrund der Rohstoffunabhängigkeit siedeln sich die kleinen Manufakturen nah am Markt an, und die Verbraucher erwerben das fertige Produkt oft direkt beim Hersteller oder über einen einzigen Zwischenhändler. Bei den Amphetamin-Köchen der ersten Generation handelt es sich um ein buntes Milieu, dessen Beweggründe sich von wissenschaftlicher Neugier über politisiertes Interesse am Rausch oder neue Formen der Selbstorganisation, zwischen Do-it-yourself-Philosophie, Selbstversorgung und krimineller Energie erstrecken. Einige von ihnen zeigen ein Selbstverständnis, das dem der erst später auftauchenden Computerhacker ähnelt. Als Techniker dringen sie in die von außen unsichtbare Mechanik der Körpertechnologie ein und knacken deren Formel. Der Nachbau des chemischen Auslösers bedeutet für sie, eine Technologie zu vervielfältigen, zu deren Wesen es gehört, kopierbar zu sein. Die juristische Behauptung der Pharmaindustrie, durch Gebrauchsmusterschutz und Patente ein Monopol auf die Herstellung zu beanspruchen, erscheint den Kopisten als Verleugnung der technischen Möglichkeiten.

Methoden, Amphetamin und Metamphetamin herzustellen, gibt es viele. Anfänglich können die Nachbauten direkt aus den chemischen Vorstufen der Droge gewonnen werden, die im chemischen Großhandel noch unkontrolliert verfügbar sind. Zur Verwendung kommt dabei neben anderen Stoffen Phenylaceton, eine farblose bis schwach gelbe, ätzende Flüssigkeit, die ansonsten zur Synthese des Rattengiftes Diphacinon gebraucht wird, oder Phenylessigsäure, bei der es sich um cremefarbenes, flockiges Pulver handelt, das ansonsten zu Parfüm oder Penicillin verarbeitet wird.

Neben den Zutaten sind ein Kochbuch und handwerkliches Geschick erforderlich. Im 1970 veröffentlichten *Anarchist Cook-*

book von William Powell steht nur, wer an Amphetamin kommen wolle, möge doch den einfachsten Weg gehen und sich nach einem willigen Arzt umsehen. Konkretere Anleitungen kursieren lange Zeit nur von Hand zu Hand. Mit dem Internet werden die Rezepte frei verfügbar, sind aber von unsteter Qualität. Eine praktische Sammlung anwendbarer Syntheserouten verfasst in den Neunzigerjahren der in Green Bay im US-Bundesstaat Wisconsin lebende Uncle Fester. Den Decknamen hat der Chemiker nach einem zu Selbstsprengungen neigenden Hobbylaboranten aus der Fernsehserie *Addams Family* gewählt. Hinter dem Pseudonym verbirgt sich der durch Anleitungen zum Bombenbau und Giftgasmischungen bekannt gewordene Charles Preisler. Sein Handbuch *Secrets of Methamphetamine Manufacture* verkauft sich über 40.000 Mal und führt zu einer massiven Verbreitung von »Mom-and-pop-laboratories« in Kellern und Waschküchen, mit denen sich Benutzer selbst versorgen können.

Um eine einfache Amphetaminküche einzurichten, bedarf es verschieden großer Glaskolben, einer Destillieranlage, eines Vakuumadapters, zweier Kondensatoren mit durchlaufenden Röhren, eines Trenntrichters und einer Rührstange mit einem Paddel aus Teflon. Die Gläser müssen über Glasverbindungen verfügen und die Hälse der Gläser groß genug sein, damit die Rührstange eingeführt werden kann. Zudem braucht man einen Absauger, um ein Vakuum herzustellen, und einen Brenner mit einstellbarer Temperatur.

In der Küche arbeitet der Koch. Meist ist es ein Handwerker, der bekannte Rezepte mit ihm zur Verfügung stehenden Möglichkeiten variiert oder einfach den Wirkstoff aus frei verkäuflichen Aufputschmitteln konzentriert. Manche Köche bemühen sich um eine hohe Konzentration ihres Produkts, andere verwenden Fälschungsmittel wie Babyabführpräparate, Batteriesäure oder Joghurtkulturen, mit denen sich das hergestellte Amphetamin strecken lässt.

Frisch gekochtes Amphetamin riecht stark, die Küche stinkt. Soll die Küche mehr als den Eigenbedarf decken, werden die Drogen meist in windigen Gegenden, abseits von größeren Menschenansammlungen und bevorzugt in mobilen Labors produziert. Das Gros der Labors enttarnt sich aber nicht durch impertinenten Geruch, sondern durch Laborunfälle, bei denen es immer wieder zu heftigen Explosionen kommt.

Als Pioniere der unkontrollierten Amphetaminherstellung tun sich besonders die Mitglieder der Hell's Angels hervor. Den Motorradclub haben Veteranen kurz nach dem Zweiten Weltkrieg gegründet und nach einer legendären Bomberstaffel getauft. Dank ihrer Begeisterung für militärische Tapferkeit und Disziplin entwickeln sich zahlreiche Mitglieder der Organisation schnell zu willigen Crashtestdummys für neue Drogen. Einige von ihnen wollen es nicht allein bei der Rolle des passiven Konsumenten belassen, sondern selbst zu Produzenten werden, was erfolgreich gelingt. Das von ihnen hergestellte Metamphetamin bringt den Angels schon in den Sechzigerjahren den Ruf ein, »etwas vom Kochen zu verstehen«. Die Bruderschaft schweigt zu diesem Kompliment aus verständlichen Gründen, und in den Archiven der US-Polizei finden sich erst ab Ende der Siebzigerjahre Ermittlungsakten gegen die Angels wegen Herstellung und Verkauf von Metamphetamin in Form organisierter Kriminalität. Anfang der Achtzigerjahre expandiert das Metamphetamin-Netzwerk international, Ende der Neunziger ruft der Bandenkrieg zwischen Hell's Angels und den Bandidos in Skandinavien noch einmal die Bedeutung der Motorradgangs auf dem Amphetaminmarkt in Erinnerung.

Moderne Massaker

Gewöhnt daran, dass ihm im Leben alles gelingt, weil er es kaufen kann, hat er irgendwann beschlossen, die Gesetzmäßigkeiten der Welt als sein privates Eigentum zu betrachten. Daran ändert sich wenig, als er eines Tages an Krebs erkrankt und kein Arzt dem Multimillionär mehr als ein Jahr verbleibende Lebenszeit voraussagt. Stattdessen baut er ein Sanatorium und erfindet sich seine eigene Behandlung: Mit einer umfassenden Mischung von Drogen betäubt er die Nerven der Körperoberfläche, nimmt sich Schritt für Schritt jedes Schmerzgefühl. Weitere Mittel lassen ihn erblinden, unterdrücken Geruchs- und Gehörsinn. Total abgeschirmt, reagiert er nicht mehr auf Reize von außen. Gegen den Sturz in tiefe Bewusstlosigkeit schluckt er eine Riesenportion Amphetamin, die ihn auf seiner Reise ins Innere des Körpers hellwach halten soll. Unter der Haut empfängt ihn ein Geflecht aus Autobahnen. Er fährt selbst auf der Straße, direkt hinter einer Gruppe schwarz gekleideter Motorradfahrer, deren Kutten über den Schulterblättern der Schriftzug »Carcinoma Angels« ziert. Kaum kann er das Szenario klar erkennen, tritt der Selbstheiler aufs Gas und beginnt, einen nach dem anderen zu überfahren. Trotz seiner mörderischen Rückhaltlosigkeit verliert er den Krieg gegen die Krankheit. Am Ende der Geschichte findet ihn der Leser gelähmt und schwachsinnig in einer Heilanstalt.

Seine Parabel vom Massaker des Selbstheilers versteht der Schriftsteller Norman Spinnrad als Kommentar zum Krieg in Vietnam. Der Krieg, der am Anfang als polizeilicher Eingriff der USA in Asien schöngeredet wurde, hat sich im Verlauf der Sechzigerjahre in einen blinden Feldzug verwandelt. Bei zwei Millionen US-Einsätzen in dem kleinen asiatischen Land lautet der Befehl: aufspüren und vernichten! Nur ein Prozent der Einsätze meldet aber Feindberührung. Die GIs sehen sich einem unsichtbaren Gegner gegenüber. Um das Problem zu lösen, erhöht die Kommandoebene mit industrieller Logik die tödliche Produktivität. Innerhalb weniger Monate übersäen die US-Truppen das kleine Land mit Flächenbombardements, die mehr Material als während des gesamten Zweiten Weltkriegs über Japan und Deutschland verbrauchen. Nicht nur der Einsatz an Bomben schießt in der Statistik nach oben, die Army gibt auch allein von 1966 bis 1969 rund 225 Millionen Einheiten Amphetamin aus, um die Bediener ihrer Kriegsmaschine am Laufen zu halten.

Nicht zuletzt aufgrund des Einsatzes der Droge in Vietnam geht die politische Gegenkultur auf Distanz zu Amphetamin. Als Erster formuliert der Beat-Autor Allen Ginsberg die Kritik: »Speed ist antisozial, macht paranoid, es ist einfach Mist, schlecht für deinen Körper, schlecht für deinen Geist, allgemein gesagt, langfristig unkreativ und eine Plage für die ganze Drogenindustrie. All die netten und höflichen Drogenabhängigen werden fertiggemacht von diesen wirklich Horrorfilmen entsprungenen, frankensteinartigen Speedfreaks.«

Ähnlich wie Ginsberg, aber noch dicker aufgetragen, wettert

wenige Jahre später der LSD-Missionar Timothy Leary gegen die Pillen zähneknirschender Städter: »Jegliche Einnahme einer gefährlichen Substanz ist ein Angriff auf die Natur. Wenn du Amphetamine oder Barbiturate in deinen Organismus einbringst, handelst du genauso böse wie die Ölproduzenten, die ihre Gifte in den Ozean einleiten. Speed ist das Symbol einer Welt, die unangetörnt ist, eine Welt voller aufheulender stinkender Maschinen.«

Learys naturfreundliche Industriegegnerschaft und die Verdammung des Schnellmachers passen in eine Zeit, in der sich die Hippies als Apostel der Entschleunigung erkennen. Der Ehrgeiz ihres Bessere-Welt-Entwurfs besteht darin, sich auf möglichst vielen Ebenen als Erste damit abzufinden: Es geht nur noch schleichend weiter. »Hip« zu sein heißt jetzt, langsam zu werden. Verlangsamung bildet die Vorahnung eines neuartigen Phänomens – die Abbremsung des industriellen Schneller-Höher-Weiter. Die Haltung der Hippies gegen Amphetamin ist aber nicht nur das Ergebnis von Kriegsgegnerschaft, pessimistischer Technikfolgenabschätzung und der antimodernen Ahnung eines Zeitgeistwechsels, hinter ihr verbirgt sich auch die Abgrenzung eines aus der Mittelschicht stammenden, studentischen Milieus gegenüber den unteren Schichten und vor allem dem »white trash«.

Als »Weißer Abfall« werden die Nachfahren europäischer Siedler bezeichnet, die zu spät gekommen waren oder sich nicht durchsetzen konnten und deshalb kein Land mehr abbekamen, um sich niederzulassen. Wo es keinen Boden zu vererben gab, wurde die heimatlose Lebensform des Umherziehens, immer auf der Suche nach dem nächsten Broterwerb, an die folgende Generation weitergereicht. Von Kindheit an daran gewöhnt, immer nur kurz an einem Ort zu bleiben, wird das Umherziehen zu einer anerzogenen Lebenshaltung.

Viele der Umherfahrenden entwickeln einen Hang zu Amphetamin, dessen Wirkung sich günstig mit ihren kurzfristigen, intensiven Arbeitsverhältnissen trifft und ein Gefühl der Souveränität vermittelt, das ihre Lebensbedingungen ansonst selten hergeben. Für die Hippies, die halbherzig versuchen, ihre mittelständische Herkunft hinter sich zu lassen, bietet die schillernde Unterschicht ein Gegenüber, auf das sie ihre Fantasien eines echteren, weil einfacheren, von materiellen Werten und

Sicherheiten losgelösten Lebens projizieren können. Genau betrachtet, gehen ihnen die Losgelösten wegen ihres grobschlächtigen Gehabes und dem niedrigen Bildungsniveaus aber schnell auf die Nerven. Die Faszination wandelt sich in Verachtung.

Eine zusätzliche bürokratische Verstärkung findet der Klassenunterschied in der staatlichen Rekrutierungspolitik: Studenten können sich vom Militärdienst in Vietnam befreien lassen, ein Privileg, das nicht für die gilt, für die schon der Besuch einer Universität außerhalb ihrer Möglichkeiten liegt. Das vieldeutige Graffiti »Speed kills«, das die Blumenkinder auf ihre Häuser in Haight-Ashbury malen – zunächst um vor Hepatitis zu warnen, einer Infektionskrankheit, die sich durch gemeinsam genutzte Spritzen überträgt –, bekommt dadurch einen weiteren schalen Beigeschmack.

Die Rockband Canned Heat vertont die Parole gegen die Droge kurz darauf in ihrem Song *Amphetamine Annie*. Der Sänger der Band erklärt einem »Chick«: »Speed kann dich töten, mein Kind.« Das Huhn hört aber nicht auf seinen Rat. »Ihre Haut färbt sich gelb.« Nach 3 Minuten und 20 Sekunden endet der Song. Sie ist tot. Als das Lied immer wieder im Radio läuft, übernehmen wertkonservative Zeitschriften wie *Reader's Digest* oder *Parents* die Parole, um mit ihr einen gesunden und aufgeräumten Lebensstil zu propagieren.

Tötet Speed?

Die sprichwörtlich werdende Warnung – Geschwindigkeit tötet – gilt zwar in ihrem Ursprungszusammenhang, dem Straßenverkehr, aber nur bedingt für die Droge. Fälle, in denen die Überdosierung von Amphetamin tödlich endet, sind selten. Bei der bis heute in den USA relativ hohen Zahl von Todesfällen in Verbindung mit der Droge handelt es sich größtenteils um Opfer von Gewaltverbrechen. Der statistische Wert sagt zunächst aus: Im Blut vieler Menschen findet sich Speed. Höchst spekulativ ist die Schlussfolgerung, Amphetamin-Nutzung erhöhe das Risiko, Opfer einer Gewalttat zu werden. Amphetamin und vor allem Metamphetamin kann entsprechend dosiert extrem aggressives Verhalten auslösen, nur würden die Benutzer dann zu Tätern und nicht zu Opfern werden. Ein nachvollziehbarer Zusammenhang zwischen Ursache und Wirkung besteht bei der zweitgrößten Gruppe der »amphetamine related deaths«, den tödlich Verunglückten. Selbstüberschätzung, Risikoverhalten, optische Fehlschlüsse, mangelnde Konzentration sind typische Amphetamineffekte, weshalb die Gefahr von Unfällen im Haushalt und Straßenverkehr steigt.

Die drittgrößte Gruppe in der Statistik bilden die durch eigene Hand zu Tode Gekommenen. Bei ihnen handelt es sich oft um an psychischen Problemen leidende Menschen, die sich mit Amphetamin selbst behandeln und nach dem Entzug des Medikaments auf ihr Leiden zurückgeworfen werden. Immer wieder enden Amphetaminpsychosen im Suizid, oder die Droge wird von Menschen dazu benutzt, sich für eine geplante Selbsttötung Mut zu machen. Weist die Statistik die Droge als direkte Todesursache aus, handelt es sich in der Mehrheit der Fälle um Mischkonsum von Amphetamin mit Schlaf- und Beruhigungsmitteln, Heroin oder Alkohol. Auf die Brandmarkung einer Droge folgt meist der Aufschwung einer anderen. Auch als sich die Stimmung gegen Amphetamin wendet, kommt es zu einer Wiederentdeckung: Kokain, das jahrzehntelang ein Schattendasein gefristet hat, entwickelt sich Ende der Sechzigerjahre zum schicken Accessoire einer gehobenen Mittelschicht im Fahrwasser der Kulturindustrie. Amphetamin rutscht hingegen an den sozialen Rand. Einst als das Polyester unter den Drogen gefeiert, wird es jetzt zum grauen Mauerblümchen mit dem Duft des Heruntergekommenen.

Das auf Grundlage natürlichen Rohstoffs hergestellte Kokain passt zum Zeitgeist. Als aufwändig importiertes Naturprodukt ist es wesentlich teurer als Amphetamin, womit der bürgerliche Wunsch nach Status befriedigt werden kann. Da Kokain nur kurz wirkt, schmilzt der Glanz schnell und führt bei den Entleuchteten zu schlechter Laune, da vom letzten Einkauf schon wieder nichts mehr übrig ist. Durch das höhere Preisniveau kommt bei größerem Verbrauch nun viel Geld ins Spiel. Der Schwarzmarkt wandelt sich von desorganisierter Kleinkriminalität zu organisierter Kriminalität. Mit unkontrolliert vertriebenen Drogen wird plötzlich in großem Stil verdient. Dadurch verändert sich auch das Ansehen des Dealers. Entsprach dessen öffentliches Bild bisher mehr dem eines Eckenstehers, treten Kokainhändler nun als selbstbewusste Lebemänner auf. Händler des weißen Goldes verkörpern in Filmen wie dem Klassiker des afroamerikanischen Kinos, *Superfly,* oder Dennis Hoppers Motorradfahrerfilm *Easy Rider* sogar gleich neue Ideen von Freiheit.

Alleinfahrende Kriegskinder

Ein Benzinregenbogen biegt sich in den Himmel, tippt die Sonne leicht an und fällt wieder zur Erde, ohne dort anzukommen. Kowalski sieht davon nichts, er blickt in die Augen des Tankwarts. Ihm liegt das Wort »Ölwechsel« auf der Zunge, aber er bekommt seine Zähne nicht auseinander. Da er sich mit dem Ausliefern von Autos über Wasser hält, bedeutet Arbeit für ihn Abfahrt. Bewegung wird sein Fluchtpunkt aus dem Durcheinander und der großen Traurigkeit. Damit die ihn nicht einholt, muss er die Scheuklappen der Bewegung immer enger schnallen, mit Geschwindigkeit betäuben, was ihn quält.

Kowalski ist einer von vielen aus Vietnam Zurückgekommenen, die sich in einer Heimat wiederfinden, wo sie keiner mehr haben will. Mit Amphetamin hält sich der Veteran in einer Umgebung aufrecht, wo niemand außer ihm das Echo der Schüsse hört.

Beim Drogeneinkauf für die nächste Fahrt schlägt Kowalski in einen Wettvorschlag seines Dealers ein: Wenn er es schafft, die Strecke von Denver nach San Francisco in Rekordzeit zurückzulegen, bekommt er die Ware anschließend günstiger. Kowalski legt seinen schweren Fuß aufs Gas, startet durch. Vor ihm liegt ein weites Tal. Zwei Polizisten verfolgen ihn auf Motorrädern, weil er zu schnell fährt, und stürzen dabei in einen Graben. Jetzt heften sich immer mehr Uniformierte an seine Spur. Kowalski nimmt sie kaum wahr. Was er durch Windschutzscheibe und Rückspiegel im gleißenden Licht erkennt, bildet eine Landschaft, die er allein bevölkert. Er schaltet das Radio ein. Aus dem Programm spricht plötzlich »Supersoul« durch den Lautsprecher direkt in sein Ohr. Die Stimme eines Moderators will dem letzten amerikanischen Helden, »für den

Speed noch die Freiheit der Seele bedeutet«, einen Fluchtweg vorbei an den Verfolgern weisen. Die Superseele wird zum Medium, und Kowalski rast querfeldein über ausgetrocknetes Land. Zugehört hat er sowieso nicht, das Radio wird längst von seinem Gedächtnislärm übertönt. Während das Gummi der Reifen in loses Geröll greift, löst sich die Grenze zwischen Boden und Luft im gelben Staub auf.

Das von Richard Sarafian 1971 gedrehte Szenario gerät zur längsten Verfolgungsjagd der Filmgeschichte. Das Auto verkörpert darin nicht nur die Sehnsucht auszubrechen, sondern noch stärker die Einschließung. *Vanishing Point* wiederholt einen großen Traum der Kindheit, nur findet sich die schützende Höhle jetzt auf Rädern. Der Bewohner des fahrenden Schutzraumes erkennt in seiner Abgeschlossenheit am Ende nur einen letzten Ausweg: Er nimmt den Fuß nicht vom Gas, als die Polizei ihm zwei Planierraupen in den Weg stellt. Sekundenlang ist er ganz sein eigener Herr, zielt auf den verschwundenen Punkt. Nichts hindert ihn mehr, er selbst zu sein. Für einen Moment ist alles ganz still. Vielleicht war er auch einfach nur müde, saust über ein schwarzes Meer und explodiert in einem Feuerschweif.

Der sich auslöschende Kowalski wird zum Mythos. Die Spielzeugfirma Revell bringt seine Figur samt weißem Dodge Challenger als Selbstbaumodell im Maßstab 1:25 auf den Markt. Bobby Gillespie, Sänger der englischen Band Primal Scream, beschwört den Antihelden des New-Hollywood-Kinos später nicht nur in dem Lied *Kowalski*, sondern spannt auf dem Album *Vanishing Point* Fäden zwischen den Todessehnsüchten des fahrenden Vietnamveteranen, vertikalen Sturzflügen der deutschen Sturzkampfbomber und idealistischen Angriffen japanischer Kamikaze-Piloten.

Zeitgleich mit *Vanishing Point* fährt ein Doppelgänger von Kowalski durch die deutsche Gegenwart. Selbst im Zustand schläfriger Trägheit geht von ihm eine elektrisierende Unruhe aus. Seine ungebremste Rückhaltlosigkeit lässt ihn ein Ersatzleben für viele führen, die sich nach dem Verdrängungsdogma der deutschen Nachkriegsschuld schwach fühlen. Von den wenigen, die mitfahren, muss aussteigen, wer weich wird, während er im weißen Mercedes, ohne Führerschein, auf der Autobahn immer weiter fährt – außer Atem zwischen Berlin, Rom und Paris. Ziel ist der revolutionäre 24-Stunden-Tag. Den Kraftstoff dafür holt sich der Partisan aus der Apotheke.

Andreas Baaders Lust auf Amphetamin wird von der linken Geschichtsschreibung immer wieder unter den Teppich gekehrt. Das seltene Exemplar eines deutschen Revolutionärs soll nicht als Rauschgiftler entzaubert werden. Aber vielleicht war es gerade der nervöse Schub seines Lieblingspräparats AN 1®, der ihn mit dem gewissen Extra ausstattete, das ihn jahrzehntelang so anziehend und unverdaulich machte?

Das bei Studiomusikern, Prostituierten, Nachtschwestern oder reisenden Vertretern beliebte AN 1® des deutschen Pharmaherstellers Krugmann wirkt indirekt: Die aufputschende Wirkung bildet sich erst nach der Aufnahme des Medikaments in den Stoffwechsel. Empfohlen wird das Tonikum vom Hersteller bei Antriebsschwäche oder Depression im Alter.

Eine weitere Anwendung bekommt, denkt man an die nach außen gekehrte Männlichkeit Baaders und sein enges Verhältnis zur eigenen Knarre, einen komischen Aspekt: Der Waschzettel empfiehlt AN 1® bei Potenzstörungen. Ob der Schnellmacher den sexuellen Leistungsdruck im revolutionären Milieu abfederte, lässt sich heute nicht mehr mit Bestimmtheit sagen. Stressbekämpfung war aber sicher ein Motiv für den Griff nach Speed.

Bommi Baumann von der kiffenden Konkurrenz, der Bewegung 2. Juni, erinnert sich an die Zeit, in der immer mehr Leute in den Untergrund gingen und aus heiterem Widerstand harte Arbeit mit Schichten rund um die Uhr wurde, eine Belastung, der viele nur noch mit Aufputschmitteln standhielten. Untergetauchte kippen bis zum Magengeschwür Kaffee und Amphetamin in sich hinein, damit der schnell geschnittene Film immer weitergeht. Sie verwandeln sich in »reine Speedbündel, die es nur noch über Tabletten geschafft haben, weiterzulaufen, bevor sie irgendwo zusammenklappen oder völlig abheben und völlig durchdrehen und überhaupt nicht mehr checken, was läuft«.

Baumann beschreibt Baader als einen, der nächtelang redet wie ein Wasserfall »von Adam und Eva bis Josef Stalin. In den Mundwinkeln standen ihm Speicheltropfen. Fast ständig raufte er sich beim Reden die Haare, zog rechts und links über die Schläfen an den blondierten Strähnen, drehte und zog, zog und drehte, bis ihm kleine blonde Hörner über der Stirn standen. Er war immer nur Vortrag.«

In der Isolation des Untergrunds spitzt sich alles zu. Jeder Tag wird unentwirrbarer Druck, totale Anspannung und Beklemmung eines bedrängten Organismus. Baader, der revolutionäre Selbstdarsteller, braucht Publikum. Ständig unter Strom, brutal auf das Versteck fixiert, erprobt er an den anderen der Gruppe seine Macht. Die Linie der Kämpfe in Vietnam, Palästina, Guatemala, Oakland, Watts, Kuba, China, Angola und New York wird zum Kammerspiel, in dem er Treue bis zum Sieg oder Tod schwört, wobei letzterer immer mehr zum Ziel zu werden scheint: »n typ der sich über monate auf seinen tod zu bewegen kann, bewusst wie ein projektil die zum äußersten entschlossene waffe seiner politik (unserer), ist ein guerilla.«

Das erste Opfer des Krieges ist die Wirklichkeit

Wenige Tage vor Weihnachten 1970 mietet sich ein dicker Mann unter dem Namen Colonel Jon Burrows in ein Fünfsternehotel in Washington ein. Kaum auf seinem Zimmer, setzt er sich an den viel zu kleinen Schreibtisch und beginnt einen Brief an den damaligen Präsidenten der Vereinigten Staaten Richard Nixon zu schreiben: »Ich sprach in Palm Springs mit Vizepräsident Agnew und äußerte meine Sorge über unser Land. Die Drogenkultur, die Hippie-Demonstrationen, die Students for a Democratic Society, die Black Panthers usw. halten mich nicht für ihren Feind oder einen Teil des Establishments, wie sie es nennen. Ich nenne es Amerika, und ich liebe es. Sir, ich kann und will dem Land zu Diensten sein … Ich habe kein anderes Motiv … als dem Land zu helfen. Also wünsche ich keinen Titel oder Posten … Ich kann ihnen von größerem Nutzen sein, wenn ich zum frei arbeitenden Agenten des FBI ernannt würde, und … würde es auf meine Weise tun, durch Verbindungen zu Menschen jeden Alters … Ich habe eine tiefschürfende Untersuchung des Drogenmissbrauchs und der kommunistischen Techniken der Gehirnwäsche unternommen, und ich bin mitten in dieser ganzen Sache, wo ich viel Gutes tun kann und will …

Ich würde Sie gerne treffen, nur um Hallo zu sagen, falls Sie nicht zu beschäftigt sind.«

Am Vortag hat sich der Briefschreiber schon persönlich beim FBI vorgestellt. Ein ahnungsloser Pförtner ließ den für sein Empfinden skurrilen Mann gar nicht erst durch die Tür. Aber der, der da abgewiesen wird, ist berühmt. Seine aus der Form geratene Erscheinung ähnelt jedoch kaum noch dem Bild, das die Öffentlichkeit von ihm kennt.

Der Abgewiesene ahnt nur, warum er nicht durchgekommen ist. Er weiß, dass er es noch einmal anders versuchen muss. Bei seinem zweiten Anlauf meldet er sich schriftlich an. Schon am nächsten Nachmittag, es sind nur noch drei Tage bis zum Heiligabend, nimmt sich Richard Nixon Zeit, den freiwilligen Helfer im Weißen Haus zu empfangen. Bei diesem ersten Treffen ernennt der Präsident seinen Besucher zum Agenten der Fahndungsbehörde des Bundes. Elvis Presley, den ein Gesichtsausdruck berühmt gemacht hatte, der so beneidenswert in sich selbst verliebt aussah, als registriere er außer sich nichts anderes auf der Welt, küsst den Präsidenten mit einem Lächeln auf die Wange und sagt Danke.

Elvis' Arbeit als Agent bleibt lange Zeit undurchsichtig. Öffentlich wird erst später die Anschwärzung der Beatles als Finanziers antiamerikanischer Umtriebe. Geschickt versteht Elvis es immer wieder, nicht über das Teppichmuster zu stolpern. Und, was vielleicht noch viel wichtiger ist, er hat einen Grundgedanken von Nixons Politik verstanden: Nicht die Drogen sind das Problem, sondern der Umgang damit. Wichtig ist, dass ihre Benutzer nicht die Kontrolle über ihre Arbeitskraft verlieren. Solange sie aber ihre Funktionalität aufrecht erhalten oder, besser noch, sie optimieren, ist alles im grünen Bereich. Und Elvis, der sich mitten in seinem Comeback befindet, arbeitet selbst so hart, als wolle er seinem neuen Chef beweisen, dass auch radikale Drogenbenutzer viel zum Bruttosozialprodukt beitragen können.

Ein halbes Jahr nach dem geheimen Treffen erklärt Nixon Drogen zum Staatsfeind Nr. 1. Die Feindschaft meint der Präsident buchstäblich; die USA führen von nun an gegen den unkontrollierten Gebrauch von Drogen Krieg.

Wie beim *Harrison Narcotic Tax Act*, dem in die Jahre gekommenen Vorläufer des *war on drugs*, handelt es sich auch bei dieser Offensive um die Folge eines Krieges: Die Situation hat sich zugespitzt, nachdem GIs in Vietnam massenhaft mit Heroin in Kontakt geraten und abhängig von der Front heimgekehrt sind. Ausgezehrte Drogenabhängige in verschlissenen Tarnanzügen gehören nun in Großstädten zum öffentlichen Bild und verbreiten die Droge in der Zivilbevölkerung.

Zeitgleich geraten die USA in finanzielle Bedrängnis. Der Krieg in Vietnam hatte schon mehr als 200 Milliarden US-Dollar gekostet. Acht Wochen nach der Erklärung des *war on drugs* erleben die USA am Schwarzen Freitag einen verhängnisvollen Zusammenbruch der Börsen. Was folgt, ist kein gewöhnliches Fallen der Kurse, sondern ein historischer Einschnitt, der darin gipfelt, dass die Goldpreisbindung des Dollars aufgekündigt wird. Konkret bedeutet dies den Beginn einer neuen Epoche der Geldpolitik, in der die Unsicherheit zum Tagesgeschäft gehört. Die unübersehbaren Anzeichen einer nachhaltigen Krise wie massive Staatsverschuldung und eine negative Zahlungsbilanz sollen durch eine Politik der harten Hand gegen die illegale Nutzung von Drogen wettgemacht werden. Ein neuer Feind soll von den eigenen Problemen ablenken.

Das juristische Fundament von Nixons biopolitischem Krieg bildet der *Controlled Substances Act*, der Drogen nach ihrer Gefährlichkeit einstuft und damit ihre Zulässigkeit definiert. Heroin steht darin an erster Stelle – was bedeutet, dass jede Form der Nutzung als kriminelle Handlung betrachtet wird.

Die Einstufung von Amphetamin nimmt sich komplizierter aus, da allein auf dem Markt für kontrollierte Drogen fünf große Pharmafirmen mit insgesamt 31 Amphetaminpräparaten um die Käufer konkurrieren. Denn trotz der bereits in den Sechzigerjahren auferlegten Handelsbeschränkungen verkauft die Pharmaindustrie immer noch acht Milliarden Einheiten Amphetamin im Jahr. Durch intensive Lobbyarbeit gelingt es der Pharmaindustrie, Amphetamin vorläufig auf »Stufe III« taxieren zu lassen, womit es eingeschränkt auf dem Markt bleibt.

Die US-Regierung nutzt den *war on drugs* von Anfang an, um die Methoden sozialer Kontrolle in veränderter Form zu organisieren. Anlass dieser Neustrukturierung ist eine sich immer deutlicher abzeichnende Entwicklung: Die Industriearbeit als bisheriges Zentrum der Wertschöpfung wird von einer nachhaltigen Krise beeinträchtigt und muss zukünftig durch andere Formen der Produktivität ergänzt werden, um das Gefüge aufrechtzuerhalten. Zunächst bedeutet dies, dass mit der Fließbandarbeit verbundene Formen der Überwachung und Disziplinierung, wie ein fest verorteter Arbeitsplatz oder die Stechkarte, wachsende Teile der Gesellschaft nicht mehr erfassen werden. Der *war on drugs* liefert dagegen nun mit seinen Möglichkeiten des Eingriffs in die Privatsphäre der veränderten Situation scheinbar angemessene, fein reagierende Instrumente der Kontrolle, um die sich verstreuenden Arbeitskräfte und arbeitslosen Menschen zu überwachen.

Tod eines Drogenfahnders

Am 16. August 1977 unterbricht eine Sondermeldung alle Radioprogramme. Die ständig wiederholte Nachricht wirkt schockierend, erstarrt steuern viele Autofahrer einfach immer weiter geradeaus. Innerhalb weniger Minuten kommt es zu unzähligen Auffahrunfällen. In Einkaufszentren, Schnellimbissen, auf der Arbeit oder zu Hause brechen Menschen in Tränen aus, halten sich Unbekannte an den Händen, machen sich von der Aufregung ihrer Eltern verstörte Kinder nass. Bei Ford in Detroit verlassen die Arbeiter, wie überall im Land, ihre Fließbänder und scharen sich in den Gemeinschaftsräumen um die Radios. In vielen Städten brechen die Telefonnetze zusammen, weil alle darüber sprechen wollen. Niemand will in diesen schrecklichen Stunden allein sein.

Derjenige, der die Massenhysterie verursacht hat, liegt tot in einem Vorstadthaus. Hier hat er geherrscht wie ein König, gleichgültig und mitleidlos pflegte er seine Schrullen. Wie kann er jetzt tot sein? Anfangs heißt es, die Todesursache sei eine Überdosis Heroin gewesen. Eine unfassbare Vorstellung, doch der König hatte sich jahrelang zurückgezogen, was schon vor seinem Tod wilde Spekulationen ausgelöst hat. Zum Glück dauert es nicht lange, bis es dann heißt, es habe sich um Herzstillstand durch Versagen der Atmungsorgane gehandelt.

Der »King« verkörpert wie kaum ein anderer den Amerikanischen Traum. Als Verkörperung der Rolle des Tellerwäschers gelang es dem LKW-Fahrer, aus den Versatzstücken seiner ländlichen Hillbilly-Kultur einen strahlenden Kosmos überdrehter Töne und Zeichen zu gestalten, an dem alle Spaß hatten und der ihn zum Plattenmillionär werden ließ.

Lange Zeit hieß es, Elvis Presley sei im deutschen Bad Nauheim während seiner Militärzeit erstmals mit Amphetamin in Kontakt gekommen. Ein Vorgesetzter habe den Wache schiebenden Soldaten nachts auf den Geschmack gebracht. Die Geschichte vom verführten Befehlsempfänger 53310761 rückt Elvis ins Licht eines unschuldigen Menschen, der bei der Ableistung seiner Pflicht an Drogen geriet.

Überzeugender wirkt die Version, Elvis sei schon am Anfang seiner Karriere, also vor der Militärzeit, durch einen Radiodiscjockey in seiner Heimatstadt Memphis an den chemischen Verstärker herangeführt worden. Amphetamin hätte in diesem Fall maßgeblich zur Verwandlung des zurückhaltenden jungen Mannes in den lüstern die Hüften kreisenden König, der »wie ein Schwarzer« sang, beigetragen.

Während sich der Anfang von Elvis' Amphetaminkarriere im Nebel der Annahmen und Behauptungen verliert, hat sein Hausarzt Dr. Nick den Verbrauch der späten Jahre mit höchster Genauigkeit festgehalten. Deutlich lässt sich in der Buchführung der Wechsel vom Amphetamin zu Beruhigungs- und Schmerzmitteln ablesen. Mit seinem Wechsel liegt Elvis voll im Trend, oder, wie Hunter S. Thompson die veränderte Nachfrage kommentiert: »Es ist historisch erwähnenswert, dass die Downers mit Nixon kamen.« Je verlogener eine Gesellschaft wird, desto größer wird ihr Verbrauch an Beruhigungsmitteln. Die Unruhe des Körpers im Taumel des Schwindels wird mit chemischer Verdrängung flach gehalten.

Elvis' Lieblingsprodukt während Nixons zweiter Amtsperiode ist das »Apothekenheroin« Dilaudid®. Ständig betäubt er sich mit dem synthetischen Opiat, das Ärzte für gewöhnlich bei tiefen Messerwunden, schweren Verbrennungen oder Krebs im Endstadium verschreiben. Elvis nimmt am liebsten gleich so viel Dilaudid®, dass er wie ein gerade gestillter Säugling süßselig in eine Art Koma fällt. Der Blitz könnte dann neben ihm einschlagen, ohne dass er mit der Wimper zucken würde. Um sich aus seinem Dilaudid®-Tran wieder aufzuwecken, knabbert er vor seinen Auftritten Amphetamintabletten. Auf der Bühne kommt es dann darauf an, den richtigen Rhythmus zu finden. Zuerst gelingt es ihm nicht. Seine Haare kleben, Atem und Stimme tönen pappig. Alles scheint anstrengend. Nach drei Minuten ist er klitschnass. Die gequälten Eingeweide unter der Haut kennt er von anderen Gelegenheiten, aber jetzt fühlt er sich schmutzig, reibt sich mit verzerrtem Gesicht die Haut. Singt er eine Zeile, fühlt er sich noch ungewaschener. Es dauert eine kleine Ewigkeit, bis er zu dem Muster findet, das die Gäste in den Kasinos von den Hockern reißt.

Als anständiger Bürger achtet Elvis bei seinem zugespitzten Drogenverbrauch pingelig darauf, nur kontrollierte Produkte zu schlucken, um sich seine Vorrechte nicht zu verscherzen. Sein Status als Hilfspolizist erlaubt es ihm, in der Öffentlichkeit Waffen zu tragen, und mit denen am Körper fühlt er sich einfach gut. Biodiplomatisch löst er den Konflikt, indem er das Erlaubte einfach übertreibt.

Auch am 15. August 1977 schiebt Agent Elvis wieder zwei Pistolen in den Hosenbund des extraweiten, speziell für ihn angefertigten Trainingsanzugs. Zärtlich streicht er über die aufgenähten Blockbuchstaben DEA, die »Drug Enforcement Agency« bedeuten, und nimmt den goldenen Zündschlüssel von der Anrichte. Auf dem Flur sieht ihn ein Gesicht an. Erst denkt er, es sei seine Mutter, im nächsten Moment erkennt er sich, aber irgendwie hängt ihr Antlitz noch im Spiegel. Ihm gefällt die Begegnung nicht, sein Gesicht sieht aus, als friere er. Er wankt in die Küche und macht sich am Buffet zu schaffen, trinkt ein Glas warme Milch und schleicht zur Kellertreppe. Es geht steil hinunter, er muss sich festhalten. Unten angekommen, streift er durch ein paar undefinierte Nebenräume, bis er in der Garage anlangt. Er mag die nach Gummi riechende Stille. Elvis hebt sich durch die Fahrertür, zieht sie hinter sich zu, kurbelt das Fenster herunter, schiebt den Schlüssel ins Schloss. Jetzt fährt er los, durch den Garten, über die Nebenstraße, auf die Hauptstraße und in die Stadt hinein. Es ist eine fast klare Nacht, hoch steht der Mond und wird nur selten durch kleine Wolken gefiltert. Er dreht seine Überwachungsrunde. Am Ende der Tour parkt er den Wagen wieder in der Garage. Jetzt bekommt er Hunger, geht in die Küche, isst und macht sich auf den Weg in sein Zimmer. Da er noch nicht schlafen kann, betrachtet er mit einem leisen Kopfschütteln sein Leben. Was er sieht, ist ein Getümmel, in dessen Mitte er gestanden hat, das sich unmerklich von ihm zurückgezogen hat und sich nun noch einmal aus der Ferne meldet.

Mittags finden die Hausangestellten zwischen Waschbecken und Toilette einen riesigen Körper in einer Form zusammengekauert, als würde er beten. Obwohl ihm die Zunge aus dem Mund hängt, heben sie ihn nicht hoch. Es ist nicht das erste Mal, und irgendwann wird er schon von selbst aufstehen. Diesmal aber bleibt Elvis liegen.

Der mit dem Toten befasste Arzt protokolliert: Er habe noch nie so viele Drogen im Körper eines einzelnen Menschen gefunden. In seinem Obduktionsbericht vermerkt er Rückstände von Kodein, Morphium, Metaqualon und Diazepam. Bei den insgesamt 14 Verbindungen handelt es sich um saubere Sachen aus der Apotheke oder chemische Auswüchse, die sich aus der Überdosierung legaler Stoffe ergeben haben.

Von Elvis Presley verkaufen sich in den ersten 24 Stunden nach seinem Ableben mehr Platten als an irgendeinem Tag seines Lebens. Und das ist erst der Anfang einer zweiten, unvergleichlichen Karriere.

Abhängiger Widerstand

Wenn einer jemanden abhängt, entsteht Distanz. Abhängigkeit von Drogen formt im Unterschied dazu eine enge Verbindung. Kaum etwas ordnet das Leben mit solcher Zuverlässigkeit wie die Erfahrung der Abhängigkeit von ihnen. Jeder Tag hat ein scharf umrissenes Ziel, die Energie richtet sich darauf aus. Fragen nach dem Warum, Wofür, Wozu verschwinden in einer Ordnung. Eine andere Vorstellung von Abhängigkeit findet sich im römischen Recht. In ihm meinte der Begriff das Verhältnis eines Schuldners, der die gegen ihn erhobenen Forderungen nicht mehr bezahlen kann und dazu verpflichtet wird, sie nun mit seinem Körper zu tilgen, indem er zum Sklaven seiner Gläubiger wird.

Anfang der Siebzigerjahre erfährt der Umgang mit der Abhängigkeit eine neue politische Ausrichtung, die an die Antike anknüpft und sie spätmodern übersetzt. Der Wohlfahrtsstaat der Siebzigerjahre erklärt die chronischen Drogenbenutzer zu Opfern der Umstände. Die Entscheidung, Drogen zu nehmen, sprechen die staatlichen Helfer ihren Sorgenkindern ab. Vielmehr unterstellen die Sozialarbeiter den Drogennutzern, sie hätten neben der Kontrolle ihres Selbst auch die Fähigkeit verloren, das Schuldverhältnis der Abhängigkeit, in das sie sich begeben, aus eigener Kraft zu tilgen. Als Fürsorger der insolventen Subjekte schlagen sie verständnisvoll Lösungen für den Umgang mit Drogen vor, von denen sie sich als Verwalter der Schuld nicht betroffen glauben. Drogenpolitik bedeutet für den Wohlfahrtsstaat nicht nur eine Methode, Menschen zu entmündigen, sondern auch ein Instrumentarium, mehr Kontrolle über den Körper des Einzelnen zu erlangen. Um diesen Zugriff immer weiter zu verfeinern, werden Gesundheit und Krankheit, Normalität und Abweichung immer schärfer definiert. Was die Industriearbeit als Überwachung der Bevölkerung nicht mehr erfasst, soll nun durch die Konstruktion körperlicher Normvorstellungen kontrolliert werden. Chronische Drogennutzung gilt nun als »Krankheit«.

Obwohl sich der biopolitische Angriff weit über den Bereich der Drogennutzung gegen alle Schichten der Bevölkerung richtet, formiert sich der Widerstand dagegen zuerst in den Clubs der Schwulen. Homosexuelle haben seit den Sechzigerjahren Handlungsräume erfunden, in denen sie darum kämpfen, ihre Wünsche jenseits gesellschaftlicher Vorgaben auszuleben. Noch betrachtet der Gesetzgeber schwulen Sex als illegal und »krankhaft«, woran sich in einigen US-Staaten bis heute nichts geändert hat. Der zivile Ungehorsam gegen die Normierung zeigt sich in ekstatischen Abenteuerräumen. Was »Disco« genannt wird, setzt den politischen Akt des Widerstands mit vermischten Mitteln fort. In provisorischen Räumen verwirklichen Männer Lustfantasien. Theatralisch formuliert sich die Hoffnung der bisher zum Versteckspiel Gezwungenen, ins Licht zu tanzen und das Recht auf Selbstbestimmung einzufordern.

Selbstermächtigung der Ölkrisenkinder

»Ich will«, antwortet das 16-jährige Mädchen aus Bristol auf eine Stellenanzeige der Londoner Zeitschrift *New Musical Express*. Der Himmel über der kleinen Stadt kommt ihr vor wie eine umgedrehte Plastikbadewanne. Sie will nur weg. Bei ihrer in Kleinmädchenschrift auf liniertem Ringbuchpapier verfassten Bewerbung setzt sie darauf, den zukünftigen Arbeitgebern würde schon bei der »Vorstellung ihrer unberührten Jugend das Wasser im Munde zusammenlaufen, diesen alten Böcken in den 20ern, die Teenager wahrscheinlich für mythische Lichtwesen aus ihren geilsten feuchten Träumen hielten!«

Julie Burchill bekommt die Stelle, geht nach London und wird wie erwartet angestarrt. Ihr ist es egal, weil sie mit anderen Dingen beschäftigt ist. Als sie mit Amphetamin in Kontakt kommt, versteht sie, warum es heißt: Wer es probiert, stellt sich vor, es immer wieder zu nehmen. Bis dahin hat sie geglaubt, nichts zu können, außer ein bisschen fantasieren, und auch das nur, wenn sie allein ist. Jetzt klappern die Tasten der Olivetti Valentine unter ihren Fingern, überreihen das Papier mit Worten. Kaum hat sie ein Blatt eng beschrieben, füllt sie schon das nächste mit Gedanken, die wie Bläschen in geschüttelter Brause platzen. Immer tiefer gleitet sie in den Hohlraum des Extrems, irgendwo zwischen Fanatismus und dem richtigen Leben, wo der Augenblick kein Übergang mehr ist, sondern die letzte Möglichkeit.

Zuerst findet sie das Pulver ekelhaft. Sie nimmt sonst nie etwas durch die Nase, außer Luft und Geruch, und jetzt saugt sie einen Krümelkram von unbekannter Zusammensetzung ein. Mit jeder Linie sinkt ihr Respekt für die grundlos lächelnden Kollegen, die in ihren Boxen wie leidende Zimmerpflanzen aussehen und sich schmallippig auf Bleistiften durch Begriffswüsten kauen, während sie sich in ihrem Schreiben zu einem Ton von höchster Verfügungsgewalt aufschwingt. Nach acht Monaten hat sie ihre Nasenschleimhäute sagenhaft trainiert, und das Gesicht hat eine namenlose Farbe angenommen. Vervollständigt wird die Erscheinung durch eine überschnelle Stimme aus einem abgemagerten Körper. Der perfekte Treibstoff zur Selbstermächtigung hat Spuren hinterlassen, die fantastisch aussehen. Und ein Jahr auf Speed hat ausgereicht, um sie brillant und berühmt zu machen. Man hielt sie jetzt für die Besitzerin der schärfsten Finger auf einer Schreibmaschine in der englischen Musikpresse. Sie hat kein Problem damit, noch viel mehr von sich zu behaupten.

Vor dem Fenster haben sich die Verhältnisse schon länger zugespitzt, das Leben auf dem blauen Ballon beginnt, ein wenig welk zu wirken. Schrittweise springen die Zusammenhänge aus der Spur. Schon 1972 hat das renommierte Wirtschaftsinstitut Club of Rome auf das Ende des Wachstums hingewiesen. Die Vorstellung einer Endlichkeit des industriellen Fortschrittsgedankens ist damit erstmals amtlich formuliert. Als es wirtschaftlich noch bergab geht, erlässt die verschreckte US-Regierung eine Geschwindigkeitsbegrenzung auf maximal 25 Meilen pro Stunde. Im Vaterland der Autobahn müssen die Autos kurz darauf ganz stehen bleiben, als die westdeutsche Regierung am 25. November 1973 den ersten »autofreien Sonntag« anordnet.

Die Geschwindigkeit, als Wesen des Fortschritts, scheint sich ruiniert zu haben. Nach der Anhebung der Ölpreise durch die OPEC und dem daraus entstandenen Nachfrageentzug ist die Wirtschaft steil nach unten gerutscht, während der Benzinpreis in den Himmel steigt. Mit der »Ölkrise« fährt der angekratzte Glaube an das ewige Schneller, Höher, Weiter und eine als ständige Verbesserung angenommene Zukunft gegen die Wand. Überhitzte Geschwindigkeitsmetaphern drehen im Schlamm der Endlichkeit durch. Menschen verlassen ihre Fahrzeuge. Von ihrer gradlinigen Religion verlassen, wirken die modernen Menschen müde. Gebeugt kriechen sie in ihre Häuser und fürchten sich, bald noch mit Atombomben angegriffen zu werden.

Sommer der totalen Gegenwart

Es regnet in Schnüren, als sich ein Gesicht mit der Farbe von geronnener Milch über seinen zu langen Fingernagel wundert. Wie konnte der sich solches Wachstum ermogeln? Der Hals schüttelt den Kopf. Der Arm kippt den Auswuchs zum Mund und packt ihn mit den Zähnen. Den Beißer nennen alle »Sid«. Wenige Wochen zuvor ist er gemeinsam mit seinem Freund John nach London gezogen. Leidenschaftslos gegenüber der Lohnarbeit handelt Sid mit Speed. Es reicht, um die beiden zu ernähren.

John mag die Wirkung, weil er sich damit schneller fühlt. Speed lockt seine Verfolgungsfantasien in ein Spiegelkabinett, wo sie sich in endlosen Wiederholungen gegenseitig verzehren. Sid, der sich lieber von geschnorrten Gedanken ernährt, fragt selten warum. Es gefällt ihm, wenn das Amphetamin in seine Ungestimmtheit eintritt und ihn eine Verhärtung erfasst.

Das zweistöckige Haus, zu dessen Bewohnern sich die beiden erklärt haben, hat der Besitzer zugemauert, was es aussehen lässt wie ein Gesicht mit geschlossenen Augen. Den Zugang organisieren sich Sid und John durch die Rückseite. Drinnen haben sich die Dinge über die Jahre von jeder erkennbaren Farbe getrennt, was im Licht einer schummrigen Glühbirne aber kaum ins Gewicht fällt. An diesem Morgen konzentrieren sich die beiden auf die Neuordnung der Londoner U-Bahn. Zur modellhaften Darstellung ihrer Vorstellung verwenden sie etwas, das sie »Professor Bingos Schnupfpulver« nennen. Mit ihm zeichnen sie die Windungen der neuen Ordnung auf den Boden. In das letzte verbliebene Dreieck schiebt Sid mit rauschgelbem Grinsen den Rest des Pulverisierten zu einem Hakenkreuz.

Die Handlung wirkt wie ein Startsignal: Ihre Finger greifen lustvoll in die Linien aus Amphetamin, was schnell Staub aufwirbelt. Der Geruch erinnert sie daran, was sie mit dem Pulver am liebsten machen. Es gierig saugen. Bald riecht es nach kalter See. In ihrer Unendlichkeit hämmern die Zähne aufeinander. Ein Gefühl der Leere treibt sie, überlagert von dem Druck, etwas zu tun – und sei es, Fetzen von der Zunge abzureißen.

Langsam bewegt sich die Gier aus dem Mund und verschlingt dessen Rand von außen nach innen. Zeigt sich Bartwuchs, rupfen die Zähne ihn Härchen für Härchen aus. Gelegentlich erwischen sie einen der Speed-Pickel, die ihre Gesichter mustern. Ihre Schneidezähne durchstoßen die Hülle der kristallinen Ablagerungen. Schmerz spüren sie dabei nicht, da das Amphetamin die Empfindung dafür abdämpft. Sie könnten sich die Haut aufschneiden, ohne mit der Wimper zu zucken.

Rausch zu Ware

An einem Dienstag spricht der Inhaber einer Boutique namens »Sex« den dort einkaufenden John an und fragt ihn, ob er nicht am Abend vor dem Musikautomaten eine Probe als Sänger geben wolle. John hat keine Ahnung, wie man singt, und sagt ja. Bei seinem Bewerbungsauftritt stimmt er ein Lied von Alice Cooper an, dazu rudert er mit den Armen wie ein Ertrinkender, was in durchfallfarbenem T-Shirt zauberhaft aussieht. Alle sind zufrieden, er wird engagiert. Der Boutiquenbesitzer und Manager ist ein verkrachter Kunststudent, der jetzt alles auf eine Band setzt, die nicht spielen kann. Schneller als ein Buchmacher die Wette angenommen hätte, gewinnt der karierte Fuchs mit einem breiten Grinsen: Innerhalb weniger Wochen werden die Sex Pistols zur größten Popsensation seit den Beatles.

John Joseph Lydon tut bei alldem immer noch, womit er seine Zeit schon in dem vermauerten Haus verbracht hat. Nur wirkt die Kauarbeit unter den veränderten Umständen nicht mehr nach innen, sondern nach außen: Amphetamin verwandelt den Schüchternen in einen öffentlichen Wichtigtuer, der sich Johnny Rotten nennt. Den Spitznamen verdankt er dem Blick in seine Mundhöhle: Die oberen Zähne sind kaputt und die unteren sehen auch nicht mehr gut aus. Auf der Bühne schlägt Rottens Herz heftig, das Blut kocht in seinen Ohren, der Gaumen entwässert bitter. Rotten gönnt sich die ganze Palette des Irrseins. Eine Wut entlädt sich, gegen die es keine Widerrede gibt. Neben der Übersteuerung des Auftritts hilft Amphetamin, die halsbrecherische Bewegungslogik aus Beschleunigung und Verzögerung zu bewältigen, welche die Karriere der Sex Pistols bestimmt: Die erste Langspielplatte lässt Ewigkeiten auf sich warten.

Als *Never Mind the Bollocks* endlich auf den Markt kommt, sollen die Sex Pistols sofort auf US-Tour gehen. Rotten erhält aber keine Einreiseerlaubnis, weil die britische Regierung den *Misuse of Drugs Act* 1977 auf ringsubstituierte Amphetamine aller Art ausgeweitet hat. Kaum ist das neue Gesetz installiert, erwischt die Polizei Rotten mit den falschen Krümeln in der Tasche. Um eine Absage der Tour zu verhindern, hinterlegt die Plattenfirma jetzt eine Sicherheit in Höhe von 50.000 Dollar bei der Einwanderungsbehörde – eine Bürgschaft für ihren Künstler. Und um dessen Benehmen zu gewährleisten, heuert die Plattenfirma ein halbes Dutzend Rocker an.

Kaum hat die Band das Flugzeug verlassen, heften sich die Aufseher an Rottens Fersen und wachen mit Argusaugen darüber, dass ihr Risikofaktor kein Amphetamin zwischen die Finger bekommt. Die Folgen der von schneller Hand geplanten Maßnahme hat aber niemand bedacht: Ewig lange Busfahrten zwischen den einzelnen Auftritten entwickeln sich zu einem quälenden Zwangsentzug. Rottens Welt verdunkelt sich zu Schatten, während er selbst immer kleiner wird. Nachts stiert der Schrumpfende schlaflos aus dem Fenster des Busses. Die Lichtkörper türmen sich empor, drehen sich, pendeln und schießen zu Formen auf, vor denen sein Vorstellungsvermögen versagt, bis er plötzlich versteht: Ihr Recht auf Übergröße leiten die Objekte daraus ab, ein schokoladenfarbenes Leintuch von unten zu beleuchten, damit die Leute es für den Himmel halten.

Der letzte Auftritt der US-Tour geht in einer riesigen Schachtel über die Bühne. In San Francisco sieht das Publikum nur noch einen vor Erschöpfung verfrorenen Jugendlichen mit möhrenroten Haaren, der entrückt vor ihnen herumstakst. »Es ist scheußlich«, wispert er in der Mitte von *No Fun*. Hat Rotten sich am Anfang des Liedes noch am Mikroständer aufrecht gehalten, nähert er sich nun mit jeder Strophe dem Boden. Nach dem Lied hat alles ein Ende: Lydon hebt sich noch einmal irgendwie auf, und ein todtrauriger Mensch wendet sich beim Verlassen der Bühne dem Publikum zu. Sein Gesicht hat jeden Ausdruck verloren, die Stimme ist gerade noch ein Flüstern, als sie nuschelt: »Habt ihr schon mal das Gefühl gehabt, ihr wurdet betrogen?« Die Hand grabscht bei den Worten nach vorn, als wolle sie eine Fliege fangen, dabei will sich nur ein isolierter Mensch versichern, jeden Kontakt mit der Außenwelt verloren zu haben.

Die Band reist am nächsten Morgen nach Rio de Janeiro, um mit dem berühmten, dort im Exil lebenden Posträuber Ronald Biggs einige Lieder am Strand einzuspielen. Rotten findet den Versuch von Humor indiskutabel und flüchtet allein nach New York. Dort angekommen, nimmt er sich ein Zimmer in einem heruntergekommenen Hotel. In seiner abgestorbenen Fröhlichkeit will er sich nur noch ausschalten. Die Gedanken hinterlassen in seinem Kopf Flecken. Er erkennt den letzten Fluchtpunkt darin, aus dem Fenster zu springen. Beim Blick vom zehnten Stock in die Tiefe wünscht er sich, die bewegten Punkte da unten auf der Straße würden ihn gleich nach dem Aufprall zudecken. Aber er ahnt, die Passanten würden nichts tun, außer ungehemmt auf seinen auslaufenden Schädel zu gaffen. Er kehrt dem Abgrund den Rücken.

Nachdem er stundenlang auf der Bettkante gehockt hat, keucht plötzlich ganz hinten in seinem Kopf ein Gedanke. Aus dem Mund kommt ein kichernder Laut. Der Gedanke bewegt sich aber entsetzlich langsam, Lydon muss warten. Es folgen einige Telefonate, wenige Stunden später verkündet er auf einer Pressekonferenz das Ende der spektakulärsten Band der Welt.

Nach 26 Monaten, vier Singles und einer Langspielplatte treten die Sex Pistols schneller ab, als sie aus dem Nichts aufgetaucht sind, und für einen Moment sieht der Darsteller ihres Abgangs aus wie der einzige Mensch auf der Welt, an dem kein Preisschild klebt. Hinter den Kulissen nimmt sich der Vorgang komplizierter aus: Lydon hat sich als Rotten in seine eigene Nebenfigur verwandelt. Jetzt ist Rotten nicht mehr da, und der ohne die zweite Identität in seinem Körper allein Zurückgebliebene spricht fortan nur noch in der dritten Person von dem verschwundenen Rotten. Amphetamin war für Lydon eine Methode, sich in Rotten zu verwandeln. Es bedeutete die Möglichkeit, ein anderer zu sein und nicht nur er selbst. Nach der Entwöhnung, die sich entsetzlich anfühlt, lässt er die Finger vom Amphetamin. Und mag das, was Lydon in den Jahren danach als Musiker und Produzent erarbeitet, auch komplexer und reicher sein als das schmale Werk von Rotten, als Behauptung bleibt es im Vergleich unbedeutend. Die Gabe hat ihn verlassen.

Organlose Leute untertage

Durch Wolken fallen Schatten. Ein Mann hockt starr und stumm im Schaufenster eines Ladens, als sei er ausgestellte Ware, die schon lange niemand haben will. Seine Wangen sind eingefallen, das Gesicht gelb, der Rücken steif. Unter löchrig toupierten Haaren sieht er aus wie eine krebskranke Hauskatze. Knackende Fingerknöchel unterstreichen die lautlosen Worte, die Blixa Bargeld auf ein A4-Blatt kritzelt: »Die Maschine funktioniert, alle sind wir Geiseln. In einem schalltoten Raum gibt es zwei Töne, einen hohen (das Geräusch des arbeitenden Nervensystems) und einen tiefen (den des pulsierenden Blutes) oder umgekehrt. Wir machen keine Fehler mehr, wir werden nichts bei geschlossenem Fenster wiederholen, schrei dich zu Tode. Das ist mehr als richtig.«

In Berlin, der Stadt der Kohlenkeller, liegt es auf der Hand, den Übungsraum der Band Einstürzende Neubauten in einer dunklen Kammer einzurichten. Das Innere der Pfeiler einer Autobahnbrücke scheint ein geeigneter Ort. Die Decke hängt niedrig, es gibt keine andere Möglichkeit, als gebückt darin zu gehen. Krumm verrichten die Neubauten hier ihre Arbeit, die darin besteht, Teil eines neuen Dekadenzbewusstseins zu werden.

Alexander Hacke, Gitarrist der Band, erinnert sich an den Moment, als sie im Nachtlokal »Dschungel« vom Kokain zu Amphetamin wechselten. Die synthetische Droge entfaltet ein Feld, um Anordnungen zu erproben, über die sie auf Kokain nur endlos geredet hatten, bis alles zu Nichts zerrann. Amphetamin dehnt ihre Organe zu durchlässigen Gebilden, spreizt Haut zu einer Membran, empfänglich für telepathische Nachrichten. Auf dem gefährlichen Boden des Unbekannten versorgt sie die Wirkung mit erfrischender Selbstvergewisserung. Das Ich vernarrt sich in seine Anwesenheit, sieht sich dabei zu, wie es als sechs Meter großer Mann im Raum steht. Als wäre das noch nicht hoch genug, wächst der Riese immer weiter, bis er sich ungefähr so groß erlebt wie das chinesische Volk. Wie ein Panzer hält die Übergröße ein feindlich erlebtes Außen vom Leib.

Alles hat ein Ende, auch die Endzeitstimmung beginnt in den Wäldern der Innerlichkeit zu verschwinden. Zeigte die »Industrial music« von Throbbing Gristle oder den Einstürzenden Neubauten mit ihren martialischen Beschwörungen der Maschine noch ein zwiespältiges Verhältnis zur Technik, verkünden jetzt andere Stimmen eine Rückkehr zu ihr: »Lasst uns zu eben den technologischen Stärken zurückkehren, die unsere großartige industrielle Lebensgrundlage geschaffen haben und denen wir die Lebensqualität verdanken, die wir heute genießen.«

Mit solchen Parolen versucht Ronald Reagan 1983 das Waffensystem »Star Wars« anzupreisen. Die Aufforderung des US-Präsidenten, sich wieder positiv der Maschine zuzuwenden, hat Folgen. Was als kühne Militärstrategie antritt, erweitert sich schnell zum ideologischen Zurück in die Zukunft. Durch die Wiedererweckung der tot geglaubten Macht hoffen die Vorreiter des technologischen Fortschreitens, das Tief zu überwinden, in dem sich die Zukunftsskepsis seit der Ölkrise eingegraben hat. In der Neuordnung, die sich abzuzeichnen scheint, soll sich jeder moderner als modern bewegen, was konkret heißt: Er ist technisch immer auf der Höhe der Zeit. Belohnt wird diese Disziplinierung seiner selbst nicht mehr wie in der Vergangenheit mit dem Versprechen, Komplize von Fortschritt, Aufklärung oder gar revolutionären Veränderungen zu sein, die künftige Gesellschaft lässt alle Utopien hinter sich. Durch solchen Verzicht erlebt sich der Einzelne autonomer, wirkt aber auch fragiler. Wer funktioniert, erhält dafür Güter wie Kleidung, Unterhaltungselektronik, Autos oder Drogen, um sich über deren zur Schau getragenen Verbrauch darzustellen und im sozialen Gefüge zu positionieren.

Kurz nach Beginn der Mobilmachung für den »Krieg der Sterne« feiert die »Designerjeans« ihren Auftritt. Über die Laufstege von Mailand und New York schicken Modemacher die Röhrenhose als Innovation. Der in die Jahre gekommene

Prototyp massenhaft produzierter Kleidung soll sich dadurch erneuern, dass die individuelle Note des Designers in kleinen Verschiebungen des industriell vorgegebenen Standards aufscheint.

Der Bekleidungstrend findet einen sprachlichen Abkömmling in der Wortverschiebung »Designerdrogen« als neuem Sammelbegriff für vollsynthetische Rauschmittel. Zur Kategorie des stofflichen Nervendesigns gehört an vorderster Stelle die Mutter laborerzeugter Drogen, Amphetamin, ihr folgen PCP, Ketamin und GHB. Bei allen handelt es sich um Produkte des Pharmamarktes, in denen nicht eingeplante Zielgruppen psychotrope Nebenwirkungen erkannt haben. Unter Design von Drogen wird nun also Zweckentfremdung verstanden.

Aus sprachlicher Perspektive handelt es sich bei »Designerdrogen« um ästhetisch gestaltete, psychoaktive Substanzen. Kennzeichnend ist für sie, wie für alles Industriedesign, die unbegrenzte Reproduzierbarkeit eines Prototyps. Designerdrogen fügen sich gut zu einem erwachenden Zeitgeist, mit dem das Natürliche und Reine aus der Mode kommt. Was in der Musik schon New Wave oder in der Literatur der postmoderne Roman vollzogen haben, die Infragestellung des Authentischen, erfasst jetzt den Umgang mit dem Körper und wird dadurch für ein breites Publikum attraktiv. Das Neue ist in vieler Hinsicht nicht neu, wieder geht es um die Vermischung mit den Produktionsmitteln. Diesmal heißt das durch die Maschine verbesserte Arbeitswesen Cyborg.

Versprechen einer technischen Landschaft

Durch das Northland Center in Detroit flanieren im Frühling 1984 Menschen mit ausladenden Schultern und Masken aus Selbstbräunungscreme. Am Rand des Brunnens im Zentrum der Einkaufspassage liest ein Mädchen in William Gibsons *Neuromancer*. Was Zukunft werden soll, sieht in dem Roman aus wie ein aus Millionen Kabeln geflochtener Dschungel, ein nachmenschliches Gewebe aus Arterien und Atari, durch das Geld fließt. In der verwilderten Landschaft liefern sich Konzerne und andere Mächte einen endlosen Krieg. Wer zu keiner Firma gehört, irrt einsam durch die zersiedelten Reste städtischen Lebens. Einer von diesen Desperados, der aussieht wie der Mann aus der Marlboro-Reklame, nur ohne Pferd und Sonne, ist der hackende Söldner Henry Doisette Case. Als umherschweifender Tagelöhner klaut er in kurzfristigen Anstellungsverhältnissen als Dieb für reichere Diebe. Seine Auftraggeber aus dem digitalpharmazeutischen Komplex stellen ihm die elektronischen Werkzeugkisten zur Verfügung, mit denen er durch verspiegelte Fassaden steigt, um für sie die Datenbeute rauszuholen.

Die Laufbahn des intellektuellen Elektropunks wird abrupt unterbrochen, als er einen seiner Auftraggeber bestiehlt und sich dabei erwischen lässt. Sein Verrat wird mit der Überdosis eines Halluzinogens bestraft. Die Maßnahme soll ihn nicht nur züchtigen, sondern sein Talent vernichten, kurz: alles zerstören, mit dem er sich in den Kreislauf aus Arbeit und Überleben einbringen kann. Als Unternehmer seiner selbst, der sein eigenes Kapital verkörpert, scheint er ruiniert. Was von ihm übrig bleibt, taucht in die Unterwelt einer engmaschig elektronisierten Großstadt.

Die Leserin sieht den von der Droge Kleingemachten am Tresen, zwischen steifen Gestalten, die mit starren Mienen ihre Gläser festhalten und das Wechselgeld schnell wieder wegstecken. Sie folgt dem Abgestraften in ein Motel, wo er versucht, die neurochemischen Belagerer mit Amphetamin aus seinem Kopf zu vertreiben. Das Gegengift hilft nur bis zu einem bestimmten Punkt, die Attraktion der kybernetischen Weite zu vergessen. Doch immer wieder entgleitet ihm die Hoffnung auf eine Rückkehr in den Zustand der Unschuld und ein Leben, in dem es keine Albträume gibt. Die Struktur der Abhängigkeit gibt der Schuld aber zumindest einen Rahmen, bis seine Selbstbehandlung abrupt endet, als ein neuer Auftraggeber heimlich eine Operation an den Organen vornimmt. Nach dem Eingriff kann Case kein Amphetamin mehr in seinen Stoffwechsel aufnehmen. Den erneuten Zwangsentzug gleicht er durch Arbeit aus, womit er genau das tut, was der neue Auftraggeber von ihm will.

Neuromancer vermittelt den Eindruck, als umherschweifender Tagelöhner im digitalen Raum lebe es sich wie im Rausch, überhaupt sei Arbeit in der künftigen Welt die aufregendste Verschwendung seiner selbst. Das Tempo auf der Höhe von Amphetamin ist nicht mehr *on the road*, sondern *online*. Die dringlichsten Vorstellungen des 20. Jahrhunderts, die Produktion von Geschwindigkeit und die Beschleunigung der Arbeit, zielen wieder auf einen strahlenden Horizont, an dem die Sonne technisch gestützter Biologie aufgeht. Die Avantgarde soll nicht mehr im Stau stehen, sondern durchstarten. Ihre schon verfügbare, wenn auch weit von den literarischen Versprechen entfernte Prothese in der Wirklichkeit, der Computer, soll den sich ausbreitenden Glauben an Technologie bald für alle zugänglich machen. Was mit ihm noch nicht so perfekt funktioniert, verkürzt sich zu einer Frage verbesserter Schnittstellen, mit denen der Rausch aus Nullen und Einsen in einer nahen Zukunft voll und ganz genossen werden kann.

Neue Demut vor den Maschinen

Zehn Jahre zuvor ist eine Band in Detroit aufgetreten, die die Hinwendung zur Technologie vorweggenommen hat. Bekannt geworden sind die Deutschen in den USA durch ein Lied, das für viele klingt wie eine mit Akzent gesungene Maschinenversion des Beach-Boy-Stücks *Fun fun fun*. Zwischen all dem *Spaß*, der sich in Wahrheit an James Brown bedient und dessen Sänger *fahren* meint, hören die amerikanischen Hörer ein fremdsprachiges Wort, das sie kennen: *Autobahn* – Inbegriff der großen Freiheit des Einzelnen hinter dem Steuer.

Lester Bangs, ein abstinenter Amphetaminbenutzer, der seinen Verzicht durch das Schreiben zahlloser Texte über Musik auszugleichen versucht, stürzt der musikalische Entwurf von Kraftwerk in eine solche Begeisterung, dass er gleich die ganze Zukunft der Musik zur Sache der Deutschen und ihrer klackenden Maschinen erklärt. Während er die Platte immer wieder hört, überkommt ihn aber plötzlich der ungeheure Gedanke, das »Dritte Reich« sei vielleicht nie wirklich untergegangen, sondern durch die Wirkung von Metamphetamin in den Archetypen der amerikanischen Gegenkultur – von Jack Kerouac über Andy Warhol zu MC5, den Detroiter Pionieren des Punk – immer wieder aus dem Jenseits aufgetaucht. Die zunächst wirr klingenden Überlegungen eröffnen eine neue Sicht der Zusammenhänge.

In Detroit können sich Menschen solche Gedanken erlauben, weil es hier seit den Sechzigerjahren immer stiller geworden ist und es jedes Jahr weniger Arbeitsplätze gibt. In einem schleichenden Prozess muss mittlerweile fast die Hälfte der Einwohner die Stadt verlassen. Die propere Industriestadt beginnt zu verwaisen und sich in eine Geisterstadt zu verwandeln. Selbst in den Teppichetagen der Ford Motor Company kann sich die Verwaltung der Arbeit jetzt nicht mehr darüber hinwegtäuschen: Es geht bergab. Zwar bewegen sich die Fließbänder noch, der Mensch wird aber immer seltener gebraucht, um die Arbeit am Laufen zu halten. Fords Traum vom Auto für die große »Multitude«, wie er den Massenkunden am Anfang des Jahrhunderts genannt hat, beginnt sich selbst zu zerstören. An die Stelle der Verschränkung von Mensch und Maschine treten immer öfter Roboter, die Maschinen führen, um Maschinen zusammenzusetzen. Was fehlt, sind die Maschinen, die die Maschinen kaufen.

Vage Ideen von einem Leben nach dem Industriezeitalter spuken durch die Hirnwindungen der Teenager der sterbenden Motorstadt. Einer, den sie umtreiben, heißt Juan Atkins. Jeden Tag arbeitet er nach der Schule an seiner Vorstellung vom Ton der kommenden Welt. Gemeinsam mit einem elf Jahre älteren Kriegsveteranen, der sich »3070« nennt, hat er Anfang der Achtzigerjahre das Projekt Cybotron gegründet. Was die selbsterkannten Cyborgs aus dem Korg MS-10 und verwandten Synthesizern erzeugen, scheint ihnen der passende Klang zur Wirklichkeit am Horizont.

Die »Techno-Rebels«, eine Selbstbenennung, die 3070 und Atkins aus dem Buch *Third Wave* des Zukunftsforschers Alvin Toffler entnommen haben, wehren sich nicht gegen Technologie, sondern übersetzen die Konzepte der Automatisierung in eine von treibendem Funk zersetzte Maschinenmusik, die »Techno« genannt wird und mit »Acid« die Tonspur für das wenige Jahre später einsetzende Comeback von Amphetamin liefert.

An die Stelle menschlicher Interpreten treten Projekte unter wechselnden Namen, die nach Computerprogrammen klingen. Sich als Techniker gebende Musiker horchen auf das Eigengeräusch der Geräte, um zu finden, was darin schläft, weben weiter an der von Warhol angestoßenen Beschwörung einer Magie der seriellen Wiederholung. Ihre künstlerische Leistung verstehen sie darin, die Dynamik der Technologie durch die Zurücknahme ihrer Bediener hörbar werden zu lassen. An die Stelle subjektiver Entscheidungen treten Überlegungen, wie viele Schläge pro Minute welche Reaktionen bei den körpereigenen Rhythmen auslösen. Man übt sich in einer neuen Form von Demut vor den Apparaten und dem technischen Blick auf den Menschen.

Durch das steigende Desinteresse der industriellen Produktion am Menschen ist der gesellschaftliche Kitt immer brüchiger geworden. Wie wenig Verbindendes der Industriekapitalismus neben der Wertschöpfung zu bieten hat, zeigt sich nun deutlich. Was den Vereinzelten bleibt, ist die Konzentration auf persönliche Glücksgefühle und provisorische Kleingemeinschaften. Unverbindlichkeiten, die sich mit Techno bestens kombinieren lassen. Für das, was als Zukunft anbricht, wird der Begriff Postfordismus erfunden – ein sprachliches Danach, das verstockt am Ausgang der Vergangenheit zu stehen scheint und nur ganz scheu an die Tür des Künftigen klopft, weil es sein altes Zuhause nicht mehr gibt.

Therapie zu Ekstase

Auf Ibiza trinken im Sommer 1987 Touristen begeistert den Rumcocktail »Coco loco«. Im Taumel der verschwitzten Tage lässt er sie tanzen wie Flummis. Nur wenige wissen, dass das Mischgetränk den Amphetaminabkömmling MDMA enthält. Da es keine militärische Invasion der USA auf den iberischen Inseln gegeben hat, stellt sich die Frage: Wie ist das von Alexander Shulgin Mitte der Sechzigerjahre in den Merck-Archiven ausgegrabene MDMA aus dessen Waldhaus in Oakland auf die Partyinsel im Mittelmeer gekommen?

Begonnen hat die Wanderung der Droge 1977, als Shulgin bei einem der in seinem Haus regelmäßig stattfindenden Drogenversuche seinen Freund Leo Zoff in die Wirkung von MDMA eingeweiht hat. Der befreundete Psychotherapeut geht gerade in Rente, eine Aussicht, mit der er sich nicht anfreunden mag. In dem faszinierenden Wirkstoff erkennt er seine Herausforderung für den dritten Lebensabschnitt und beginnt, als Botschafter der therapeutischen Möglichkeiten von MDMA über Land zu ziehen. Seine Mission wirkt überwältigend: Zoff kann mehrere Hundert Therapeuten von dem Mittel überzeugen, welche wiederum Tausende ihrer Patienten MDMA-gestützt behandeln. Innerhalb kurzer Zeit werden nahezu eine halbe Million Dosen in Umlauf gebracht.

Mag sich die pulverförmige Ergänzung zur Behandlung durch das Schneeball-Prinzip schnell verbreiten, handelt es sich bei dem therapeutischen Gebrauchswert lange Zeit um eine Art Geheimwissen. Aufgrund der Erfahrung mit der Öffentlichkeitswirkung von LSD in den Sechzigerjahren gibt es eine Übereinkunft unter den experimentierfreudigen Therapeuten: Vorläufig soll niemand zu MDMA veröffentlichen. Das vereinbarte Schweigen hält zwei Jahre, bis erste Erfahrungsberichte in Fachzeitschriften erscheinen.

Durcheinander gerät die diskrete Ordnung aber erst, als ein weiterer MDMA-Hersteller in Texas beginnt, sich an eine vergnügungslustige Kundschaft außerhalb des Therapie-Milieus zu wenden. Die Konkurrenz belebt das Geschäft: MDMA verwandelt sich innerhalb kürzester Zeit in eine Partydroge, die über telefonische Hotlines geordert und mit Kreditkarte bezahlt werden kann. Der verführerische Produktname »Ecstasy« entsteht in dieser Zeit, da ein Einzelhändler annimmt, die Droge ließe sich unter dem zwischen Sex und Religion schillernden Namen besser verkaufen. Durch immer aufsehenerregendere Auftritte rutscht MDMA nun in das Beobachtungsfeld der Polizei. Nach längeren politischen Auseinandersetzungen und gegen den Widerstand zahlloser Therapeuten darf MDMA ab 1985 nicht mehr genutzt und gehandelt werden.

Als sei es der Geschichte zu anstrengend, sich nicht zu wiederholen, führt die Regulierung zu einer Konjunktur des Schwarzmarktes, die goldenen Jahre von Ecstasy beginnen. In Schwulendiskos der großen Städte gehört die Droge bald genauso dazu wie die Levi's 501. Da viele Benutzer in den Ferien nicht auf die Wirkung verzichten wollen, findet die Droge im Gepäck von Touristen ihren Weg auf die Partyinsel Ibiza, womit sich der Kreis schließt.

Getanzte Normalisierung

Eine zerknautschte Basslinie pumpt mit der Geschwindigkeit von 135 Schlägen pro Minute. Billige Hörner rufen übermütig zum Aufbruch. Unbestimmte Geräusche bauen eine Mauer, als aus dem Hintergrund eine weitere Figur tritt und jede Struktur in ein wildes Blubbern verwandelt. Zwischen Strudeln drängt sich alles noch dichter aneinander, als bestünde die Befürchtung, jemand könne einem leeren Moment zum Opfer fallen. Die tönerne Verdichtung bläht die Gefühle. Gierig hüpfende Körper bilden schwitzende Knäule im Nebel. Mattes Fieber flirrt in den Köpfen. Herzen schlagen höher. Großartig fühlt es sich an, auf Toilette zu gehen. Niemand kann sich erinnern, den Austritt seiner Verdauung jemals so genossen zu haben. Die Ausscheidungen formen sich zu kleinen lasierten Kugeln, die mit entzückendem Geräusch ins Becken fallen. Alles erstrahlt in einem übermodernen Licht. Geraten doch einmal Unterkiefer außer Kontrolle, werden solche Verzerrungen schnell vom Nachbarn aus den Körpern gestreichelt.

Da sich einige Zuhörer durch die Musik an ihre LSD-Erlebnisse erinnert fühlen, entsteht der Begriff »Acid«. Im Aufwind der unvertrauten Tanzmusik verlässt Ecstasy bald die Unterwelten. Was in den heruntergekommenen Industriestädten Detroit und Chicago anarchisch selbst organisiert begonnen hat, zieht in Europa schnell Zehntausende an, flinke Unternehmer wittern ein Riesengeschäft. Auf immer gigantischeren Partys wird MDMA zur Droge einer Massenbewegung.

Die Wirkung des Amphetaminabkömmlings 3,4-Methylendioxy-N-methylamphetamin, des Hauptwirkstoffs dessen, was »Ecstasy« genannt wird, unterscheidet sich deutlich von Amphetamin. Während Speed die Wahrnehmung scharf stellt, schleudert Ecstasy sie in ein Zwielicht – es ist ein Aufputschmittel mit Weichspüler und psychedelischer Nebenwirkung. Im verschalteten Gehirn fühlt sich die Umgebung flauschig umwölkt an. Deshalb bleibt Ecstasy auch in erster Linie die Droge der Techno- und Acid-Konsumenten, hergestellt wird die Musik unter Einfluss von Speed.

Ecstasy taugt nur bedingt als Arbeitsdroge, seine Verbesserung liegt nicht in einer Kraftsteigerung, sondern im schnell verfügbaren Wohlergehen ohne allzu verwirrende Nebeneffekte – es liefert eine gut steuerbare Abwendung vom Alltag auf Zeit. Darüber hinaus vermittelt Ecstasy Gemeinschaftserlebnisse, was nach Jahren, in denen Politiker wie Reagan und Thatcher die aggressive Selbstliebe der Ellenbogengesellschaft verordnet haben, auf empfängliche Körper stößt. Unter Einfluss der Abstraktionspillen glauben Tausende, auf Partys und in Clubs einen gemeinsamen Massenkörper zu formen, der sich durch den endlosen Raum der Nacht treiben lässt. Nüchterner betrachtet, scheint die wichtigste Gemeinschaft aber der Einzelne zu sein, der es sich mit seinem verschobenen Spiegelbild gut gehen lässt.

Da Ecstasy schnell die Mittelschicht erreicht, in welcher der reine Genuss schwer fällt, dauert es nicht lange, bis flinke Federn einen Überbau schreiben. Die Theorie zur Droge bildet eine Collage aus Chaosforschung, internetgeprägten Ideen von Gemeinschaft und handlichen Versatzstücken nachmoderner Philosophie. Einige Ecstasy-Denker gehen so weit zu behaupten, die Menschheit habe erst in das Zeitalter intelligenter Maschinen eintreten müssen, damit ein Massenpublikum für das Erlebnis der Droge ausreichend empfänglich sei.

Die Konjunktur von Ecstasy hat eine Normalisierung der Nutzung von Drogen zur Folge. Darreichung und Wirkung von Ecstasy sind den vertrauten Verbrauchsmustern ähnlich, bedeuten weniger eine Abweichung als eine Fortsetzung des Gewohnten. Was als Verrückung mit den Benutzern geschieht, wirft nur selten aus der Bahn. Was der Benutzung unkontrollierter Drogen an widerständiger Verweigerung innewohnt, schleift sich ab.

Unterstützt wird der Wandel bewusstseinsverändernder Drogen zum immer verfügbaren Gebrauchsgegenstand durch die Erfolgsgeschichte einer legalen Pille zum Glücksrausch, die Ecstasy in ihrem Wirkungsmuster ähnelt. Alle wollen jetzt, dass es ihnen mit ein bisschen »kosmetischer Chemie … besser als gut« geht, wie es der Prozac®-Theoretiker Peter Kramer werbegerecht vorformuliert.

Befohlene Sorge um sich selbst

Vielleicht muss wirklich nur ein bisschen neurochemisch nachgeholfen werden, und das Glück klopft an die Tür. Mit dem Fall des Eisernen Vorhangs ziehen sich ab 1989 fast alle dunklen Wolken aus der Welt zurück. Der Kommunismus, Atomkraft und -bomben, Aids, das Waldsterben oder die Dritte Welt verabschieden sich. Jetzt ist alles möglich, oder es muss nur noch eine technologische Lösung dafür gefunden werden. Es sind die Jahre des großen Ja, in denen allein der Gedanke, sich zu empören, empörend wirkt. Techno beschallt als nachindustrielle Volksmusik das bizarre Lebensgefühl nach dem Fall des Eisernen Vorhangs, einen Rummelplatz, dessen Leuchtschrift behauptet, man feiere »den Sieg des Kapitalismus«. Vergnügen wandelt sich zur Dienstleistung. Was sie versprechen, ist ein sauber abgesteckter und teuer bezahlter Austritt aus der Normalität, der im Zusammenspiel mit Ecstasy einen sich passgenau in die Arbeitswelt einfügenden Achtstundenrausch mit dem Restrisiko verfrühter Altersdemenz bietet.

Das metallische Lebensgefühl von Techno erweckt zudem ein neues Interesse am eigenen Körper. Um regelmäßig 24 Stunden am Stück tanzen zu können, wird neben der Droge die Sorge um die eigene Kondition erforderlich. Genuss bedeutet für die Verbraucher, etwas zu leisten. In Form solcher Konstruktionen wandert der Technobass als Treibriemen geeigneter Bewegungen in die Körperbaustudios, Orte der Hingabe, an denen sich die Normalisierungsgesellschaft ins Bild setzt. Menschen schwitzen sich in einen Zustand der Leere, in denen ihr Innerstes über den Disziplinierungsmaschinen schwebt. Eine Selbstkorrektur mit Blick auf das Ziel, einer behaupteten Norm zu entsprechen.

In der um Geld geordneten Welt zahlt der Mensch schon länger dafür, einen Körper zu haben. An den Verbesserungsapparaten gibt es nun eine Preiserhöhung, um die erwünschte Formung seines Körpers zu erhalten. Es ist eine fremdbestimmte Sorge um sich selbst.

Leistungssex

Unter Leistung wird in der Physik der Quotient aus Arbeit und vergangener Zeit verstanden, Druck wiederum meint eine intensive physikalische Zustandsgröße. Die umgangssprachliche Verquickung von beidem zu Leistungsdruck kommt nicht nur in der Arbeitswelt vor, sondern auch beim Sex. Der Wirkstoff Sildenafil, besser bekannt unter seinem Markennamen Viagra®, gilt als zuverlässiges Mittel, mit dem sich Männer verbessern können, um das zu leisten, von dem sie glauben, es werde von ihnen erwartet.

Drastischer funktioniert die erfolgreichste der unkontrollierten Sexdrogen der letzten Jahre: Crystal. »C« ist keine reine Sexdroge, sondern ein zu ganzheitlicher Übersteuerung führendes Anregungsmittel, das oft im Zusammenhang mit Sex benutzt wird. Crystal ist auch nicht neu, sondern Metamphetamin in kristalliner Form.

Unter Homosexuellen wird schon länger darüber gesprochen, dass ein von Crystal übersteigertes Verlangen zu enthemmten und riskanten, da ungeschützten Sexualpraktiken führt. Die daraus abgeleitete These, Crystal sei für rund die Hälfte der Neuinfektionen mit HIV in den USA verantwortlich gewesen, erreicht aber erst 2004 eine breitere Öffentlichkeit, als der Act-Up-Aktivist Larry Kramer bei einem Aids-Forum an der New Yorker Cooper Union eine Rede hält, in der er den erneuten Anstieg der HIV-Infektionen unter Homosexuellen im zweistelligen Prozentbereich auf die wachsende Popularität von Crystal zurückführt. Kramers These stößt vor allem in der jüngeren Clubszene auf Widerspruch. Aus ihren Reihen wird ihm entgegengehalten, mit solch populistischen Schauergeschichten sei niemandem geholfen, außer der an einer immer stärkeren Kontrolle des Lebens interessierten Gesundheitspolitik der Regierung George Bush. Notwendiger als eine Dämonisierung sei eine umfassendere Information über die Droge.

Wie sich Amphetamin und Metamphetamin auf die Sexualität auswirken, wird zunächst unterschiedlich wahrgenommen: Einige Benutzer beobachten an sich das Erlöschen sexuellen Begehrens, andere erleben sich wiederum extrem sexualisiert oder sogar so, als würde die Lust überhaupt erst von der Droge aufgespürt. Eine überbordende Erregung verpuppt sich dabei in einen Kokon der Egozentrik. Von sich selbst besessen, kehrt sich das übersteigerte Begehren wahllos nach außen. Das Begehren kippt ins Extrem, Gier ergreift den Benutzer, dessen elektrisierte Haut alle Tabus überschreiten will. Sex und Amphetamin werden sich erstaunlich ähnlich. Einige der Amphetaminnutzer erleben extrem lang anhaltende Erregungszustände. Die Droge kann zu Enthemmung führen, oft verbunden mit einer aggressiven Lust an der Machtausübung, weshalb sie auch bei sadomasochistischen Praktiken und anderen von der Konvention abweichenden Spielarten des Sexuellen verwendet wird.

Das Böse kehrt zurück

Amphetamin und Metamphetamin ziehen schon seit den frühen Neunzigerjahren immer wieder die Aufmerksamkeit auf sich: In spektakulären Meldungen wird der Eindruck vermittelt, die »Superkillerdroge«, an die sich zuvor angeblich nur deutsche Bomberpiloten und ein paar Durchgeknallte gehalten hätten, sei plötzlich aus dem Nichts und massenhaft auf die Erde gekommen, um arbeitslose Familienväter in Missouri in Amokläufer zu verwandeln oder anders die öffentliche Ordnung der nordamerikanischen Provinz an den Abgrund zu treiben. Die Horrormeldungen werden nun im Abstand von drei Jahren wieder aufgewärmt. Vielleicht, damit die mediale Wiederverwertung des Bildes nicht allzu sehr auffällt, trägt die Droge bei jeder Welle einen neuen Namen: Mal heißt sie »Yaba«, dann »Meth«, mal »Glas«, dann »Nazi crank«, »Superspeed« oder eben »Crystal«. Etwas hat sich aber auch an der Substanz geändert: Metamphetamin kann mittlerweile aufgrund verfeinerter Labortechnik wesentlich wirkungsstärker hergestellt werden. Bei hohem Reinheitsgrad wirkt es deshalb sechsmal stärker als das Metamphetamin, wie es sich noch in den Sechziger- und Siebzigerjahren im Umlauf befand. Geschnupft, geraucht oder injiziert rammt die Wirkung in den Kopf und erzeugt beim Aufschlag einen unvorstellbaren Extremzustand. Von einem als orgiastische Selbstverschwendung erlebten Rausch bleiben Trichter der Leere zurück, Einschläge, die das wieder nüchtern betrachtete Leben kaum noch mit der gewöhnlichen Ereignisdichte füllen kann. Benutzer, die ihre Wahrnehmung andauernd damit beschießen, reagieren ab einem bestimmten Punkt auf fast alles mit Überdruss. Aufgrund seiner heftigen Wirkung, die getriebene Zustände von tagelanger Schlaflosigkeit zur Folge hat, verwüstet Crystal die Körper seiner Benutzer in relativ kurzer Zeit. Fotos der von den Zerstörungen Gezeichneten bieten Bildmaterial für den vertrauten Horrordiskurs über Drogen. Massenhafter Crystal-Gebrauch wird mittlerweile nicht nur in Australien, Südostasien oder Neuseeland registriert, auch die seriöse Londoner Tageszeitung *The Independent* warnt am 21. November 2006 vor »Großbritanniens tödlichstem Drogenproblem«. Beobachter sind sich einig: Illegales Metamphetamin tritt in immer mehr Ländern an die Stelle von Kokain.

Was Crystal gerade in den USA besonders bedrohlich erscheinen lässt, zeigt sich erst auf den zweiten Blick: Die Droge wird laut der *Division of Alcohol and Substance Abuse* zu 91% von Weißen benutzt. Auf »Tweaker«, wie die Benutzer genannt werden, passt die entlastende Vorstellung von randständigen Rauschgiftlern, die einer ethnischen, meist schwarzen Minderheit angehören, nicht mehr. Hinzu kommt, dass Metamphetamin zwar weiterhin die Armutsdroge der weißen Unterschicht bleibt, nur dass sich diese aufgrund der wirtschaftlichen Entwicklung massiv ausweitet und beginnt, die Mitte der Gesellschaft zu erfassen.

Die steigende Verbreitung von Speed ist aber nicht allein das Ergebnis der sozialen Ausgrenzung in Folge der massiven Umverteilung in den westlichen Industrienationen, daneben gibt es verschiedenste regionsspezifische Ursachen. Eine von vielen ist die Produktionstradition in der Tschechischen Republik und Polen, die nach dem Zusammenbruch des Staatssozialismus einen Aufschwung erlebt und beginnt, sich dem Export zuzuwenden, wodurch immer mehr »Tschechen- und Polen-

Speed« auf den mitteleuropäischen Markt gelangt. Metamphetamin wird im Ostblock schon lange hergestellt und genutzt. In Moskau deckt die Polizei 1971 erstmals ein Geheimlabor auf. Eine der Ursachen der umfangreichen Metamphetamin-Produktion findet sich in den frühen Jahren des Kalten Krieges. Chruschtschow hat damals einmal, Lenin parodierend, formuliert: »Kommunismus ist die Macht der Sowjets plus die Chemisierung der Wirtschaft.« Nach dem Zusammenbruch der Sowjetunion gab es ein Heer gut ausgebildeter, nun arbeitsloser Chemiker, die sich nach neuen Betätigungsfeldern umsehen mussten. Einige von ihnen entdecken, gelegentlich unterstützt vom Unternehmergeist aus dem Westen, dass sich in den Grauzonen des Systemumbaus durch die Herstellung entsprechender Stoffe Geld verdienen lässt.

Das große Zappeln

Während illegales Ecstasy und Speed die Vorstellungen von Party, Körperpflege oder Sexualität um ungeahnte Möglichkeiten erweitern, steigt der Verbrauch kontrollierter Amphetamine und ihrer vielfältigen Abkömmlinge um mehrere hundert Prozent. Die Stofffamilie schiebt sich wieder an die Spitze der am häufigsten sowohl legal wie illegal hergestellten Drogen. Dem drastischen Anstieg des Absatzes auf dem kontrollierten Markt geht dabei erstaunlicherweise keine erwähnenswerte Innovation der Technologie des Produkts voraus, sondern für den Boom wird nur eine einzige Ursache erkennbar: Seit den späten Achtzigerjahren tritt ein Syndrom mit dem sperrigen Namen Aufmerksamkeits-Defizit-Hyperaktivitäts-Störung (ADHS) plötzlich massenhaft auf. Die Normabweichung zeigt sich zunächst vermehrt bei Kindern und öfter bei Jungen als bei Mädchen. Die von der Störung Erfassten haben Schwierigkeiten, Arbeitsanweisungen zu verstehen, Routinearbeiten zu erfüllen, wichtige von unwichtigen Aufgaben zu unterscheiden oder einfach nur zuzuhören. Sie lassen sich leicht ablenken, sind vergesslich und »zappeln«.

Mag, was jetzt als ADHS bezeichnet wird, in den vergangenen beiden Jahrzehnten auch plötzlich massenhaft beobachtet worden sein, unbekannt war das große Zappeln zuvor nicht.

Eine der ersten Darstellungen des Phänomens vermutet die Medizingeschichte im sprichwörtlich gewordenen »Zappelphilipp« aus dem *Struwwelpeter*. Das Kinderbuch zeichnete der Frankfurter Allgemeinarzt Heinrich Hoffmann 1844 aus Geldmangel als Geschenk für seinen Sohn. Freunde drängten ihn dazu, die moralinsauren Bildergeschichten zu veröffentlichen, was er zunächst unter dem Pseudonym Remerich Kinderlieb tat. Die Verlegenheitslösung des klammen Vaters sollte eines der erfolgreichsten Kinderbücher aller Zeiten werden und verkaufte sich schon zu Hoffmanns Lebzeiten in zahllosen Auflagen. Jahrzehntelang ging die Medizingeschichte davon aus, es handle sich beim Zappelphilipp um eine Selbstbetrachtung des Autors, und Hoffmann, der sich in seinen Lebenserinnerungen als zerstreut und vergesslich beschreibt, habe selbst an den Symptomen von ADHS gelitten. Ob es sich beim Zappelphilipp tatsächlich um eine Selbstdiagnose Hoffmanns gehandelt hat, ist inzwischen umstritten.

Auch bei der Behandlung der nervösen Normabweichung kann nicht gerade von einer Innovation gesprochen werden. Als die Zunahme der medikamentösen Behandlungsmethode Ende der Achtzigerjahre einsetzt, werden die Symptome von ADHS unter der zuvor gängigen Bezeichnung »minimal brain dysfunction« schon seit einem halben Jahrhundert mit Amphetamin behandelt. Verändert hat sich nur, dass nun plötzlich die Zahl der betroffenen Kinder steigt. Innerhalb weniger Jahre sind allein in Deutschland 1,8 Millionen Kinder von ADHS betroffen.

Ritalin® macht Kinder froh

Die Massendiagnose führte zu einer Vervielfachung des Absatzes vor allem von Ritalin®, einem amphetaminähnlichen Präparat auf der Basis des Wirkstoffs Methylpenidat, das in der Vergangenheit Erwachsenen als Antidepressivum zur Bewältigung ihres Alltags gegeben wurde. Als »Kinderpille« steigt Ritalin® Anfang der Neunzigerjahre auf Platz sechs in der Rangliste der meistverkauften Psychopharmaka. Angetrieben wird der Erfolg des Produktes durch eine der größten Werbekampagnen in der Geschichte der Pharmaindustrie. Das »Ritalin-Kind«, der anzunehmende Verbraucher, wird dabei zwar in altersgerechter Form mit bunten Bildergeschichten angesprochen, in erster Linie ist es aber das funktionale Umfeld – Eltern, Erzieher und Lehrer –, auf das abgezielt wird. Zum komplexen Vertriebskonzept gehört darüber hinaus die Schulung von Ärzten, denen vermittelt wird, wie sie das Medikament verschreiben sollen. Schwieriger als das Ausstellen des Rezepts nimmt sich dabei die Feststellung des Syndroms aus, da ein physiologischer Nachweis von ADHS nicht möglich ist, die Störung lässt sich weder an Blut oder Urin noch in anderen Körperflüssigkeiten belegen.

Mittlerweile festigt sich selbst unter den Anhängern einer medikamentösen Behandlung die Annahme, die Störung werde wesentlich öfter behandelt, als sie auftritt. Bei zahllosen Verschreibungen scheint es sich um Verlegenheitsdiagnosen und hilflose Reaktionen von Ärzten auf das Drängen medial aufgestachelter Eltern sowie das Ergebnis der starken Präsenz des Medikamentes auf dem Markt zu handeln. Immer wieder stellt sich zudem heraus, dass Eltern sich über ihre an ADHS leidenden Kinder mit Amphetamin oder Ritalin® versorgen und es zur Leistungssteigerung oder als Rauschmittel nutzen.

Das Auftreten von ADHS bei Erwachsenen wird in Deutschland mittlerweile von immer mehr Ärzten angenommen, ist aber noch umstritten. Medikamentös behandelt werden darf die Störung bei Erwachsenen offiziell nicht, was aber in Einzelfällen nach Ermessen des behandelnden Arztes trotzdem geschieht. In den USA hingegen werden die Medikamente zur Behandlung von ADHS bei Erwachsenen schon offen beworben.

Zu einer Diagnose von ADHS gelangen Ärzte bei Erwachsenen regelmäßig über die Drogenbiografie ihrer Patienten, die berichten, sie hätten unter Einfluss aufputschender Drogen wie Speed oder Kokain zu innerer Ruhe und Konzentration gefunden. Bei wie vielen illegalen Amphetamin-Nutzern es sich in den letzten Jahrzehnten um übersehene, unbewusste oder es nur vage ahnende ADHS-Betroffene gehandelt haben könnte, die die Droge nutzten, um nicht als haltlose Nervenbündel durch Raum und Zeit zu irren, bleibt aber Spekulation, da erst seit Anfang des Jahrtausends intensiver zu dieser Diagnose bei Erwachsenen geforscht und publiziert wird.

Struktur aus der Tablette

Nach der Einnahme von Amphetamin löst sich bei den von ADHS-Symptomen Betroffenen das, was sich wie ein Vorhang zwischen sie und die Außenwelt zu schieben scheint. Mit geöffnetem Ausblick fällt es ihnen leichter, sich über einen längeren Zeitraum zu konzentrieren. Ihre Energie verliert sich nicht mehr ziellos, sie können ihre Wahrnehmung »scharf« stellen und dadurch produktiv machen. Diese Methode der Konzentration durch Amphetamin muss nicht unbedingt als paradox verstanden werden, wie es die Medizin in Anschluss an den Amphetamin-Pionier in der Kindermedizin, Charles Bradley, seit 1937 lange Zeit annahm. Möglicherweise wird vielmehr der die Wahrnehmung regulierende Botenstoffhaushalt auf Grundlage seiner Voraussetzungen eingestellt und einer Normvorstellung angepasst.

Die Forschung ging zunächst davon aus, ADHS-Betroffene litten an einem Dopamin-Mangel, der durch die anregende Wirkung des Amphetamins ausgeglichen werde. Andere Studien behaupteten das Gegenteil: Die hirnstoffwechselgestörten Patienten seien durch einen Überschuss an Dopamin bestimmt, weshalb sie beständig zu große Mengen des Botenstoffs transportierten.

Durch Ritalin®, Adderall® oder Dexedrine® wird der Dopamin-Transport zunächst erhöht. Nach einem kurzen Hochgefühl, das die schon durch sich selbst Aufgeputschten kaum noch wahrnehmen, erleben die Benutzer mehrere Stunden lang, was gewöhnte Amphetamin-Benutzer ein »flat« nennen, jene gedämpfte Phase, in der erst einmal wieder neues Dopamin vom Körper gebildet werden muss, da die Vorräte in den Depots erschöpft sind. Dem überentwickelten Antriebssystem wird die Energie ausgehaucht, die Behandelten verhalten sich ruhig. Sind die Bläschen in den Depots wieder mit Dopamin gefüllt, beginnt der Benutzer erneut aufzudrehen und bekommt eine weitere Pille, die sein Ungleichgewicht, oder was dafür gehalten wird, erneut auf eine angenommene Vorstellung von Normalität auspegelt. Um die Strukturierung des Benutzers aufrechtzuerhalten, werden viele Medikamente zur Behandlung von ADHS im Vier-Stunden-Rhythmus verabreicht oder in Form von Präparaten, die den Wirkstoff verzögert freisetzen.

Der anhaltende Aufschwung der medikamentösen Behandlung von ADHS ist Teil einer Bewegung hin zum biologischen Verständnis psychischer Auffälligkeiten. Seit den Achtzigerjahren haben verstärkt physiologische Behandlungsmethoden, also die Körperzuschreibung psychisch abweichenden Verhaltens, die Oberhand gewonnen und soziale, psychologische oder psychoanalytische Interventionen verdrängt. Die Abwendung vom Psychologischen hin zum Biologischen hat größtenteils wirtschaftliche Ursachen: Psychotherapien sind teuer und bieten nicht die in industrielle Wertschöpfung umsetzbaren Möglichkeiten von Drogen. Erkennbar wird in der Biologisierung psychisch erlebter Probleme darüber hinaus eine gesamtgesellschaftliche Rückwendung zu technologischen Möglichkeiten. Die mit Ronald Reagans »Krieg der Sterne« propagierte Hin- oder Rückwendung zur Technologie hat begonnen, sich in das Innere des Körpers zu bewegen.

Die Erklärung der psychischen Konflikte des Menschen aus seiner Physiologie und die daraus abgeleitete Behandlung mit Medikamenten bildet ein wesentliches Element innerhalb einer Radikalisierung der normativen Biopolitik. Den ursprünglich dem nationalsozialistischen Vokabular entstammenden Begriff hat der französische Wissenshistoriker Michel Foucault in den Siebzigerjahren neu geprägt. Seinen zentralen Ausgangspunkt bildet die staatliche Einflussnahme auf die menschliche Fortpflanzung und das Gesundheitsniveau. Foucault geht davon aus, dass die Macht sich seit dem 17. Jahrhundert nicht mehr durch die Souveränität über den Tod definiert. Im Licht der industriellen Revolutionen wird der menschliche Körper zunehmend als Maschine aufgefasst. Die Konsequenzen sind Dressur, andauernde Steigerung seiner Fähigkeiten, deren optimale Ausnutzung und die Eingliederung des auf seine Nützlichkeit reduzierten Körpers in ein die Menschen immer genauer erfassendes Kontrollsystem. Als ausführende Organe des Kontrollapparates erkennt Foucault Familie, Armee, Schule, Polizei, Individualmedizin und öffentliche Verwaltung. Der »Eintritt des Lebens und seiner Mechanismen in den Bereich der bewussten

Kalküle und Verwandlung des Macht-Wissens in einen Transformationsagenten des menschlichen Lebens« wird zudem ab dem Beginn der zweiten Hälfte des 20. Jahrhunderts im wachsenden Ausmaß durch die von Foucault noch wenig beachtete Gesundheitsindustrie bestimmt, die sich in den letzten Jahren, in Ableitung der Übersetzung des altgriechischen Wortes »Bios«, immer öfter »Lebensindustrie« nennt.

Zurück in die Zukunft

Schon Mitte der Neunzigerjahre prognostizierte der russische Zukunftsforscher Leo Nefiodow, die Gesundheitsindustrie werde die Datenautobahnen und ihre Zulieferbetriebe als Wachstumsmotor ablösen und den »sechsten langen Konjunkturzyklus« beherrschen. In einer gerade vom Erfolg eines digitalen Gewebes namens »World Wide Web« gebannten Aufmerksamkeit geht Nefiodows Vorhersage aber unter. Gehör wird ihr erst geschenkt, als die Blase der »new economy« vier Jahre später platzt. Das große Versprechen, in dem es keine Zyklen und Krisen, sondern nur noch ungebremstes Wachstum und nie abreißende Ströme geben sollte, sieht plötzlich wie ein schlechter Witz aus.

Im Jahr 2002, dem Jahr, in dem die Blase der neuen Wirtschaft des Digitalen auf ihren innersten Punkt zusammenschrumpft, verzeichnet die Firma Cephalon in Pennsylvania einen Umsatz von 500 Millionen US-Dollar und gilt damit als eine der aussichtsreichsten Biotechnologie-Aktiengesellschaften. Hauptursache des Erfolgs der Lebenstechnologiefirma ist ein Produkt namens Provigil®. Das zunächst für die Behandlung von Narkolepsie-Patienten vermarktete Medikament ist in den Vereinigten Staaten gerade auf dem besten Weg, sich zum jüngsten Wiedergänger von Speed zu mausern. In einem erneuten Anlauf geht es darum, das Schlafbedürfnis zu kontrollieren und dessen biologische Voraussetzungen in den Griff zu bekommen. Wieder sind Taxi- und LKW-Fahrer, Studenten, Nachtschwärmer, Manager und Software-Entwickler die Zielgruppe. Sie alle wollen sich bis zu 40 Stunden am Stück wach halten und dem Müßiggang ein Ende machen.

Erst auf den zweiten Blick wird der Unterschied erkennbar. Provigil® hilft zwar, wach zu bleiben, tut dies aber, ohne dabei wie Amphetamin ein Gefühl der Euphorie zu vermitteln. Schlaflosigkeit braucht offenbar keine Freude mehr zu bereiten, die lässt sich einsparen. »Ich fühle mich unheimlich aufmerksam. Und habe so richtig Lust zu arbeiten, ein seltenes Gefühl ... Heute arbeite ich doppelt so schnell. Unbezähmbares Schreibverlangen befällt mich ... 18.00 Uhr: Verärgert, weil ich das Büro verlassen muss, wo doch all diese wundervolle Arbeit herumliegt. Zweiter Tag ... Ich arbeite wie ein Berserker. Dies sind meine produktivsten Tage seit Jahren ... Ich habe übernatürlich hart und gut gearbeitet«, notiert der Journalist David Plotz während des Selbstversuchs mit Provigil®. Der Wirkstoff des Wachmachers heißt Modafinil, chemisch handelt es sich um 2-Diphenyl-Methylsulfinyl-acetamid. In Deutschland ist das Psychoanaleptikum unter dem Namen Vigil® zugelassen und rezeptpflichtig. Wie Provigil® wirkt, lässt sich nicht genau sagen. Vermutet wird, dass es anders als Amphetamin die Generatoren des Schlafrhythmus im Gehirn direkt anspricht, also gezielter wirkt als der große Bruder.

Die Erfolgsgeschichte des Hilfsmittels bekommt einen weiteren Schub, als die populäre Leichtathletin Kelli White 2005 positiv auf Modafinil getestet wird. Nutzerinnen wie White können sich nicht irren, das Mittel muss gut sein. In Versuchsreihen wird das Präparat zur Behandlung von ADHS untersucht. Auch die US-Armee prüft nun die Einsatzmöglichkeiten der Antischlafpille, die ohne die problematischen Nebenwirkungen von Amphetaminen, seien es Angstzustände oder enthemmte Aggression, wirken soll. Genau durch diese Schwachstellen des weiterhin populären Klassikers unter den Aufputschmitteln versuchen die Anbieter von Provigil® oder der Hersteller der Ampakine CX546, CX614 und CX717 nun, in den Markt zu stoßen. Von werbestrategischem Vorteil erweist sich dabei, dass Amphetamin gerade wieder ins Gerede gekommen ist.

Zuerst verbreiteten die Nachrichtenagenturen nur eine Meldung über eine Handvoll toter Soldaten, wie sie sich jeden Tag irgendwo zwischen all den anderen Nachrichten findet. Eine Information, die binnen kürzester Zeit wieder verschwunden wäre, gäbe es nicht Umstände, die von den ständig wiederholten Vorkommnissen des Krieges abweichen und sich nun immer schärfer abzeichnen. Es heißt zunächst, zwei Air-Force-Piloten hätten in Kandahar, Afghanistan, eine Einheit kanadischer Soldaten mit Al-Qaida-Kämpfern verwechselt. Der Fehler bei der Erkennung des Ziels, für die das Militär den Ausdruck »friendly fire« benutzt, führt dazu, dass die amerikanischen Piloten mit einer schweren Bombe vier Kanadier töten und acht weitere Soldaten schwer verletzen.

Zur Klärung des Zwischenfalls eröffnet die US-Armee im Januar 2003 ein Untersuchungsverfahren. Schon bei der ersten Anhörung entsteht der Eindruck, es könne dazu kommen, dass sich die beiden Soldaten wegen Totschlags vor einem Kriegsgericht verantworten müssten, was eine juristische Zuspitzung bedeuten würde, zu der es in der Geschichte der Air Force noch nicht gekommen ist. Innerhalb weniger Minuten nimmt das Verfahren aber eine überraschende Wendung: Die Anwälte verteidigen ihre Mandanten mit dem Argument, die Piloten hätten bei dem fehlgeschlagenen Einsatz unter Einfluss von Amphetamin gestanden. Dazu sei es gekommen, da die Droge bei der US-Armee routinemäßig ausgeteilt werde. Erschwerend komme hinzu, dass die Army ihre Mandanten nicht einmal auf die unterschiedlichen Nebenwirkungen der »go pills« aufmerksam gemacht habe. In der von der Droge ausgelösten Erregung hätten ihre Mandanten dann lieber zu viel als zu spät geschossen. Seitens der Air Force werden die beschriebenen Umstände nicht geleugnet, jedoch damit gerechtfertigt, dass Amphetamin an wechselnden Fronten schon seit 60 Jahren benutzt werde, ohne dass es bei den Soldaten zu größeren Zwischenfällen gekommen sei. Und die Informationen zu den Nebenwirkungen würden sich in den entsprechenden, allen Soldaten zugänglichen Handbüchern finden.

Im Verlauf des Prozesses, der für großes Aufsehen und helle Empörung sorgt, gelangen nun Untersuchungen an die Öffentlichkeit, die belegen sollen, dass ein Drittel der US-amerikanischen Verluste im zweiten Golfkrieg ihre Ursache in »friendly fire« gehabt hätten. Begünstigt worden sei diese hohe Quote dadurch, dass während der »Operation Wüstensturm« im Irak jeder zweite Soldat mit »go pills« versorgt worden sei. In

Kampfsituationen hätten sogar bis zu 98% der Soldaten die Sanitäter um neurochemische Verstärkung gebeten.

Die richtige Droge für das Kind

Kinder und Soldaten, die mit Amphetamin besser funktionieren, auf der einen Seite, Horrormeldungen über durchgedrehte Speed-Freaks auf der anderen Seite – offenbar haben sich die Gesellschaften der Industrienationen auf ein komplexes Verhältnis zur Droge geeinigt, das sich nicht allein aus dem Wirkstoff erklären lässt. In diesem Gefüge wird nicht nur ein Krieg unter Einfluss von Amphetamin geführt, sondern auch weiterhin ein Krieg gegen Drogen. Im Falle von Amphetamin erlebt dieser *war on drugs* zeitgleich mit der Auseinandersetzung bei der Air Force seine bisher blutigste Offensive. Angeordnet wird der Großangriff von der thailändischen Regierung. Ziel der Offensive ist es, das Land innerhalb von drei Monaten vom unkontrollierten Umgang mit Amphetamin und Metamphetamin, die den thailändischen Drogenmarkt beherrschen, zu reinigen.

Bekannt waren Thailand und seine Nachbarstaaten lange Zeit eher für eine andere Droge: Anbau und Verarbeitung von Schlafmohn haben im Dreiländereck Thailand, Myanmar, Laos eine Jahrhunderte zurückreichende Tradition. Zu internationaler Bedeutung kam das Anbaugebiet jedoch erst während des Vietnamkrieges. In dieser Zeit entstand die sich aus der geometrischen Geografie des Gebietes sowie dem alten Brauch, Opium mit Gold zu bezahlen, zusammensetzende Namensgebung: Goldenes Dreieck. Nach dem Abzug der US-Truppen aus dem benachbarten Vietnam, samt ihrer großen Zahl drogenbenutzender Soldaten, bricht der regionale Heroin-Markt Mitte der Siebzigerjahre ein. Es dauert lange, bis sich der Wirtschaftszweig durch die Erschließung des internationalen Exports von Heroin wieder erholt. Das Geschäft im Dreiländereck bricht in den Neunzigerjahren wiederum ein, als Opium-Bauern in Afghanistan nach »witterungsbedingten Rekord-Ernten«, wie es UN-Berichte formulieren, mit hochwertiger Ware auf den Markt drängen.

Der Aufschwung der afghanischen Heroin-Produktion verstärkt sich durch die erhöhte Nachfrage, als die USA 2002 in Afghanistan gegen die Taliban Krieg führen. Ob nun wegen des Wetters, als Kriegsgewinnler oder durch andere Begünstigungen, aufgrund des hochwertigen Angebots aus Afghanistan sinkt die Nachfrage nach Heroin aus dem Goldenen Dreieck. In Myanmar, dem ehemaligen Burma, wird der Umsatzeinbruch durch Umstellung auf Metamphetamin aufgefangen, das vorwiegend auf den südostasiatischen Markt gelangt. Als treibende Kraft hinter der unkontrollierten Metamphetamin-Herstellung wird die Guerillabewegung United Wa State Army (UWSA) ausgemacht. Sie soll aus dem an China grenzenden Norden des Nachbarstaates Myanmar den Markt der aufsteigenden Wirtschaftsnation Thailand mit Millionen von Metamphetamin-Tabletten versorgen. Laut einer Erklärung der US-Regierung handelt es sich bei der in einem der letzten relativ unkontrollierten Gebiete versteckten UWSA mittlerweile um die größte Drogen herstellende Organisation Südostasiens. Mag der nordamerikanische Markt vom Metamphetamin der UWSA auch nahezu unbeliefert bleiben, setzt Washington auf den Anführer, Wei Hsueh Kang, ein Kopfgeld von zwei Millionen Dollar aus. Während der breit angelegten thailändischen Polizei-Offensive Anfang 2003 gegen den Vertrieb von Speed scheint aber weniger die Belohnung als die Angst das treibende Moment. Die eingesetzten Polizisten werden mit Kündigung und anderen Disziplinarmaßnahmen bedroht, wenn sie bestimmte Leistungsquoten nicht einhalten. Innerhalb weniger Wochen töten die Ordnungshüter mehr als 2000 Menschen, meist Kleinhändler und Kuriere, deren Namen sich auf einer schwarzen Liste mit insgesamt 46.000 Namen von Verdächtigen finden.

Die von staatlichen Menschenrechtsorganisationen wegen der Ausschreitungen der thailändischen Polizei angerufenen Vereinten Nationen reagieren auf das Unbehagen mit einer überraschenden Stellungnahme: Sandro Calvini, Sprecher des UN Office for Drug Control and Crime Prevention (UNDCP), lobt gegenüber der *Asian Times Online* Thailands sich gerade wieder als vorbildlich erweisende Drogenpolitik und verweist auf das Recht von Kindern, in einer drogenfreien Umgebung aufzuwachsen. Die Interpretation der Menschenrechte führt bei ihrer praktischen Anwendung immer wieder zu überraschenden Einsichten, wie im Falle des UN-Statements mit seiner Unterscheidung zwischen Amphetamin und Metamphetamin aus staatlich kontrollierter Produktion von Firmen wie Novartis oder GlaxoSmithKline und denen aus unkontrollierter Produktion – wie etwa der United Wa State Army. Während Erstere ihr Amphetamin an Kinder und Soldaten in aller Welt verkaufen dürfen, wird gegen Letztere paramilitärisch vorgegangen. Genau betrachtet, geht es also nicht darum, dass Kinder in einer drogenfreien Umgebung aufwachsen, sondern in einer Umgebung mit den richtigen Drogen, die weltweit entsprechend verpackt und mit Steuermarke versehen sein sollen.

Unkontrollierte Nachbauten von Drogen werden nicht zuerst deshalb polizeilich verfolgt, weil sie qualitativ schlechter seien – was ihnen selbstverständlich nachgesagt wird und aufgrund improvisierter Produktionsbedingungen fraglos oft der Fall ist. Fast immer geht es im Konflikt des *war on drugs*, wie schon zur Zeit des nun fast 100 Jahre alten *Harrison Narcotic Tax Act*, um die staatliche Teilhabe am Drogenmarkt in Form von Steuern. Darüber hinaus geht es um die Wahrung von Eigentumsverhältnissen und die Rechte an der Nutzung technischer Verfahren wie der Herstellung von Amphetamin und Metamphetamin.

Die von der UN belobigten Polizei-Massaker an kleinen Speed-Schiebern in Thailand sind der Höhepunkt einer sich über zehn Jahre zuspitzenden Entwicklung. Schon zwischen 1994 und 2000 hatte sich die Menge des weltweit von der Polizei sichergestellten Metamphetamins laut UNDCP verachtfacht. Ein solcher statistischer Wert belegt zunächst nicht, dass sich achtmal so viel Metamphetamin im Umlauf befindet, sondern polizeiliche Sicherstellungszahlen illegaler Drogen zeigen zuerst an, auf welche Substanzen die staatlichen Kontrollorgane die Suchkriterien ihrer Fahndung ausgerichtet haben. Ist eine Droge gerade nicht von Interesse der Sicherheitsbehörden, kann sie sich zwar massenhaft im Umlauf befinden, wird aber nicht registriert, da das Fahndungsraster sie nicht erfasst, also weder die Spürinstrumente auf sie abgerichtet, noch die entsprechenden Transportrouten überwacht werden. Aus dem Anstieg des beschlagnahmten Amphetamins lässt sich somit schließen, dass sich zeitgleich zur Expansion des kontrollierten Amphetamin-Marktes aufgrund der wundersamen Vermehrung von ADHS-Diagnosen die polizeiliche Aufmerksamkeit für unzulässige Produkte auf der Basis des gleichen Wirkstoffs erhöht.

Nach der Innovation

Drogen sind weiterhin die effizienteste Warenform der Gesundheitsindustrie. Sie bieten die schnelle Lösung von Problemen oder zumindest ihren Aufschub. In deutlichem Widerspruch zu dieser Geschwindigkeit steht, dass es sich bei der Entwicklung von Drogen um ein träges und massenhaft Kapital verschlingendes Geschäft handelt. Acht bis elf Jahre und durchschnittlich 800 Millionen US-Dollar, so die von Pharmaherstellern verbreitete Faustregel, benötigt derzeit die Entwicklung eines innovativen Präparats. Im Vergleich kostete eine solche Neuerfindung 1975 gerade mal 150 Millionen Dollar. Noch dramatischer als der Preisanstieg ist für die Pharmaindustrie, dass die Innovationen immer seltener werden: Die Zahl neu entwickelter Präparate hat sich in den letzten 20 Jahren halbiert. Zu diesem Einbruch kam es nicht etwa, weil sich die Konzerne solche Entwicklungsprozesse nicht mehr leisten können, ganz im Gegenteil scheint Kapital massenhaft vorhanden zu sein. Der investierte Aufwand gelangt aber nicht mehr an ein Ziel, als seien die Zugänge zur Innovation verstopft. Die Verengung eines Angebots hat für gewöhnlich Preissteigerungen zur Folge. So kam es auch bei einigen innovativen Drogen in den letzten Jahren zu einer drastischen Hochpreispolitik. Eine solche Strategie taugt aber nur bedingt bei einer Massenproduktion, die in einem erheblichen Maße gesättigte oder bedingt zahlungsfähige Märkte beliefert. Deshalb besteht weiterhin eine Abhängigkeit von Innovationen, mit denen sich Märkte immer wieder aufs Neue erschließen lassen und konkurrierende Anbieter ausgestochen werden können.

Kommt bei einem der zahllosen Entwicklungsprozesse doch etwas heraus, das mehr verspricht als die leicht verbesserte Wiederholung einer längst erfundenen Droge, muss diese kostbare

Innovation intensiv vermarktet werden, um die hohen Entwicklungskosten sowie zahllose in den Sackgassen der Labors gescheiterte Anstrengungen wieder einzuspielen. Damit das gelingt, muss die Droge extrem langfristig ausgewertet werden.

Um ihren Mangel an Neuerfindungen zu kompensieren, sind die Pharmakonzerne in den letzten Jahrzehnten verstärkt dazu übergegangen, alte Medikamente wieder neu aufzulegen. Die pharmazeutische Industrie lebt, wie so viele Wirtschaftszweige, nicht mehr von Innovationen, sondern von Renditen aus einer andauernden Wiederabschöpfung eines vergangenen Fortschritts.

Parasiten ihrer selbst

Die durch den Mangel an Innovationen bedingte Krise der Pharmaindustrie spitzt sich nochmals zu, als im Jahr 2007 zahllose Patente auslaufen und nicht mehr durch Neuentwicklungen ersetzt werden können. Kopien von Arzneimitteln tauchen umgehend nach dem Auslaufen des Patents eines erfolgreichen Markenmedikaments auf und werden zu einem niedrigeren Preis unter anderem Namen angeboten. Umgangssprachlich werden solche Nachahmerprodukte »Generika« genannt. Krankenversicherungen, als Verwalter der Kosten, unterscheiden genauer zwischen Arzneimitteln mit patentfreien Wirkstoffen, die mit internationalen Freinamen auf den Markt gebracht werden, »Generika«, und den sogenannten »Markengenerika«, die patentfreie Wirkstoffe unter neuen Markennamen anbieten.

Die sich selbst als forschende Pharmaunternehmen bezeichnenden Firmen, die neue Medikamente entwickeln oder dies zumindest behaupten, bezichtigen die Hersteller von Markengenerika als Nutznießer, die sich parasitär an der Wertschöpfungskette bedienen. Die Verfechter von Generika, ohne die sich schon lange eine medizinische Versorgung gar nicht gewährleisten ließe, werfen den forschenden Pharmaunternehmen wiederum vor, die Preise von Arzneimitteln künstlich hochzuhalten und damit auch lebensnotwendige Medikamente für eine wachsende Zahl von Patienten unerschwinglich zu machen. Bei diesen Auseinandersetzungen handelt es sich zunehmend um

Schattenkämpfe: Die forschende Pharmaindustrie kann nicht nur immer weniger Forschungsergebnisse vorweisen, auf die sie ihren Vorwurf stützen könnte, sondern hat auch schon seit Jahren begonnen, die von ihr als leidige Parasiten dargestellten Hersteller von Nachahmerprodukten mal mehr, mal weniger diskret aufzukaufen. Das Ziel scheint zu sein, sich in diesem Geschäftszweig festzusetzen, um so unter anderen Markennamen die leidige Konkurrenz auszustechen.

Denkt man diese Strategie weiter, wird vorstellbar, dass die Pharmakonzerne demnächst beginnen oder schon begonnen haben, auch ihre eigenen Raubkopien herzustellen, um einen Fuß in die Tür dieses schnell wachsenden Marktes zu bekommen. Immerhin schätzt die Weltgesundheitsorganisation, dass raubkopierte, also gefälschte Medikamente, die in Verpackung, Beschriftung und Design das Originalprodukt imitieren, jedoch im Wirkstoff oft abweichen, mittlerweile ein Zehntel des globalen Pharmahandels ausmachen – in Entwicklungsländern sogar bis zu 50%. Der nächste vorstellbare Expansionsschritt wäre dann die Übernahme solch angeblich so lukrativer Gesellschaften wie der United Wa State Army oder der US-amerikanischen Mom-and-Pop-Laboratories, die einen Wirkstoff entsprechend der vom Kunden angestrebten Zweckentfremdung leicht verändert nachbauen.

Wenn Fortschritt innerhalb industrieller Strukturen kaum noch Ergebnisse verbuchen kann, stellt sich die Frage, ob es ohne die juristischen Beschränkungen des Copyrights vielleicht besser gehen würde? Bisher war der Nachbau von Technologien auf dem durch die westliche Kultur dominierten Weltmarkt durch das 1883 während der zweiten industriellen Revolution eingeführte Patentrecht juristisch reguliert. Diese Ordnung gerät seit einigen Jahren ins Wanken, zum einen durch die Opensource- und Anticopyright-Diskussion im Westen, zum anderen durch das Wachstum asiatischer Wirtschaftsmächte, die eine andere Auffassung von geistigem Eigentum pflegen. Vielleicht sind Original, Nachbau, Fälschung oder die zur Zweckentfremdung modifizierte Weiterentwicklung schon bald einfach nur noch verschiedene Geschäftsmodelle innerhalb eines Marktgefüges.

Leistung und Glück des Einzelnen

Der Wunsch, mehr Energie zu besitzen, als einem zur Verfügung steht, dürfte den meisten vertraut sein. Dabei geht es aber immer seltener um die Sehnsucht des Einzelnen, sich kräftiger zu fühlen, als um das zur Normalität erklärte Gefühl einer Bringschuld, besser als gut sein zu müssen und auf keinen Fall schwächer zu sein als die anderen. Versprach die Glückspille Fluctin® vor 20 Jahren noch, dass ihre Benutzer sich besser als gut fühlen, wird dem Zustand des Wohlbefindens nun immer weniger Bedeutung beigemessen. Mittlerweile scheint es, als sei es das größte Glücksgefühl, in der äußeren Ordnung zu funktionieren – ein Gefühl, das sich allenfalls dadurch steigern lässt, noch mehr zu leisten und dabei keine inneren Widerstände aufzubauen. Allein die Leistung erlaubt, sich gut zu fühlen. Arbeitsdrogen werden zu Glückspillen, weil nur, wer mehr arbeitet, eine Ahnung vom Glück bekommt.

Schon das Mädchen vom Bahnhof Zoo, Christiane F., hat Kindern in aller Welt beigebracht, dass es Drogenabhängigen bereits in der Pubertät gelingen kann, so viel zu verdienen wie der »Direktor einer Fabrik«. Bis vor wenigen Jahren sahen solche Karrieren außerhalb der Massenmedien meist nicht besonders attraktiv aus. Mittlerweile wurde das öffentliche Bild jedoch fast völlig von der Vorstellung bereinigt, bei Drogenbenutzern handle es sich um ausgemergelte Leute, die ihr letztes Hemd verkaufen. Sichtbar bleibt davon nur eine verkleinerte Zahl von Junkies rund um die Bahnhöfe der großen Städte. Sie scheinen geeignet als Schreckgespenster für den Fall aus der sozialen Gemeinschaft. In das Licht des immer mehr von den Massenmedien geprägten Bildes wird hingegen ein Gegenspieler des Drogenwracks gerückt: der diskret Drogen nutzende Leistungsträger. Der hat zwar ein Problem, nämlich seine Position am Markt zu sichern und zu verbessern, aber auch eine Methode. Er stellt die Eigenverantwortlichkeit dar und erprobt verschiedene Investitionsstrategien an seinem Körper. Manche nennen dies Selbstmedikation, woraus geschlossen werden könnte, die Lebens- und Arbeitsbedingungen seien die Krankheit, die hier behandelt werde.

Egal wie sie genannt wird, bedeutet die Nutzung von Drogen meist kein moralisches oder strafrechtliches Problem mehr, sondern ist zur Ermessenssache und zum Risikofaktor des Einzelnen geworden, die er oder sie höchstens noch mit den Geschäftspartnern, der Krankenkasse oder dem Arbeitgeber aushandeln muss. Aus Funk und Fernsehen bekannte Vorbilder – seien es Fußballtrainer, Moderatoren, Journalisten, Volksmusiker, Radfahrer, Professoren oder Fotomodelle – vermitteln dazu aus dem Hintergrund die Normalität einer drogengestützten Lebensführung und die Anschlussmöglichkeiten solcher Lebensstile an den Alltag.

Fast entsteht der Eindruck, kein Durchsetzungsstratege seiner selbst komme, will er auf der Höhe der Zeit sein, ohne neurochemische Verstärker aus. Noch gilt es als vorteilhafter, mit zulässigen Drogen auszukommen, die vom Verbraucher über Apotheken, Supermärkte oder Schankstätten bezogen werden können. Mittlerweile sind aber auch viele Schwarzmärkte für Drogen in die Ordnungen ihrer Umgebung integriert. Dass die Nutzung unkontrollierter Rauschmittel kaum noch als Vergehen von den entsprechenden Instanzen diszipliniert wird, lässt sich leicht an der eigenen Umgebung feststellen. Fast jeder kennt Menschen in seinem Umfeld, die unzulässige Drogen nutzen, oder tut es selbst. Aber wer kennt noch jemanden, der oder die sich deshalb einer relevanten Disziplinarmaßnahme unterziehen müsste, die kein Vorwand für eine andere Instanz wäre, sei es zur Kontrolle von Migration oder der Zirkulation des Geldes? Wo die illegalen Drogen zur Aufrechterhaltung der öffentlichen Ordnung beitragen können, gibt ihnen der Staat den dafür notwendigen Raum.

Illegale Drogen werden deshalb nicht mehr in dunkle, unzugängliche Gegenden verstoßen, wo sie zu schwer zu kontrollieren wären, sondern sind anerkannte Werkzeuge für das in der Kontrollgesellschaft von jedem geforderte Selbstmanagement. Selbstverständlich ist es für die Polizei einfacher, den Überblick zu behalten, wenn Speed oder Kokain an festen Orten in ihrer direkten Nachbarschaft über den Tresen verkauft werden, als wenn sich der Handel verstreut.

Das Recht auf Rausch scheint mittlerweile ein ungeschriebenes Gesetz und die regelmäßige Entgrenzung zu einer Pflichtübung der neu geordneten Arbeitswelt geworden zu sein. Die Verwaltungsinstanzen der Lohnarbeit haben längst erkannt, dass nicht nur die beruhigenden Wirkungen, sondern auch die Intensitäten von Rauschmitteln produktiv gemacht werden können. Der notorische Kiffer sitzt länger am Computer. LSD in kleinen Dosen hilft Programmierern sich zu beschleunigen. Kurzfristige psychochemisch provozierte Ausnahmezustände, wie sie Kokain liefert, sind Schulungen dafür, jederzeit zu Veränderung und Überschreitung bereit zu sein, immer kreativ und überaktiv, um sich mit Haut und Haar in den Verwertungsprozess einzubringen.

Egal ob legal oder illegal, Drogen helfen schon jetzt überall als Wellnessprogramme, Nikotinentzugskuren, um einzuschlafen oder um auf Schlaf zu verzichten, damit man arbeiten kann, oder um eine beschleunigte Auszeit zu nehmen. Für jede Aufgabe gibt es einen Stoff. In der Gewinnerwelt, in der sich angeblich keiner Fehler leisten kann und alle einander damit behelligen, wie viel sie arbeiten, nehmen die Menschen Drogen nur noch selten »einfach so«.

Die drogengestützte Gesellschaft scheint bei alldem in einer Wiederholung von scheinbar Vertrautem. Waren in der Vergangenheit viele der Versprechen, welche die Drogen als Gaben des Fortschritts erscheinen ließen, noch mehr oder minder Illusionen, sind nun Jahrzehnte später bestimmte Visionen technisch ausgereift. In der Verwertung von allem und jedem finden sich aber auch für alte Drogen, die kaum weiterentwickelt wurden, plötzlich neue Aufgaben. Rauschmittel, die jahrzehntelang gebrandmarkt wurden, können nun an gesellschaftlich akzeptierte Ziele gekoppelt werden. So haben Psychiater an der University of California gerade eine Studie mit krebskranken Patienten durchgeführt, denen eine LSD-25-gestützte Psychotherapie helfen soll, ihre quälenden Todesängste zu verarbeiten. »Special K« wird in Russland als Entzugsmittel für Heroin erprobt. Amphetamin soll bei der Wiederherstellung des Sprachvermögens von Schlaganfallpatienten Erfolge zeigen. Cannabis wird in Italien zur Schmerztherapie eingesetzt.

Dass die klassische Arbeitsdroge Speed vor dieser Kulisse eine Konjunktur erlebt und wieder verstärkt als neurochemischer Helfer genutzt wird, überrascht wenig. Die subjektive Beschleunigung passt nicht nur als Lebensgefühl für sich in Schwung haltende Eliten, sondern als billiges Mittel taugt es auch für die völlig Erschöpften, hilft ihnen, noch den dritten Job zu schaffen, um ihr Überleben zu sichern, oder Depressionen in einer völlig ausweglos scheinenden Situation zu überwinden. Als allgegenwärtige graue Maus unter den Drogen taucht Amphetamin überall auf, verhilft zu Geschwindigkeit und Selbstdisziplin. »Hirngedopte Konkurrenten werden schneller denken, länger arbeiten, energischer auftreten. Sie werden an ungedopten vorbeiziehen wie Ben Johnson und Carl Lewis«, bereitet die *Financial Times* ihre Leser auf die Zukunft vor, in der Leistungsverstärker wie Ritalin® oder der Newcomer Provigil® zum Standard gehören. Es ist eine sehr nahe Zukunft, von der anzunehmen ist, dass Verbesserungsdrogen so normal sein werden wie heute Mobilfunktelefone – als Möglichkeit, seinen Körper den fremdbestimmten Anforderungen unterzuordnen. In dieser abhängigen und auf Abhängigkeit gebauten Gesellschaft gibt es, allen faszinierenden Möglichkeiten von Drogen zum Trotz, gute Gründe, nüchtern zu bleiben.

Dank

Mein ganz herzlicher Dank gilt Karla und Jakob Maku für ihre Liebe und Geduld. Andreas Brunner für seinen langen Atem – und dafür, dass wir dabei so viel gelacht haben. Hanna Mittelstädt für das intensive Lektorat. Lutz Schulenburg und den anderen Mitarbeitern der Edition Nautilus, dass sie eine Datei in ein Buch verwandelt haben.

Für zahllose Ermutigungen, Hinweise und Anregungen danke ich besonders Frank Frangenberg, Ingrid Beckmann, Thomas Egeler, Philipp Hartmann, Kerstin Kartscher, Susanne Klein, Sabine Koch, Pierangelo Maset, Ariane Müller, Gunnar Reski, Christoph Schäfer, Inger Schwarz, Dieter Söngen, Max X, Johannes Beck, Diedrich Diederichsen, Chrislo Haas, Alexander Hacke, Rafael Horzon und denen, die hier namentlich nicht genannt werden möchten.

Literaturverzeichnis

Adam, David: »Treating agony with ecstasy«. In: *The Guardian* 17.2. 2005

Amendt, Günther: *No Drugs No Future. Drogen im Zeitalter der Globalisierung*. Hamburg / Wien 2003

Anton, Uwe (Hg.): *Die seltsamen Welten des Philip K. Dick*. Meitingen 1984

Atzert, Thomas (Hg.): *Umherschweifende Produzenten. Immaterielle Arbeit und Subversion*. Berlin 1998

Augé, Marc: *Orte und Nicht-Orte. Vorüberlegungen zu einer Ethnologie der Einsamkeit*. Frankfurt a.M. 1994

Aust, Stefan: *Der Baader-Meinhof-Komplex*. Hamburg 1986

Bakker Schut, Pieter H. (Hg.): *das info – Briefe von Gefangenen aus der RAF 1973–1977*. Kiel 1987

Bangs, Lester: »Kraftwerkfeature«. In: Marcus, Greil (Hg.): *Psychotic Reactions and Carburetor Dung*. New York 2003

Barker, John: »Intensities of labor: From amphetamine to cocaine«. In: *Mute Magazine* 3/2006 (www.metamute.org/en/node/7373/print)

Baumann, Michael »Bommi«: *Wie alles anfing*. Duisburg 1986

Beauvoir, Simone de: *Die Zeremonie des Abschieds*. Reinbek 1983

Bennetto, Jason / Frith, Maxine: »Crystal meth: Britain's deadliest drug problem«. In: *The Independent* 21.11.2006

Beckmann, Helmut / Osterheider, Michael (Hg.): *Neurotransmitter und psychische Erkrankungen*. Berlin / Heidelberg / New York 1991

Benn, Gottfried: *Provoziertes Leben. Eine Auswahl aus den Prosaschriften*. Frankfurt a.M. 1955

Benn, Gottfried: *Künstlerische Prosa*. Stuttgart 2006

Bockris, Victor: *Andy Warhol*. Düsseldorf 1989

Bower, Tom: *The Paperclip Conspiracy: The Hunt for the Nazi Scientists*. Boston 1987

Bradley, Charles: »The behavior of children receiving Benzedrine«. In: *American Journal of Psychiatry* Nr. 94 (1937)

Brecher, Edward M.: *The Consumers Union Report on Licit and Illicit Drugs*. O.O. 1972

Brewster, Bill / Broughton, Frank: *Last Night a DJ Saved My Life. The Story of the Disc Jockey*. New York 1999

Burchill, Julie: *Verdammt – ich hatte recht! Eine Autobiographie*. Reinbek 1999

Burchill, Julie / Parsons, Tony: *The Boy looked at Johnny. The Obituary of Rock And Roll*. London 1978

Burkeman, Oliver / Taylor, Richard Norton: »US Pilots blame drug for friendly fire deaths«. In: *The Gurdian* 4.1.2003

Burroughs, William S.: *Naked Lunch*. Wiesbaden 1962

Burroughs, William S.: *Junkie*. Wiesbaden 1963

Burroughs jr., William: *Speed*. Köln 1972

Cash, Johnny: *Der Mann in Schwarz – Eine schonungslose Selbstbiographie*. Wetzlar 1975

Cassady, Neal: *Der Flügel des Engels. Autobiographie, Selbstzeugnisse, Briefe an Jack Kerouac*. Frankfurt a.M. 1982

Certeau, Michel de: *Kunst des Handelns*. Berlin 1988

Colin, Matthew / Godfrey, John: *Altered State. The Story of Ecstasy Culture and Acid House*. London / New York 1997

Dallek, Robert: *John F. Kennedy. Ein unvollendetes Leben*. München 2003

Dammbeck, Lutz: *Das Netz – Die Konstruktion des Unabombers*. Hamburg 2005

Derrida, Jacques: *Dissemination*. Wien 1995

Dick, Philip K.: *Der dunkle Schirm (A Scanner Darkly)*. München 1980

Dick, Philip K.: *LSD-Astronauten (The Three Stigmata of Palmer Eldritch)*. Frankfurt a.M. 1980

Dick, Philip K.: *Träumen Roboter von elektrischen Schafen?* Düsseldorf / Hamburg 1969

Dworkin, Craig: »Where of One cannot Speak«. In: *Grey Room* 21/ 2005

Ehrenberg, Alain: *Das erschöpfte Selbst – Depression und Gesellschaft in der Gegenwart*. Frankfurt a.M. 2005

F., Christiane: *Wir Kinder vom Bahnhof Zoo. Nach Tonbandprotokollen aufgeschrieben von Kai Hermann und Horst Rieck*. Hamburg 1978

Fest, Joachim C.: *Hitler. Eine Biographie*. Frankfurt a.M. / Berlin / Wien 1973

Fester, Uncle: *Secrets of Metamphetamine Manufacture – Including Recipes for MDA, Ecstasy and Other Psychedelic Amphetamines*. Port Townsend 2002

Fischer, Lothar: *Tanz zwischen Rausch und Tod. Anita Berber 1918–1928 in Berlin*. Berlin 1988

Forsight project. Office of Science and Technology (Hg.): *Drug Futures 2025* (www.forsight.gov.uk)

Foucault, Michel: *Der Wille zum Wissen. Sexualität und Wahrheit 1*. Frankfurt a.M. 1978

Freud, Sigmund: *Die Traumdeutung*. Frankfurt a.M. 1996

Freud, Sigmund: »Jenseits des Lustprinzips«. In: *Das Ich und das Es und andere metapsychologische Schriften*. Frankfurt a.M. 1978

Freud, Sigmund: *Schriften über Kokain*. Frankfurt a.M. 1996

Gamma, Alex: *A foot note on the history of MDMA – Multidisciplinary Association for Psychedelic Studies* (www.maps.org/maps/mdma/index.html/history)

Geschwinde, Thomas: *Rauschdrogen. Marktformen und Wirkungsweisen*. Berlin / Heidelberg / New York 1996

Gibson, William: *Neuromancer*. München 1987

Ginsberg, Allen: *Geheul und andere Gedichte*. Wiesbaden 1959

Goldman, Albert: *Elvis – die letzten 24 Stunden. Die Wahrheit über den King of Rock'n'Roll*. Bergisch Gladbach 1993

Grinspoon, Lester / Bakalar, James B.: *Cocaine – A Drug and Its Social Evolution*. New York 1985

Grinspoon, Lester / Hedbom, Peter: *The Speed Culture. Amphetamine Use and Abuse in America*. Cambridge 1975

Haraway, Donna: »Lieber Kyborg als Göttin! Für eine sozialistisch-feministische Unterwanderung der Gentechnik«. In: Frigga Haugg / Kornelia Hauser (Hg.): *Monströse Versprechen*. Hamburg / Berlin 1995

Hebdige, Dick: »Die Bedeutung des Mod-Phänomens«. In: Axel Honneth (Hg.): *Jugendkultur als Widerstand*. Frankfurt a.M. 1979

Heston, Leonhard / Heston, Renate: *The Medical Casebook of Adolf Hitler*. London 1979

Hoffmann, Albert: *LSD, mein Sorgenkind*. Stuttgart 1979

Hoffmann, Heinrich: *Der Struwwelpeter oder lustige Geschichten und drollige Bilder von Dr. Heinrich Hoffmann*. Berlin 2000

Janowitz, Morris: *Militär und Gesellschaft*. Boppard am Rhein 1965
Jenkins, Philip: *Synthetic Panics – the Symbolic Politics of Designer Drugs*. New York 1999
Jouvet, Michel: *The Paradox of Sleep. The Story of Dreaming*. Cambridge 1999
Juneau, James: *Judy Garland. Ihre Filme – ihr Leben*. München 1980
Jünger, Ernst: *Annäherungen. Drogen und Rausch*. Stuttgart 1990
Kaiser, Roland: *Psychose und Sucht. Veränderungen im Konsummuster beim Auftreten von Anzeichen psychischer Störung*. Aachen 1999
Kemper, Wolf-R.: »Pervitin – Die Endsiegdroge?« In: Werner Pieper (Hg.): *Nazis on Speed,* Bd. 1. Löhrbach 2003
Kerouac, Jack: *Unterwegs (On the Road)*. Reinbek 1968
Kiesel, Helmuth (Hg.): *Rausch*. Berlin / Heidelberg 1999
Kittler, Friedrich: *Grammophon – Film – Typewriter*. Berlin 1986
Kramer, Larry: »The Tragedy of Today's Gays«. Rede am 7. November 2004, gehalten beim HIV-Forum an der Cooper Union University New York (www.actaupny.org/reports/kramer_speech11-04.html)
Kramer, Peter D.: *Glück auf Rezept – Der unheimliche Erfolg der Glückspille Fluctin*. München 1995
Krause, Johanna / Henning, Klaus: *ADHS im Erwachsenenalter*. Stuttgart 2003
Langbein, Kurt / Martin, Hans-Peter / Weiss, Hans: *Bittere Pillen. Nutzen und Risiken der Arzneimittel*. Köln 2002
Lee, Martin A. / Shlain, Bruce: *Acid Dreams – The Complete Social History Of LSD*. New York 1985
Lewin, Louis: *Phantastica. Über die berauschenden, betäubenden und erregenden Genussmittel*. Berlin 1927
Löhrer, Frank: *Designerdrogen*. Aachen 1998
Ludendorff, Erich: *Der totale Krieg*. München 1935
Lydon, John (in Zusammenarbeit mit Keith und Kent Zimmermann): *Rotten. No Irish, No Blacks, No Dogs*. New York 1994
Macan-Markar, Marwaan: »Thailand's drug war gets messy«. In: *Asia Times Online* 14.2.2003 (www.atimes.com/atimes/southeast_Asia/EB14Ae01.html)
Marcus, Greil: *Dead Elvis. Meister, Mythos, Monster.* Hamburg 1993
Marshall, S.L.A.: *The Military History of the Korean War*. New York 1963
Martin, William R.: *Drug Addiction II – Amphetamine, Psychotogen, and Marihuana Dependence*. Berlin / Heidelberg / New York 1977

Maset, Pierangelo: »Linien vergehen«. In: *Starship* 4 (2001)
McLuhan, Marshall: *Die magischen Kanäle. Understanding Media.* Frankfurt a.M. 1970
Medical News Today: »How amphetamine affects the dopamine transporter«. 16.3.2004 (http://www.medicalnewstoday.com)
MSD Sharp & Dohme GmbH (Hg.): *MSD-Manual der Diagnostik und Therapie (The Merck Manual).* 6. Auflage. München / Jena 2000
Müller, R. Klaus: *Dokumente zur Entwicklung der Toxikologie im 19. Jahrhundert.* Leipzig 1986
Müller, Wolfgang (Hg.): *Geniale Dilettanten.* Berlin 1982
Nansen, Odd: *Von Tag zu Tag. Ein Tagebuch.* Hamburg 1949
Napier-Bell, Simon: *Black Vinyl – White Powder.* London 2002
Naranjo, Claudio: *Die Reise ins Ich – Psychotherapie mit heilenden Drogen.* Frankfurt a.M. 1979
Neil, Legs / McCain, Gilian: *Please kill me. Die unzensierte Geschichte des Punk.* Höfen 2004
Nöldecke, Hartmut / Hartmann, Volker: *Der Sanitätsdienst in der deutschen U-Boot-Waffe und bei den Kleinkampfverbänden. Geschichte der deutschen U-Boot-Medizin.* Hamburg 1996
L'Observatoire géopolitique des drogues (Hg.): *Der Welt-Drogen-Bericht.* München 1993
O'Nan, Stewart: *The Speed Queen.* Reinbek 1998
Pieper, Werner (Hg.): *Nazis on Speed, Drogen im 3. Reich.* Löhrbach 2002
Pitigrilli: *Kokain.* Reinbek 1988
Plant, Sadie: *Writing on Drugs.* London 1999
Plotz, David: »100 Milligramm Arbeitswut – Der Wirkstoff Modafinil soll Narkoleptiker vor gefährlichen Schlafattacken schützen«. In: *Die Zeit* 21.8.2003
Poschardt, Ulf: *Über Sportwagen.* Berlin 2002
Proctor, Robert N.: *Blitzkrieg gegen den Krebs. Gesundheit und Propaganda im Dritten Reich.* Stuttgart 2002
Rasmussen, Nicolas: »Making the First Anti-Depressant: Amphetamine in American History, 1929–1950«. In: *Journal of the History of Medicine and Allied Science* 2006
Reynolds, Simon: *The Sex Revolts. Gender, Rebellion and Rock'n' Roll.* London 1995
Roberts, Todd C.: »Build for Speed?« In: *URB Magazine* Oktober 1995

Rote Liste Service GmbH (Hg.): *Rote Liste 2000, Arzneimittelverzeichnis für Deutschland (einschließlich EU-Zulassungen)*. Aulendorf 2000

Roth, Karl-Heinz: »Leistungsmedizin: Das Beispiel Pervitin«. In: Kudlien, Fridolf (Hg.): *Ärzte im Nationalsozialismus*. Köln 1985

Sacks, Oliver: *Awakenings. Zeit des Erwachens*. Reinbek 1991

Sanders, Ed: *The Family. Die Geschichte von Charles Manson und seiner Strand-Buggy-Streitmacht*. Reinbek 1972

Saunders, Nicholas: *E for Ecstasy*. London 1993

Savage, Jon: *England's Dreaming – Anarchie, Sex Pistols, Punk Rock*. Berlin 2001

Scheidt, Jürgen vom: »Sigmund Freud und das Kokain«. In: *Psyche. Zeitschrift für Psychoanalyse und ihre Anwendungen* XXVII (1973)

Schmidtbauer Wolfgang / Scheidt, Jürgen vom: *Handbuch der Rauschdrogen*. Frankfurt a.M. 1978

Seidlein, Hans-Joachim / Pettai, Monika: *Der Apothekenfacharbeiter. Arzneimittellehre und Drogenkunde*. Berlin (Ost) 1988

Seay, Bob: »Focused on Fat. ADD Myth 10: People with ADD are skinny«. In: *ADDitude Magazine* 4 (2001)

Seidler, Eduard: »Von der Unart zur Krankheit. Zappelphilipp und ADHS«. In: *Deutsches Ärzteblatt* 5/B, 30.1.2004

Selby, Hubert: *Requiem für einen Traum*. Berlin / Weimar 1986

Shipman, David: *Judy Garland. The Secret Life of an American Legend*. New York 1992

Shulgin, Alexander / Shulgin, Ann: *Pihkal – A Chemical Love Story*. Berkeley 1991

Smith, Roger C.: *The Marketplace of Speed: Violence and compulsive Amphetamine abuse*. San Francisco 1968. (Die Arbeit blieb unveröffentlicht, bildet aber die Grundlage des von Edward Brecher verfassten Kapitels 37 in *The Consumers Union Report on Licit and Illicit Drugs*, 1972)

Sozialistisches Patientenkollektiv: *SPK – Aus der Krankheit eine Waffe machen*. Heidelberg 1972

Spinnrad, Norman: »Carcinoma Angels«. In: Scheidt, Jürgen vom (Hg.): *Das Monster im Park*. München 1970

Sponsel, Heinz: *Henry Ford – Vom Blechesel für jeden zum Traumwagen für alle*. Gütersloh 1960

Stein, Jean (in Zusammenarbeit mit George Plimpton): *Edie. American Girl*. New York 1982

Stenberg, Brigitta: *Süchtig*. Düsseldorf 1970
Stevenson, Robert Louis: *Dr. Jekyll und Mr. Hyde*. Stuttgart 1984
Susann, Jacqueline: *Das Tal der Puppen*. Bern / München / Wien 1985
Sutin, Lawrence: *Philip K. Dick – Göttliche Überfälle*. Zürich 1994
Thamm, Bernd Georg: *Mehrzweckwaffe Rauschgift. Von Kampfgiften, Verhördrogen und Wahrheitsseren*. Hilden 1994
Thompson, Hunter S.: *Angst und Schrecken in Las Vegas – Eine wilde Reise in das Herz des Amerikanischen Traumes*. München 2005
Tyler, Andrew: *Street Drugs. The Facts Explained. The Myths Exploded*. London 1995
Vermorel, Fred & Judy: *Sex Pistols – Eine Insider-Geschichte*. Augsburg 1996
Virilio, Paul: *Geschwindigkeit und Politik*. Berlin 1980
Völger, Gisela / Welck, Karin von: *Rausch und Realität. Drogen im Kulturvergleich* Bd. 1. Reinbek 1982
Warhol, Andy: *a – ein Roman*. Köln 1971
Warhol, Andy: »Interview«. In: Heyden-Rynsch, Verena von der (Hg.): *Riten der Selbstauflösung*. München 1982
Warhol, Andy: *Popism* (in Zusammenarbeit mit Pat Hackett). St. Diego 1980
Williams, Paul: *Die wahren Geschichten des Philip K. Dick*. Löhrbach 1994
Wolfe, Tom: *The Pump House Gang*. New York 1968
Worth, Fred L. / Tamerius, Steve: *Elvis. His Life from A-Z*. London 1989
Wright, Mary Anna: »The Great British Ecstasy Revolution«. In: McKay, George (Hg.): *DiY Culture. Party & Protest in Nineties Britain*. London 1998

Inhaltsverzeichnis

LES LECTRICES ONT AIMÉ !

Le nouveau livre de Lila Rihyourhi est une mine d'or pour toutes les personnes qui s'intéressent à la spiritualité et qui souhaitent comprendre certaines notions dans ce domaine. Cet abécédaire nous donne les réponses aux questions que l'on se pose dans notre cheminement. Ce livre est très complet et indispensable à toute pratique spirite.

Nikita - @rdv.avec.moi.maime

Qu'il s'agisse d'une initiation au monde holistique ou bien d'une redécouverte, cet abécédaire est à mettre dans toutes les bibliothèques des passionné(e)s d'ésotérisme. Un recueil de définitions magiques à lire et à relire !

Constance - @constance_moon

Lila Rihyourhi nous invite à nous ouvrir et à nous connecter au monde invisible qui nous entoure. Cet ouvrage est à mettre entre toutes les mains tant il regorge d'informations fort pertinentes. C'est une mine de conseils pour parfaire ses connaissances ou s'initier à la spiritualité.

Victoria - @nantes_lectureclub

Medium et guérisseuse, Lila Rhiyourhi nous livre un condensé de sagesse à travers des conseils, protocoles et outils pour nous aider à mieux nous connecter au monde spirite. Au fil de ses mots, nous comprenons qui nous sommes vraiment et apprenons à développer notre confiance en nous et notre foi. Quelle jolie découverte !

Julie - @hashtaglecture

Cet abécédaire est un guide du mieux-être au quotidien. L'autrice nous propose de réenchanter notre vie avec douceur et simplicité : un vrai manuel rafraîchissant. Animaux, végétaux, minéraux, énergies... chacun a sa place et participe à l'équilibre du grand Tout qui nous accueille.

Anne-Valérie - @sorciere_des_abers

Cet abécédaire est magique : il reprend tous les concepts fort du spirituel et permet de répondre synthétiquement à nos questions. Lila Rhiyourhi nous livre son histoire pour nous aider à nous orienter dans notre quête. Ce livre nous révèle les pouvoirs qui sont en nous.

Christel - @les__miscellanees_de_cookie

Cet ouvrage nous éclaire sur des notions importantes liées à la spiritualité, à l'invisible et aux mondes subtils afin que ces dernières puissent nous inspirer et nous guider dans notre quotidien. Avec beaucoup de délicatesse, Lila Rhiyourhi délivre ce précieux conseils emplis de bienveillance, d'espoir et de sagesse pour nous aider à lâcher prise, à prendre conscience de nos propres forces, à lever nos blocages et à abandonner ce qui nous empêche d'avancer. Cet abécédaire est comme un guide d'accompagnement au changement, une aide à la sérénité, à l'apaisement et à la guérison, qui nous permet de faire rayonner notre lumière intérieure en ranimant toutes les ressources que nous possédons déjà en nous.

Claire - @les.lectures.de.claire

DE LA MÊME AUTEURE, AUX ÉDITIONS LEDUC :

Vos cheveux, miroirs de votre âme, 2021.
La richesse est sacrée, 2021.
Oracle messages de lumière, 2021.

Leduc s'engage pour une fabrication écoresponsable !
« Des livres pour mieux vivre », c'est la devise de notre maison. Et vivre mieux, c'est vivre en impactant positivement le monde qui nous entoure ! C'est pourquoi nous avons fait le choix de l'écoresponsabilité. Un livre écoresponsable, c'est une impression respectueuse de l'environnement, un papier issu de forêts gérées durablement (papier FSC® ou PEFC), un nombre de kilomètres limité avant d'arriver dans vos mains (90 % de nos livres sont imprimés en Europe, et 40% en France), un format optimisé pour éviter la gâche papier et un tirage ajusté pour minimiser le pilon ! Pour en savoir plus, rendez-vous sur notre site.

Conseil éditorial : Nathalie Ferron
Édition et correction : Clémentine Sanchez
Maquette : Laurie Baum
Design de couverture : Constance Clavel ;
photographie : : www.poseuse.be
Illustrations : Adobe Stock

10, place des Cinq-Martyrs-du-Lycée-Buffon
75015 Paris – France
ISBN : 979-10-285-2424-1